Serap Çileli

Eure Ehre – unser Leid

Ich kämpfe gegen Zwangsehe und Ehrenmord

Mit einem Vorwort von Ministerpräsident
Matthias Platzeck

Und einem Nachwort von
TERRE DES FEMMES

W0178879

blanvalet

FSC

Mix

Produktgruppe aus vorbildlich
bewirtschafteten Wäldern und
anderen kontrollierten Herkünften

Zert.-Nr. SGS-COC-1940
www.fsc.org
© 1996 Forest Stewardship Council

Verlagsgruppe Random House FSC-DEU-0100
Das für dieses Buch verwendete FSC-zertifizierte Papier
Holmen Book Cream liefert Holmen Paper, Hallstavik, Schweden

1. Auflage
Taschenbuchausgabe Februar 2010 bei
Blanvalet, einem Unternehmen der
Verlagsgruppe Random House GmbH, München.
Copyright © der Originalausgabe 2008 by
Blanvalet Verlag, München,
in der Verlagsgruppe Random House GmbH
Umschlaggestaltung: HildenDesign, München
Umschlagmotiv: © Ida Henschel, Reinheim
ED · Herstellung: sam
Satz: Uhl + Massopust, Aalen
Druck und Einband: GGP Media GmbH, Pößneck
Printed in Germany
ISBN: 978-3-442-37412-0

www.blanvalet.de

INHALT

VORWORT

»Bereust Du Deine Sünden?« – mit dieser Frage tötete Ayhan Sürücü seine ältere Schwester Hatun Sürücü am 7. Februar 2005 an einer Bushaltestelle in Berlin-Tempelhof. Ayhan, der jüngste Bruder von Hatun, schoss der 23-jährigen Frau und Mutter eines kleinen Sohnes dreimal direkt in den Kopf. Die Berliner Polizei sprach später von einer regelrechten Hinrichtung.

Nicht nur in Berlin, sondern bundesweit war das Entsetzen über diesen so genannten Ehrenmord groß. Gleichwohl war es nicht das erste Verbrechen dieser Art in Deutschland. Aber selten zuvor wurde in der Folge des grausamen Mordes an Hatun Sürücü das Leiden muslimischer Frauen unter Zwangsehen in Deutschland so intensiv diskutiert wie nach deren gewaltsamem Tod.

Die Kaltblütigkeit der Brüder Sürücü, die gemeinsam den Anschlag auf ihre Schwester planten, die ungerührte Haltung der Eltern bis hin zu den zustimmenden Kommentaren einiger türkischstämmiger Schüler hinterließ Fassungslosigkeit bei den Menschen in Deutschland, auch bei denjenigen, die aus der Türkei stammen. Sehr wohl hat die Öffentlichkeit die verurteilenden Stellungnahmen türkischer und islamischer Verbände vernommen. Zugleich löste der Fall wochenlang Diskussionen über die Integrationspolitik in Deutschland aus.

Der Mord an Hatun Sürücü warf viele Fragen auf. Fragen, die die mittlerweile mehrfach für ihre Verdienste um die rechtliche Gleichstellung türkischer und muslimischer Frauen geehrte Serap Çileli schon frühzeitig formuliert hatte: »Wie will die »Mehrheitsgesellschaft« in Deutschland mit dem Entstehen von türkisch-muslimischen »Parallelgesellschaften« umgehen? Wie lässt sich die Rechtlosigkeit beenden, der sich Tausende türkischstämmiger Mädchen und Frauen ausgesetzt sehen?

Wollen wir diesen Frauen zu mehr Rechten verhelfen, müssen wir zunächst das Schweigen über das Leben derjenigen brechen, die innerhalb ihrer Familien unterdrückt werden. Appelle und Selbstzeugnisse von Frauen sind dabei ganz entscheidend, um das Problem aus der Perspektive der Betroffenen zu verstehen. Serap Çileli gelang es, mehr Verständnis für die Rolle der Frau in der deutsch-türkischen Gemeinschaft zu wecken. Entsprechend erregte ihr erstes Buch *Wir sind eure Töchter, nicht eure Ehre* große Aufmerksamkeit. Hier schildert die Autorin offen ihre bedrückende Kindheit und Jugend in einer streng muslimisch geprägten Familie und leistete damit einen wertvollen Beitrag zu einer längst überfälligen Debatte um Frauenrechte in muslimischen Gemeinschaften. Serap Çileli steht damit in der Tradition von großen Frauenrechtlerinnen. Dem Leser wird bewusst, dass sie selbst nur knapp dem traurigen Schicksal von Hatun Sürücü entgangen ist. Die Leidensgeschichte der beiden steht stellvertretend für Tausende andere Frauen.

Der Lebensweg Serap Çilelis beweist, dass der mit »Zwangsheirat« umschriebene Status nur ansatzweise das Leid betroffener Frauen erahnen lässt. An ihr und ihren Kindern wurden über Jahre hinweg schwere Straftaten begangen. Verbrechen, die niemals gesühnt wurden. Ob die brutalen Körperverletzungen durch den Vater, die Kindesentführung durch die Mutter oder die dauerhafte Unterdrückung und Entmündigung durch die Familie insgesamt – all das geschah auf der Grundlage eines archaischen Ehrbegriffs.

Ungeachtet aller Ängste wehrte sich Serap Çileli nach ihrer Rettung gegen den Rückzug ins Private. Sie wagte den Schritt in die Öffentlichkeit. Ein Schritt, der sie in den Augen vieler türkischer Landsleute zur »Nestbeschmutzerin« werden ließ.

Das Risiko, von Gewalt bedroht zu werden, schreckte sie jedoch nicht davon ab, über ihre Erfahrungen zu reden.

Entschlossen trägt Serap Çileli dazu bei, die Mauer des Schweigens zu durchbrechen und ermutigt Leidensgenossinnen, ihre Menschenrechte einzufordern. Hartnäckig setzt sie sich für das Selbstbestimmungsrecht unterdrückter Frauen ein und prangert das Unrecht an, das auch in Deutschland Realität ist.

Für Serap Çilelis außerordentliches Engagement möchte ich mich herzlich bedanken. Ihre Zivilcourage ist vorbildlich und wird hoffentlich viele Frauen zur Nachahmung ermutigen.

Matthias Platzeck
Ministerpräsident des Landes Brandenburg

KAPITEL 1

Im Schatten der Vergangenheit

1993 begann mein zweites Leben. Die Flucht und das Frauenhaus lagen hinter mir. Ali Rıza, die Liebe meines Lebens, und ich hatten geheiratet, und ich trug sein Kind unter meinem Herzen. Meine beiden großen Kinder, Hayati und Selda, waren bei mir, und wir hatten eine Bleibe gefunden. Die Wohnung war zwar klein und bescheiden, aber wir waren zusammen. Das war die Hauptsache.

Dann wurde meine jüngste Tochter Alişya geboren, und mein Glück hätte perfekt sein müssen. Aber das war es nicht. Denn immer wieder fiel ich in ein Loch, und die Geister der Vergangenheit kamen zurück. Das erlebte Leid waberte unter der Oberfläche. Die traumatischen Erlebnisse meiner Vergangenheit, die Zwangsehe, die Versklavung und Entmündigung durch meine Eltern, die Flucht und schließlich die schmerzliche Trennung von meiner Familie holten mich immer wieder ein. Manchmal habe ich stundenlang nur vor mich hingestarrt, dann wieder Stunde um Stunde geweint. Ich weiß nicht, was ohne Ali passiert wäre. Immer hat er mir zugehört, immer war er für mich da. Wieder und wieder ging er die schmerzlichen Erinnerungen mit mir durch, nahm mich in den Arm und tröstete mich. Wie selbstverständlich übernahm er die Aufgaben in Haus und Familie, kümmerte sich rührend um seine kleine Tochter und bemutterte meine beiden großen Kinder, als seien es seine eigenen. Ohne ihn wäre ich verloren gewesen.

Dann kam die Wende. Eines Tages brachte er mir eine alte Schreibmaschine vom Flohmarkt mit. Er stellte sie vor mir auf den Tisch und sagte: »Schreib es auf, schreib alles auf!« Aber das war nicht so einfach, denn ich spürte eine Hemmschwelle – wie sollte ich meine persönliche und intime Geschichte der Öffentlichkeit preisgeben? Gleichzeitig sagte mir eine innere Stimme, dass es gut tun würde, sich alles von der Seele zu schreiben. So begann ich – zunächst planlos – die Seiten zu füllen. Immer wieder ging ich zurück in die Vergangenheit, erlebte das Unfassbare erneut. Während ich schrieb, wurde mir die emotionale Abhängigkeit von meiner Familie bewusst, wurde mir klar, wie sehr sie mich geprägt hatte. Ich musste mich von ihr trennen. Das war meine einzige Chance auf ein eigenständiges, selbst bestimmtes Leben. Trotz all dem Leid, das sie mir angetan hatten, war die Abnabelung von Mutter und Vater, von den Geschwistern und den übrigen Verwandten nicht einfach und kostete mich viele schlaflose Nächte und noch viel mehr Tränen. Ich war in einem ständigen Widerstreit zwischen Verstand und Gefühl, zwischen Kopf und Bauch. Ein Prozess, der sich schwer in Worte fassen lässt. Lange konnten mein Herz und mein Verstand nicht zueinander finden.

Aber das Schreiben hat mir geholfen, es hatte therapeutischen Wert für mich. Mich dem stummen Blatt Papier anzuvertrauen, war der einzige Weg für mich, den inneren Frieden zu finden. Es war ein Abschiednehmen von meinen Wurzeln und meiner alten Geschichte. Während ich schrieb, habe ich natürlich auch viel gelesen. Ich entdeckte die Frauenliteratur, las über die Rolle der Frau als Mutter und »Hüterin des Hauses« und darüber, dass man uns seit Jahrhunderten weiszumachen versuchte, dies läge in der »Natur der Frau«. Und dass dieses »Naturgesetz« unter keinen Umständen zu missachten sei. Die Lektüre von Betty Friedan, Simone de Beauvoir, Rosalind Miles und Christa Mulack ebenso wie Oriana Fallaci und Taslima Nasrin haben mir nicht nur in meiner Selbstfindung sehr geholfen, ich konnte plötzlich meine eigene Geschichte besser einordnen, und ich begann zu begreifen, dass muslimisch-türkische Frauen seit

Jahrhunderten im Namen der Religion unterdrückt und versklavt wurden.

Im Schreiben hatte ich jetzt endlich eine Möglichkeit gefunden, meine Gefühle, Gedanken, Erinnerungen, Eindrücke, Erfahrungen und meinen Zorn gegen jegliche Unterordnung der muslimischen Frauen festzuhalten. Wenn ich alles, was mir widerfahren war, aufschrieb, konnte ich möglicherweise meine muslimischen Leidensgenossinnen vor ähnlichen Ungerechtigkeiten bewahren.

Nach der Veröffentlichung meines ersten Buches* wurde ich mit vielen Fragen zu meiner Vergangenheit konfrontiert. Die Menschen bei meinen öffentlichen Auftritten, die Journalisten bei Interviews oder die von mir betreuten Mädchen und meine Freunde, alle wollten wissen, ob man seine Vergangenheit überhaupt hinter sich lassen kann? Nein, die Vergangenheit lässt sich nicht einfach vergessen und auch nicht verdrängen. Vielleicht für kurze Zeit, aber sie holt einen doch immer wieder ein, denn sie ist ja ein Teil von einem. »Hinter sich zu lassen«, bedeutet, »mit seiner Vergangenheit abzuschließen«, zu akzeptieren, was passiert ist, und zu erkennen, dass es sich nicht ändern lässt und man weiterleben muss, manchmal auch ohne jemanden, den man liebt.

Viele meiner Leserinnen und Leser wollten wissen, wie mein Leben nach meiner Flucht weitergegangen ist. Am meisten interessierte sie, ob ich mich inzwischen mit meinen Eltern und Geschwistern versöhnt habe. Leider gibt es als Antwort darauf nur ein eindeutiges »Nein!«.

Meine Eltern und auch meine Geschwister haben mir bis zum heutigen Tag nicht verziehen. Ich, die ich die Ehre der Familie verletzt habe, bin weiterhin ein Stachel in ihrem Fleisch. Sie haben mich verstoßen und für tot erklärt. Nach 1993 habe ich mehrfach versucht, zu meiner Familie Kontakt aufzuneh-

---

* *Wir sind eure Töchter, nicht eure Ehre*, Blanvalet-Taschenbuch 2006

men. Aber alle Versöhnungsversuche sind von Anfang an ins Leere gelaufen. Einmal habe ich meine Mutter im Krankenhaus besucht. Als mein Vater dazu kam, blickte er kurz von mir zu ihr und fragte: »Was will die hier?«. Dann setzte er sich und ignorierte mich. Mir blieb nichts anderes übrig, als das Krankenzimmer zu verlassen.

Sicher war es auch für meine Eltern nicht einfach. Denn in ihren Augen wollten sie ja nur das Beste für mich. Sie hatten alles für ihr Kind getan, hatten versucht, ihm den rechten Weg zu weisen. Ich dagegen hatte sie – anstatt sie zu ehren – nur verhöhnt und Schande über sie gebracht. Am schlimmsten war wohl das Gerede der Verwandten, Bekannten und Nachbarn hier in Deutschland, aber auch zu Hause in der Türkei. Dass man mit dem Finger auf sie zeigte oder hinter ihrem Rücken tratschte, das konnten sie kaum ertragen.

Doch die Antwort meiner Eltern auf alle haltlosen Gerüchte und Lügen war Schweigen. Anstatt mich zu verteidigen und in Schutz zu nehmen, schämten sie sich meiner, schämten sich dafür, dass ich am Leben war. Sie hätten mich lieber tot gesehen. Obwohl ich ein paar hundert Kilometer von meinem Heimatort entfernt lebte und keinerlei Kontakt mehr hatte, wusste ich, was sich zu Hause abspielte. Meine Eltern, vor allem mein Vater, sind lange Zeit mit gesenktem Kopf, hängenden Schultern und leeren Augen umhergelaufen, um so zu demonstrieren, wie es in ihrem Inneren aussah. Dass mein Fortgehen der Seele meines Vaters unvergängliche Wunden zufügte, hat mir sehr wehgetan. Aber dass er sein eigenes Kind verleugnete und bei lebendigem Leib begraben hatte, musste auch ich erst verdauen und lernen, nicht daran zu zerbrechen.

Mein Vater und ich haben die letzten 26 Jahre kein einziges persönliches Wort miteinander gewechselt. Kein einziges! Wie gern hätte ich ihm gesagt, dass ich von Kindesbeinen an stolz darauf war, zuerst ein Mensch und danach eine Frau zu sein. Dass auch Mädchen Fähigkeiten und Intelligenz besitzen, nicht nur die Jungen. Dass auch ich eine eigene Meinung habe. Dass ich es – schon erwachsen – gehasst hatte, ständig belagert und bevormundet zu werden. Dass sich ein Vater seiner nach Emanzipation strebenden Tochter nicht schämen muss. Dass der Kontakt zwischen Vater und Tochter für die Entwicklung der Tochter sehr wichtig ist und dass er davor keine Angst zu haben brauche. Ich hätte ihn so gerne gefragt, warum er mich immer und immer wieder als »Hure« beschimpft hatte, obwohl ich damals doch gar nicht wusste, was eine Hure ist. Wie gern hätte ich meinem Vater ins Gesicht gesagt: »Ich bin stolz darauf, dass ich ohne dich, ohne deine Bevormundung ein eigenständiger, selbstverantwortlicher Mensch geworden bin. Ich bin stolz auf alles, was ich bisher erreicht habe. Ich bin stolz auf mich. Ja, ich bin stolz, dass ich die Kraft fand, aus den bleiernen Zwängen eurer Tradition auszubrechen.« Und eines Tages wollte ich zu meinem Vater gehen und sagen: »Man kann nur glücklich sein, wenn man so lebt, wie man selbst es will, und nicht, wie es verlangt wird. Du hattest nicht den Mut umzudenken, hast dich den uralten Traditionen unterworfen und konntest dich nicht von den Zwängen der Fremdbestimmung befreien. Ich musste meinen eigenen Weg finden.«

Doch dazu kam es nicht mehr – mein Vater starb, bevor ich ihn wiedergesehen hatte. Am 18. Dezember 2001, acht Monate nach dem Tod meines Bruders Ferhat, erlag er – wie dieser – einem Herz-Kreislauf-Versagen. Ich war bei beiden Beerdigungen nicht anwesend. Vater hatte mir die Teilnahme an der Beerdigung meines Bruders verboten, und vom Tod meines Vaters erfuhr ich erst Monate später – durch Zufall.

Auch die Beziehung zu meiner Mutter war nicht sehr eng. Aber immerhin redeten wir miteinander. Allerdings ging unser Austausch nie über das Alltägliche hinaus. Es gab keine fruchtbaren Diskussionen oder Gespräche, die ich mir von meiner Mutter so gewünscht hätte. Es gab weder Mitgefühl noch Solidarität, Verständnis oder gar körperliche Nähe. Ein liebevolles Verhältnis zwischen Mutter und Tochter, geprägt von Hilfsbereitschaft, Freundschaft und Empathie, habe ich nie erlebt. Stattdessen wurde ich sehr früh mit weiblicher Autorität und Macht konfrontiert.

Gleichzeitig war meine Mutter sprachlos und zerrissen. Sie hatte sich mit ihrer untergeordneten Rolle abgefunden, hatte sich nie gegen die Gewalt, gegen die Fremdheit und Einsamkeit gewehrt. Sie war durch Vaters Einschüchterungen verängstigt und hatte resigniert. Ihre einzige Gegenwehr war Jammern, Weinen und Fluchen, sie konnte nichts anderes tun. Sie wollte den Ernst der Lage nicht erkennen, und deshalb war sie nicht in der Lage, Hilfe zu suchen. Obwohl sie in der Familie die Zügel in der Hand hielt und über vieles bestimmt hat, war sie von ihrem Mann abhängig. Ihre Ehe war unglücklich, aber sie hat ständig versucht, das Unglück mit aufgesetzter Fröhlichkeit zu überspielen. Weder mein Vater noch meine Mutter waren Vorbilder für uns Kinder. Schon deshalb war ich sehr früh im Aufbruch. Ich musste nur die anerzogene Angst überwinden.

Der Weg an die Öffentlichkeit

Das Niederschreiben meiner Geschichte war für mich der Weg der Selbstfindung. Ich erlebte im Schauspiel der Worte alte Wunden und Narben, Sehnsucht und Verzweiflung, Riesen, die mich erdrückten, Verbündete, aber auch meine Feinde. Manchmal weigerte ich mich, dieses Minenfeld zu betreten, und manchmal fühlte ich mich bei meinen Worten einfach wohl. Dort konnte ich eins mit mir selbst sein. Doch jedes Mal, wenn ich durch die Aufarbeitung meiner Lebens- und Leidensgeschichte einen großen Schritt weiter gekommen war, brauchte ich einige Monate, um meine Entdeckungen und Erfahrungen zu erfassen. Ich wunderte mich über die zurückgelegte Strecke und begriff, dass die Menschen, die ich zurückgelassen hatte, in Kartenhäusern lebten, die jederzeit einstürzen konnten.

Je tiefer mich meine Reise in die Vergangenheit führte, desto mehr Geheimnisse entdeckte ich in meiner Seele. Mir wurde immer klarer, wie viel ich in meinem Leben geschluckt hatte. Die jahrzehntelange Machtlosigkeit, die ich erfahren und ertragen hatte, machten mir Angst, und ich wollte mich dagegen wehren. Ich wollte dieses Leben nicht mehr, ich wollte eine Brücke bauen zwischen Vergangenheit, Gegenwart und Zukunft. Eine Brücke zwischen der wunden Kinderseele und der erwachsenen Frau, die ich heute war. Es ist schwer, sich aus den Klauen der Vergangenheit zu befreien. Aber ich wollte dieses neue Leben, das mir fremd war und auf das ich nicht vorbereitet war, unbedingt kennen lernen. In diesem neuen Leben wollte ich das tun, was mein Vater mich nicht gelehrt hatte, und das nicht tun, was die Mutter mich einst lehrte.

In den zwei Jahren nach meiner Flucht bestand mein Leben aus Schreiben, Lesen, Nachdenken und Trauern. Immer wieder tauchte ich auf und fand mich im Kreise meiner Liebsten wieder – meiner neuen Familie, die meine Kraftquelle war. Dann schrieb ich wieder. Und eines Tages war ich fertig, ich hatte meine Vergangenheit zu Papier gebracht. Mein altes Leben lag vor mir – auf Hunderten eng beschriebener DIN-A4-Seiten. Was sollte nun – da ich mir alles von der Seele geschrieben hatte – damit geschehen? Die Blätter sortieren, zusammenpacken und in eine Schublade legen? Nein, das ergab keinen Sinn! Ali erinnerte mich daran, dass ich meinen Leidensweg nicht nur für mich und schon gar nicht für die Schublade aufgeschrieben hatte. Ich wollte doch den vielen anderen unterdrückten türkischen und muslimischen Frauen einen Weg weisen. Jetzt musste das Buch veröffentlicht werden.

In mühsamer Kleinarbeit (damals hatte ich noch kein Internet) fand ich die einzelnen Verlage heraus und begann, mein

Manuskript zu verschicken. Oft hörte ich wochenlang nichts, dann kam eine Absage. Ich schnürte ein neues Paket, versah es mit der Adresse des nächsten Verlages und brachte es zur Post. Dann wieder wochenlanges, banges Warten, bis schließlich das dicke Päckchen wieder in unserem Briefkasten landete. Wieder eine Absage. Und wieder tröstete mich Ali, ermutigte mich, es erneut zu verschicken. Das Manuskript von *Wir sind eure Töchter, nicht eure Ehre* habe ich bestimmt an hundert Verlage verschickt und ebenso viele Absagen erhalten. Oft dauerte es Monate, bis ich eine Antwort bekam, manchmal kam gar keine. Die meisten Absagen hatten den gleichen Tenor – das Thema sei viel zu heikel. Man tröstete mich mit den Worten: »Ihre Geschichte ist so erschütternd und schrecklich, dass es die Ausländerfeindlichkeit weiter schüren könnte. Aus diesem Grunde können wir Ihr Buch leider nicht veröffentlichen.«

Ich konnte es nicht fassen. Was war mit den Deutschen los? Warum reagierten sie so vorsichtig, ja ängstlich? Meine einzige Erklärung war die Geschichte Deutschlands. Anscheinend wirkten sich Nazi-Deutschland und die Erbschuld der Deutschen bis heute aus und lähmten Politik und Gesellschaft. Die Menschenrechte und die Menschenwürde arabischer und türkischer Frauen wurden auf dem Altar der Religionsfreiheit, der Toleranz und der Multikulti-Illusion geopfert. Viele arabische und türkische Migrantinnen wurden Opfer von Gewalt, und niemand erfuhr davon, weil Freunde, Bekannte und NachbarInnen, ErzieherInnen, LehrerInnen, Politiker und Journalisten wegschauten oder das Problem unter den Teppich kehrten.

Das musste sich ändern! Nach all meinen Erfahrungen konnte ich nicht einfach die Augen verschließen und zur Tagesordnung übergehen. Nachdem ich es bis hierhin geschafft hatte, musste ich weiterkämpfen. Das war ich meinen Leidensgenossinnen schuldig. Ich würde jetzt nicht aufhören. Dennoch stand ich vor einer riesigen, unsichtbaren Wand. Mitte der 90er Jahre des letzten Jahrhunderts herrschte bei den Deutschen eine erschreckende Mutlosigkeit vor, sie wollten oder konnten das Übel nicht beim Namen nennen. Sprachlosigkeit auch bei den Migranten. Während sich die hier seit Generationen lebenden, von Gewalt betroffenen Musliminnen ihrem Schicksal ergeben hatten, verleugneten ihre türkischen und arabischen Ehemänner, Väter und Brüder die täglichen Menschenrechtsverletzungen. Unbemerkt von der deutschen Öffentlichkeit hatten sich viele von der westlichen Demokratie ab- und dem islamischen Fundamentalismus zugewandt. Sie führten die strenge islamische Moral gegen die Aufklärung an, forderten eine strikte Geschlechtertrennung und waren gegen die Gleichberechtigung von Mann und Frau. Sie predigten sexuelle Enthaltsamkeit und bekämpften sexuelle Aufklärung und Freiheit. Sie stellten sich über die christlich-abendländische Kultur und boten als selbsternannte Vertreter der Muslime den Nährboden für Gewalt gegen Frauen.

Im Oktober 1997 schließlich kam die Wende. Ich hatte inzwischen auch angefangen, Magazinen und Fernsehsendern einen kurzen Abriss meiner Geschichte zuzuschicken. So auch dem ZDF in Mainz. Dort war mein Brief von einer pfiffigen Assistentin an die 37°-Redaktion weitergeleitet worden. Kurz darauf meldete sich ein zuständiger Redakteur, der mir mitteilte, wie sehr ihn mein Schicksal erschüttert habe und dass er gerne einen Film darüber machen würde. Das war der Durchbruch. All die Energie, die ich über die Jahre in das Projekt gesteckt hatte, war nicht umsonst gewesen. Endlich hatte ich Menschen gefunden, die meine Geschichte interessierte.

Es folgte eine aufregende Zeit. Viele Gespräche mit dem ZDF-Redakteur und der Filmautorin Nura Chrystal Baisch. Dann die Interviews, die Dreharbeiten und schließlich die Reise in die Türkei. Wir fuhren alle zusammen nach Mersin, meiner Heimatstadt, wo sich ein Teil meines Dramas zugetragen hatte. Insgesamt haben wir ein Jahr an dem Film gearbeitet, und Ende 1999 sollte er ausgestrahlt werden. Im letzten Moment wäre dieser Termin dann beinahe noch geplatzt. Ein Verant-wortlicher im Sender hatte kalte Füße bekommen und wollte den Beitrag in letzter Minute stoppen. Aber der zuständige Redakteur hat sich – wie schon so oft – noch einmal für den Film stark gemacht und die Ausstrahlung schließlich durchgesetzt.

»Seraps Ehre – Eine Türkin kämpft um ihre Liebe« wurde am 12. Oktober 1999 kurz vor Mitternacht ausgestrahlt. Ich erinnere mich noch genau, wie ich damals vor dem Fernseher saß und mir die einzelnen Stationen meines Lebens ansah. Mein 33-jähriges Leben – auf einen Filmstreifen gebannt – lief in Bruchteilen von Sekunden, Minuten vor mir ab. Mir wurde heiß und kalt, und meine Seele fuhr Achterbahn. Noch einmal durchlebte ich alle Ängste, Phobien und Qualen. Plötzlich fühlte ich wieder die Enge, die mich jahrelang bewegungsunfähig gemacht hatte. Ich fühlte mich nackt und verzweifelt und war am Ende doch unendlich froh – es war vorbei.

Und alle hatten es gesehen. Sie waren Zeugen geworden, wie türkisch-islamische Frauen und Mädchen entrechtet werden, wie Frauenrechte mitten in Europa, mitten in Deutschland mit Füßen getreten werden. Zum ersten Mal hatte ein Sender Mut bewiesen und gezeigt, dass diese Menschenrechtsverletzungen nicht nur in vielen muslimischen Ländern wie in Afghanistan, Iran, Irak, Jordanien, Libanon, der Türkei oder irgendeinem Dritte-Welt-Land passieren, sondern direkt unter uns, in unserer Nachbarschaft, in dem »anderen Deutschland«.

Mit meiner Geschichte wollte ich allen betroffenen Frauen und Mädchen türkisch-islamischer Herkunft vermitteln: »Sobald du dich vor etwas fürchtest und den Schutzmantel des Selbstvertrauens verlässt, wird es anfangen, dich zu lähmen und über dich Macht auszuüben. Solange du dich selbst als Opfer siehst, wirst du nie aus deiner Angst herauskommen, und es wird sich genau das verwirklichen, was du scheust. Lehne dich entschlossen gegen das Schicksal auf. Und merke dir gut, indem du dich mit der dir zugedachten Rolle abfindest, nimmst du mit der Zeit dein Schicksal an. Nur mit starkem Willen und Mut kannst du das erreichen, was du wirklich willst! Schreibt euch den nachfolgenden Satz in euer Tagebuch: Wenn du nie bekommen hast, was du wolltest, dann tue, was du nie getan hast. Ich war zuversichtlich, dass ich mit dem Film und meiner Biografie die verborgene Lebenswahrheit der Migrantinnen irgendwo da draußen erreichen würde. Gleichzeitig war ich angetrieben von der Hoffnung, dass die weltfremden Multi-Kulti-Fanatiker ihre Lebenslügen eingestehen und einsehen würden, dass es »ihr Paradies« nicht gab.

Etwa zeitgleich mit der Ausstrahlung des Films hatte ich einen Verlag gefunden, der meine Autobiografie *Wir sind eure Töchter, nicht eure Ehre* veröffentlichen wollte. Es war ein kleiner Verlag, der den Mut hatte, das heikle Thema anzupacken und zu drucken. Deutschland hatte meine Geschichte gehört bzw. gesehen, Interessierte konnten sie nun auch noch nachlesen. Das war's! Damit war meine Aufgabe erfüllt! Doch ich hatte mich getäuscht. Eine Woche nach der Ausstrahlung des ZDF-Films bekam ich den ersten Anruf.

Eine Flut von Hilferufen erreicht mich

»Serap, ich habe deinen Film gesehen. Er hat mich sehr aufgewühlt, und ich glaube, du bist die Einzige, die mir helfen kann. Bitte, hilf mir! Ich bin verzweifelt und weiß nicht weiter!«

Dann fing das Mädchen, das ich hier Narmin* nennen will, an zu erzählen: Sie ist 17 Jahre alt und lebt mit ihrer kurdisch-irakischen Familie in einer norddeutschen Kleinstadt. Seit einem

---

* *Aus Gründen der Sicherheit wurden alle Namen von Betroffenen geändert.*

halben Jahr hat sie einen deutschen Freund, den sie sehr liebt und nicht verlieren möchte! Aber als muslimisches Mädchen darf sie keinen Christen heiraten, also halten sie die Liebe von Anfang an geheim. Das Mädchen ist verzweifelt, weiß nicht, wie sie's ihren Eltern sagen sollen. Sie hat Angst, dass der Vater sie umbringen würde.

Dann fangen bei ihr zu Hause Hochzeitsvorbereitungen an. Ständig gehen Verwandte ein und aus, aber mit Narmin spricht niemand. Erst denkt sie sich nichts dabei, doch als eines Tages die Mutter mit ein paar Tanten in ihr Zimmer kommt, ahnt sie das Unabwendbare. Vorsichtig versuchen die Frauen, mit ihr ins Gespräch zu kommen, bis dann endlich eine Tante mit der Wahrheit herausrückt. Ihr Vater habe sie einem Verwandten aus dem Irak versprochen. Dieser sei zwar 40 Jahre alt, aber er habe 25 000 € Brautgeld bezahlt und sei sicher ein guter Ehemann. An Narmins 18. Geburtstag solle die Hochzeit stattfinden. Der zukünftige Ehemann habe schon das Visum für Deutschland beantragt. Alles würde gut werden. Sie versprachen ihr eine Hochzeit wie aus 1001 Nacht.

Narmin ist entsetzt. Alle hatten es gewusst, Geschwister, Onkel, Tanten, sogar die entfernten Verwandten waren eingeweiht, nur sie, die Hauptperson, wusste nichts davon. Sie fühlt sich verraten und verkauft und würde eher sterben, als diesen fremden Mann zu heiraten. Ihn, der ihr Vater sein könnte! Am meisten entsetzt sie, dass selbst ihre Mutter diesem Handel zugestimmt hatte, dass die Frauen die Komplizen der Männer waren. Die Frauen, die es doch besser wissen müssten, waren sie doch selbst Betroffene, auch sie waren zur Ehe gezwungen geworden. Seit Jahrzehnten führten sie ein Leben an der Seite ihrer ungeliebten Zwangsehemänner, ein trostloses Dasein, ein unerfülltes Leben als Hausfrauen und Mütter. Einschüchterung, Gewalt, Misshandlung und Vergewaltigung waren in ihrem Leben doch an der Tagesordnung.

Aber Narmin will sich dem »Ruf« und der »Familienehre«

nicht beugen. Sie will, dass ihre Wünsche, ihre Vorstellungen vom Leben zur Kenntnis genommen werden. Sie weigert sich, diesen Fremden zu heiraten. Sie sucht Unterstützung bei der Mutter. Versucht ihr klarzumachen, dass das nicht gut gehen kann, denn sie spricht ja noch nicht einmal dieselbe Sprache wie ihr Zukünftiger. Außerdem käme er vom Dorf, sie sei ein Stadtkind und noch dazu in Deutschland aufgewachsen. Aber ihre Mutter lässt sich nicht erweichen, sagt nur, dass sie nichts machen könne und es keinen Weg zurück gäbe. Sie redet ihr ein, dass ihr Zukünftiger ein guter Mensch sei und ihr das Leben einer Prinzessin ermöglichen würde. Narmin weint, schreit und trampelt vor Wut. Aber es hilft nichts.

Mit dem Vater kann sie natürlich nicht sprechen. Er erwartet ihre Zustimmung, Widerworte akzeptiert er nicht. Ihr Einverständnis braucht er nur aus formalen Gründen. Aber Narmin weigert sich, kapselt sich ab, spricht nicht, isst nicht. Da wird der Vater zornig und prügelt auf sie ein. Mit den Fäusten schlägt er sie auf den Kopf, ins Gesicht und auf den Rücken. Er kann seine Wut kaum kontrollieren und schlägt immer wieder auf sie ein. Als die Mutter dazukommt, fängt er an, auch sie zu verprügeln. Dann schreit er: »Du wirst alles machen, was ich dir sage, oder ich bringe dich um!«

Ein paar Wochen vor der Hochzeit hat Narmin ihr Elternhaus für immer verlassen. Sie ist mit ihrem deutschen Freund geflohen und in einer anderen Stadt untergetaucht. Damit ist ihr Schicksal besiegelt. Für ihre Familie und ihre Landsleute gilt sie als Schlampe, und für die meisten Iraker kommt sie als Heiratspartnerin nicht mehr in Frage. Aber das ist Narmin egal. Das erste Mal in ihrem Leben fühlt sie sich frei und unabhängig. Dennoch ist das neue Leben für die junge Kurdin in den ersten Monaten nicht einfach. Alles ist neu und aufregend, aber auch anstrengend. Und trotz allem leidet sie sehr unter der Trennung von ihrer Familie.

Die Zahl der Anrufe, Briefe und E-Mails, die mich seit

der Ausstrahlung des Films und der Veröffentlichung meines Buches bis heute erreicht haben, steigt ständig. Am Anfang war ich, trotz meiner eigenen Geschichte und den Erfahrungen, nicht auf die verschiedenen Konflikte der Frauen im islamischen Patriarchat vorbereitet. Die Hilferufe der Betroffenen, ihrer Lehrkräfte, ihrer Arbeitgeber oder ihrer Freunde haben mich damals sehr geängstigt. Ich war ja weder Sozialpädagogin noch Psychologin. Wie konnte ich den Betroffenen Hilfe anbieten? Vor allem drei Fragen beschäftigten mich: Würde ich die nötige Kraft und Energie aufbringen und die von mir erwartete bzw. erhoffte Hilfe geben können? Würde ich in der Lage sein zu helfen, bevor ich meine eigenen Probleme gelöst hatte? Konnte ich den Betroffenen aus meinen Erfahrungen heraus wirklich beistehen? Mit der Zeit habe ich auf alle meine Fragen Antworten gefunden. Menschen in schwierigen Lebensphasen zu begleiten, sie zu trösten, ihnen aufmerksam zuzuhören oder Mut zuzusprechen, ihnen durch Information und Beratung den Weg in die Selbsthilfe aufzuzeigen, erfordert keine pädagogische Ausbildung.

Von einer Hilfesuchenden wurde ich zur Helferin

Ich versuchte, den Frauen und Mädchen zuzuhören, ihre Sorgen und Ängste ernst zu nehmen und sie an Beratungs- und Hilfseinrichtungen weiterzuvermitteln. Als Laienhelferin führte und führe ich mit den Betroffenen offene und aufbauende Gespräche mit Geduld und Mitgefühl. Natürlich kann ich ihnen das lang vermisste Gefühl von Geborgenheit, Sicherheit und Familienglück nicht ersetzen, aber ich bringe ihnen Wärme, Solidarität, Verständnis und Hoffnung entgegen und biete ihnen eine Schulter zum Ausweinen an. Für die Betroffenen ist es vor allem wichtig zu erfahren, dass sie nicht allein sind. Dass es jemanden gibt, der an ihrer Seite ist, bei dem sie Mut und Vertrauen schöpfen können.

Aber ich muss auch gestehen, dass ich hin und wieder fast verzweifelte und mich oft überfordert fühlte. Die Trostlosigkeit und die Handlungsunfähigkeit der Frauen belasteten mich sehr. Und wenn mir die Hände gebunden waren, ich nichts für sie tun konnte, kam immer das Gefühl hoch, hilflos zu sein. Jedes Schicksal ging mir nahe, erschütterte mich und tat mir weh. Das war eine emotional harte Zeit für mich. Durch meine eigene Geschichte war ich ja immer auch eine Betroffene. Ich hatte größtenteils dieselben Erfahrungen gemacht wie die meisten der Mädchen und Frauen, die sich jetzt Hilfe suchend an mich wandten. Und so wurde die Erkenntnis, nicht das einzige Opfer von Tradition, Kultur und religiös bedingter männlicher Gewalt in muslimischen Familien zu sein, die Basis meiner Arbeit. Um richtig und entschlossen handeln zu können, musste ich erst einmal umdenken und mich von meiner persönlichen Betroffenheit befreien. Wenn ich helfen wollte, musste ich lernen, mich abzugrenzen. So richtete ich mich immer wieder auf und tankte Kraft für das nächste, unglaubliche Schicksal.

Töchter der Tradition

Es war an einem heißen Samstagnachmittag im August 1997. Ich saß auf einer Bank im Park und wartete auf meinen Mann. Der war zum nächsten Kiosk unterwegs, um eine Zeitung zu holen. Ich saß inmitten des Blumenmeeres unseres kleinen Stadtgartens. Meine Augen folgten den unzähligen bunten Schmetterlingen, wie sie von Blüte zu Blüte flogen, um sich den Nektar zu holen. Ich schloss meine Augen und trat in die magische Welt der Schmetterlinge ein. Wie frei sie waren! Sie genossen eine Freiheit, die ich lange nicht gekannt hatte.

Doch dann kamen wieder die Bilder aus der Vergangenheit.
Bilder, die mich immer wieder einholten. Sie zeugten von einem
Leben, das bestimmt war von Patriarchat und Gewalt. Noch
immer hörte ich die Schmerzensschreie und Klagen. Es roch
nach Tod. Dieses Leben, das mir die Luft zum Atmen genommen hatte, dieses Leben, das kein Leben war, sondern ein langsames Sterben. Aber es war vorbei, ich hatte mich gewehrt und
war endlich frei. Ich erwachte wie aus einem bösen Traum, öffnete meine Augen und blinzelte in die Sonne. Das grelle Sonnenlicht trieb mir Tränen in die Augen. Ich vertrieb die betrüblichen Gedanken und begann, die Welt um mich herum wieder
zu registrieren.

Ganz in meiner Nähe weinte ein kleines Mädchen. Es war
etwa fünf Jahre alt. Sie schaute mich kurz an und blickte dann
zu ihrer Mutter. Die junge Frau saß am äußersten Rand einer
Bank. Sie hatte den Oberkörper nach vorne gebeugt und die
Ellbogen auf die Knie gestützt. Ihren Kopf hielt sie mit beiden
Händen. Sie schien das weinende Kind nicht wahrzunehmen.
Ich begann, die beiden zu beobachten. Warum war die Mutter
so kühl, so distanziert? Erst wollte ich mich nicht einmischen,
aber nach einer Weile wurde mir klar, dass hier irgendetwas
nicht stimmte. Ich stand auf und näherte mich ihnen. Das Kind
sah sehr ernst und traurig aus. Als es mich wahrnahm, schaute
es mich groß an und weinte noch heftiger.

Ich beugte mich leicht vor und fragte die junge Mutter auf
Deutsch, ob ich ihr helfen könne. Erschrocken hob sie den Kopf
und schaute mich mit leerem Blick an. Ich sah in das Gesicht
der jungen Frau mit ihren hennarot gefärbten Haaren und
den traurigen Augen. Wie ein Grab vieler ungeweinter Tränen,
dachte ich unwillkürlich. Ihr Gesicht, Hals und Dekolletee waren geschwollen und übersät mit Blutergüssen. Mir stockte der
Atem. Welches Tier hatte sie so zugerichtet? Sie schaute im-

mer noch durch mich hindurch. Also wiederholte ich meine Frage in türkischer Sprache. Plötzlich bekam ihr Gesicht einen ängstlichen Ausdruck, als hätte sie ein Geheimnis preisgegeben. Sie fragte mich, ob ich Türkin sei, und schaute sich besorgt um. Schnell kramte sie nach einem Taschentuch und versuchte, ihre Verletzungen zu verbergen. Ich fragte sie erneut, ob ich irgendetwas für sie tun könne und ob sie ihre Verletzungen nicht lieber einem Arzt zeigen wolle. Ich könne sie auch gerne begleiten.

Sie lehnte ab und sagte, dass ihr wahrscheinlich niemand helfen könne. Dann blickte sie traurig vor sich hin. Ich versuchte Vertrauen aufzubauen, indem ich mich vorstellte und versuchte, mit ihr ins Gespräch zu kommen. Wir redeten über das Wetter und die schönen Blumen im Park, dann wandte ich mich dem Kind zu. Das kleine Mädchen, das sehr scheu wirkte, sah mich fragend an. Während ich mit ihr sprach, drückte sie ihr Gesicht an die Brust ihrer Mutter. Die versuchte das Kind so weit wie möglich von ihrem verletzten Körper fernzuhalten. Da fiel mir ihr mächtiger Bauch auf. Sie war also schwanger. Unter anderen Umständen hätte ich mich für sie gefreut.

Ich lenkte das Gespräch wieder auf das Kind und fragte, ob die Kleine schon in den Kindergarten ginge. Da erzählte sie mir, dass ihr Mann dagegen sei, weil es zu teuer und außerdem eine christliche Einrichtung sei, wo das Kind von männlichen Erziehern sexuell missbraucht werden könne. Sie schien die Meinung ihres Mannes nicht in Zweifel zu ziehen. Irgendwie war plötzlich der Bann gebrochen, und sie erzählte mir ihre Geschichte. Sie war mit 17 Jahren nach Deutschland verheiratet worden und lebte jetzt schon seit sechs Jahren hier. Aber ihr Dorf vermisst sie immer noch sehr und würde am liebsten sofort wieder zurück in die Türkei gehen. Sie hatte ihre Familie all die Jahre nicht gesehen, ihre Eltern würden nicht mal ihre Enkeltochter kennen. Und jetzt bekäme sie ihr zweites Kind. Als sie erzählte, liefen ihr die Tränen über das Gesicht. Sie fuhr fort, dass die Schwangerschaft ein »Unfall« gewesen sei und sie eigentlich hatte abtreiben wollen. Aber ihr Mann habe schroff reagiert und gesagt, dass eine Abtreibung eine schwere Sünde gegen Allah sei. Allah sei groß und würde schon für die Kinder sorgen. Kinder seien ein Geschenk Allahs, und was uns Allah, der Erhabene, gegeben habe, sollten wir dankbar annehmen. Yasemin weinte bitterlich.

Ich legte meine Hand auf ihre Schulter und versuchte sie zu trösten. Es überraschte mich nicht, dass sie mir, einer völlig fremden Frau, ihre Geschichte erzählte. Sie erinnerte mich an meine eigene Situation in jenem schicksalhaften Jahr in der Türkei.

Auch ich hatte mich in dem mir fremden Land so verloren und unglücklich gefühlt. Wir waren mit der ganzen Familie in den Sommerferien in die Türkei gefahren. Im Dorf meiner Großeltern feierten Verwandte eine Hochzeit. Auf dieser Hochzeitsfeier hat Hassan mich gesehen. Danach wollte er mich unbedingt als seine Ehefrau. Eine Woche später saßen Hassans Eltern schon bei den Großeltern im Wohnzimmer und haben um meine Hand angehalten. Ich wurde noch an diesem Abend vergeben. Verkauft! Nein, Geld ist nicht geflossen, aber ich habe mich so gefühlt. Damals war ich 14 Jahre alt. Ein Jahr später fand die Hochzeit statt.

Kurz bevor wir in die Türkei fuhren, hat mich meine Mutter mit zur Ausländerbehörde genommen. Sie sagte: »Jetzt lassen wir deine Aufenthaltserlaubnis abstempeln.« Aber irgendwas war komisch, denn der Beamte fing an, meinen Pass rot abzustempeln. Auf meine Nachfrage hat sie mich einfach angelogen. »Mach dir keine Sorgen. Das ist schon in Ordnung, du kannst jederzeit wiederkommen.« In Wahrheit hatte der Beamte meine Aufenthaltsgenehmigung ungültig gestempelt. Da wir Türkisch sprachen, hat der Mitarbeiter des Ausländeramts nichts verstanden, aber ich bezweifle auch, dass er etwas gesagt hätte. Ich hatte fürchterliche Angst, dass dies eine Reise ohne Wiederkehr werden würde. Aber wohin hätte ich mich wenden sollen, drei Tage vor der Abreise? Ich musste mich fügen.

So kam ich also zurück in die Türkei. Nachdem ich sieben Jahre hier in Deutschland gelebt, die Sprache gelernt und einen Schulabschluss in der Tasche hatte, musste ich das Land wieder verlassen. Mit gerade mal 15 Jahren wurde ich mit einem Bauern verheiratet. Der hat mich weder geliebt noch respektiert. Im Gegenteil, er hat mich behandelt wie ein Stück Dreck. Jeden Tag hat er mich genommen – mit Gewalt. Auch zu meiner Schwiegermutter hatte ich kein gutes Verhältnis. Ich glaube, sie hat mich gehasst.

Meine Mutter bewirkte schließlich, dass ich in die Stadt umziehen konnte. Aber einer Scheidung wollten meine Eltern nicht zustimmen. So zog ich mich komplett zurück. Jahrelang lebte ich in völliger Isolation. Kontakt hatte ich nur zu meinen Großeltern und meinem verhassten Ehemann. Meine Kinder waren größtenteils bei meiner Großmutter, so dass ich den Tag über für mich war. Ich hörte dann deutsche Schallplatten und las meine alten Schulbücher. Ansonsten putzte ich die Wohnung. Meine Gardinen waren immer geschlossen.

Wie viele Töchter von Gastarbeitern war ich gegen meinen Willen in die Türkei verheiratet worden. Yasemin dagegen war den umgekehrten Weg gegangen und wie Tausende junger Frauen als so genannte Importbraut nach Deutschland gekommen. In ein Land, wo sie niemand kannte und dessen Sprache sie nicht verstand. Ich war mir sicher, dass sie nie zuvor jemandem ihre Geschichte erzählt hatte. Aber hier in diesem Park hatte sie den ersten Schritt getan. Sie wollte einfach nur alles loswerden, was sie bedrückte. Aber wo konnte ich ansetzen, um ihr zu helfen? Ich wollte ihr zuhören und keine falschen Fragen stellen. Fragen wie: *Warum hast du dir die Misshandlungen gefallen lassen? Warum gehst du nicht einfach zur Polizei und zeigst deinen Mann an? Warum verlässt du ihn nicht, wenn er dich schlägt und vergewaltigt?* hätte sie ohnehin nicht beantworten können.

Ich kannte dieses Gefühl der Ohnmacht und Scham nur zu gut. Auch ich hatte mich für die erfahrene Gewalt mitverantwortlich gefühlt und litt lange unter Schuldgefühlen. Deshalb versuchen viele betroffene Frauen, mit den Gewalterfahrungen allein fertig zu werden. Sie befürchten, dass alles noch schlimmer wird, wenn sie mit jemandem darüber reden. Vorsichtig tastete ich mich vorwärts und fragte sie, was für ein Verhältnis sie zu ihren Schwiegereltern habe, ob sie mit ihnen sprechen könne. Sie schaute mich völlig entgeistert an und erklärte mir, dass sie hier weder Freunde habe noch mit jemandem sprechen könne. Die Schwiegereltern stünden immer auf der Seite des Mannes und gäben ihr ständig das Gefühl, an allem schuld zu sein und als Ehefrau und Mutter versagt zu haben. Auch mit den eigenen Eltern könne sie nicht sprechen. Ein einziges Mal habe sie es probiert, aber die Antwort ihrer Mutter war eindeutig und klar gewesen. Als geschiedene Frau falle sie ihrer Familie zur Last, und allein leben könne sie auf gar keinen Fall! Außerdem mache die Mutter sich Sorgen um den Ruf der Familie, jeder würde dann über sie sprechen, sich über sie lustig machen. Nein, von ihrer Familie könne sie keine Hilfe erwarten. Schließlich habe sie das Vaterhaus im Brautkleid verlassen und gehöre nicht mehr dorthin. Sie sei auch nicht die einzige Frau auf der Welt, die von ihrem Mann geschlagen werde. In der Ehe bekomme man nun einmal mehr Schläge als Brot. Man habe sie schließlich gelehrt, dem Ehemann mit Ehrerbietung und Respekt zu begegnen. Selbst wenn er sie schlage, beleidige, ihr Arme und Beine breche, dürfe sie sich nicht beschweren. Nach der Hochzeit sei das Haus des Mannes ihr Heim, und die Frau habe dort in Ehre zu leben.

Da war es wieder, dieses Wort »Ehre« oder »namus«, wie es auf Türkisch heißt. Es verfolgt uns Türken von der Wiege bis ins Grab. Es ist die »Ehre der Familie«, die Millionen türkischer und muslimischer Frauen das Leben hier in Deutschland und anderswo zur Hölle macht. Ich hasse dieses Wort und alles, was damit verbunden ist. Jahrzehntelang hatte ich darunter gelitten, und nur mit großen Mühen war es mir gelungen, aus dem »Käfig der Ehre« auszubrechen. Ich spürte, dass diese junge Türkin neben mir auf der Parkbank ebenfalls dabei war auszubrechen. Yasemin und ich kannten uns noch nicht lange. Aber ich wusste, dass sie durch unser Gespräch einen großen Schritt gewagt hatte. Es fällt ja niemandem leicht, einem fremden Menschen seine Sorgen anzuvertrauen. Es sei denn, man fühlt sich bei ihm verstanden und akzeptiert. Yasemins Leiden war mir sehr vertraut, und das habe ich sie auch spüren lassen.

Ich musste ihr helfen. So beschloss ich, sie zum nächsten Schritt zu ermutigen, und fragte sie, ob sie sich schon einmal überlegt habe, sich Hilfe zu holen und zu einer Beratungsstelle oder in ein Frauenhaus zu gehen? »Du musst dieses Leid, diese Qual nicht länger erdulden. Ich glaube, der Schritt ins Frauenhaus wäre wirklich das Beste für dich. Du kannst deine Kinder mitnehmen und erst einmal zur Ruhe kommen. Wenn du aber nicht im Frauenhaus wohnen möchtest, hast du auch die Möglichkeit, dich telefonisch oder ambulant beraten zu lassen.«

Von einem Frauenhaus wollte sie nichts hören, dort wohnten ihrer Meinung nach doch nur »Schlampen» und »Nutten«. Und wenn die Eltern das mitbekämen, würden sie sie erst recht ächten. Allein die Vorstellung, vorübergehend in so einer Schutzeinrichtung unterzukommen, ängstigte Yasemin. Zu groß war ihre Furcht vor der Meinung der anderen, vor der Familie, den Verwandten und Nachbarn. Die Entscheidung zu treffen, aus der häuslichen Gewalt auszubrechen, war ihr nicht möglich.

Ich versuchte, sie zu beruhigen und erklärte ihr, wie ein Frauenhaus funktioniert. Dass nur Frauen und Kinder aufgenommen würden, die seelische, körperliche bzw. sexuelle Gewalt erfahren hätten. Dass dort alle Frauen ab 18 Jahren, unabhängig von ihrer Herkunft, Religion, Nationalität, Hautfarbe oder sexuellen Orientierung, zu jeder Tages- und Nachtzeit Unterkunft und Schutz bekämen. Dass die Adresse des Frauenhauses, in dem sich eine Hilfesuchende befindet, geheim gehalten werde. Dass die Bewohnerinnen in der Regel ein Zimmer für sich und ihre Kinder zur Verfügung gestellt bekämen. Dass die von Gewalt betroffenen Frauen die Möglichkeit bekämen, Beratungsgespräche zu führen. Die Mitarbeiterinnen begleiten sie bei allen Schritten, informieren und unterstützen sie. Die Entscheidung, welche Hilfsangebote sie annehmen können und wollen, treffen die Frauen jedoch selbst. Und Männer haben im Frauenhaus keinen Zutritt.

Ich kramte nach Stift und Zettel und schrieb Yasemin die Telefonnummer des hiesigen Frauenhauses auf. Mit dem Zettel in der Hand und dem Zwiespalt im Herzen schaute sie mich ein wenig verwirrt und doch zugetan an. Dann bedankte sie sich und sagte, dass es ihr unendlich gut getan habe, mit mir zu reden. Sie glaube an Allah und vertraue, dass er ihr einen Weg aus ihrer Not zeigen würde. Sie war zwar durcheinander, doch sie schien genau zu wissen, was sie tat. Sie wollte sich nicht länger mit ihrem Schicksal abfinden. Deshalb hatte sie die unsichtbare Mauer des Schweigens durchbrochen und über das erduldete Leid gesprochen. Aber indem sie ihr Leid offen aussprach, hatte Yasemin ein Tabu gebrochen. In solchen Familien darf kein Ton über Familienangelegenheiten nach außen dringen. Denn dies bedeutet einen großen Ehrverlust für die männlichen Mitglieder der Familie. Und wenn die Männer ihre Ehre verlieren, bedeutet das Lebensgefahr für die Frauen. Als pflichtbewusste Muslimin hätte Yasemin ihre Sorgen, ihre Zweifel, ihren Kummer, ihren Schmerz und ihre Angst verschweigen müssen. Doch sie konnte die lang aufgestauten Gefühle nicht mehr wegschließen. Zu groß war das Bedürfnis gewesen, sich jemandem mitzuteilen. Der Schatten ihres Mannes verfolgte sie Tag und Nacht. Sie lebte nur für ihren Mann, die Schwiegereltern und das Kind. Ständig hatte sie das Gefühl, von vierzig Augen bewacht zu werden. An dem Tag, an dem ich sie im Park traf, war sie das erste Mal allein aus dem Haus gegangen. In Sorge, dass ihr Mann sie schon suchte, nahm sie den Zettel mit der Telefonnummer des Frauenhauses und lernte diese auswendig, dann warf sie ihn weg.

Yasemins Geschichte hatte mich sehr mitgenommen. Am liebsten hätte ich sie sofort in unser Frauenhaus gebracht. Aber ich musste respektieren, dass sie für ihre Entscheidung, einen Neuanfang zu wagen, Zeit benötigte. Wir alle sind verschieden, und jede Frau nimmt den Tiefpunkt in ihrem Leben anders wahr. Ich wünschte Yasemin, dass es ihr gelingen möge zu flüchten, bevor es zu spät sei und sie einem Ehrverbrechen zum Opfer falle.

Die Zahlen sprechen für sich

In Deutschland lebten laut Statistischem Bundesamt im Jahr 2006 insgesamt 1738831 Türken, davon waren 817970 Frauen. Für eine aktuelle Studie des Bundesfamilienministeriums wurden rund 10000 Frauen, darunter auch türkische Mitbürgerinnen, zum Thema häusliche Gewalt befragt. Dabei offenbarte sich, dass die türkischen Migrantinnen oft schwerer häuslicher Gewalt ausgesetzt sind. Sie werden nicht nur häufiger geschlagen oder sexuell missbraucht als deutsche Frauen, in der Regel sind die Verletzungen, die sie erleiden, auch schlimmer. Die Gewaltbelastung von Frauen in türkischen Familien ist deutlich höher als in deutschen Familien, sagte Marieluise Beck (Bündnis 90/Die Grünen), damals Migrationsbeauftragte der Bundesregierung, und forderte die Gesellschaft auf, nicht länger wegzusehen. 40 Prozent der befragten Frauen gaben an, seit dem 16. Lebensjahr körperliche oder sexuelle Gewalt (oder beides) erlitten zu haben. Bei den türkischen Migrantinnen waren es 49 Prozent. Der Feinanalyse nach Gewaltformen zufolge erleben sie vor allem mehr körperliche Gewalt (46 Prozent der Migrantinnen im Vergleich zu 37 Prozent der deutschen Frauen). Auch beim Thema Gewalt in Paarbeziehungen fällt der hohe Anteil türkischer Frauen unter den Betroffenen auf. So gaben insgesamt 25 Prozent der deutschen Frauen an, Gewalt durch aktuelle oder frühere Beziehungspartner erfahren zu haben, während 38 Prozent der Türkinnen dies aussagten. Sichtbar wurde auch, dass sie nicht nur häufiger von körperlicher Gewalt betroffen waren, sondern auch schwerere Formen und Ausprägungen von körperlicher Gewalt erlitten hatten. So waren bezogen auf die erlebten Gewalthandlungen fast doppelt so viele Türkinnen verprügelt, gewürgt, mit einer Waffe bedroht oder Morddrohungen ausgesetzt gewesen als von körperlicher Gewalt betroffene deutsche Frauen. Auch bei sexueller Gewalt gaben die Türkinnen massivere Formen von sexueller Gewalt, wie vollendete Vergewaltigungen an, die häufiger mit Verletzungsfolgen verbunden waren.

Diese Zahlen sind alarmierend und erschreckend zugleich, denn sie belegen, dass der Alltag von fast der Hälfte der türkischen Frauen von massiver Gewalt bestimmt ist. Eine Tatsache, die von vielen Migranten und auch Migrantinnen als normal hingenommen wird. Ähnlich ist die Meinung in der Türkei. So hat eine Umfrage ergeben, dass 39 Prozent von insgesamt 8000 Türkinnen mit Gewalt in der Ehe einverstanden sind. Egal, ob die Frau anderer Meinung ist als ihr Mann, die Kinder vernachlässigt oder ehelichen Sex verweigert; der Mann habe das Recht, seine Frau zu schlagen.

KAPITEL 2

Die Erziehung zur Ehre

Ich lebe seit 25 Jahren in Deutschland, die letzten 18 Jahre davon als erwachsene Frau. Und ich gehöre zu der Minderheit von Türken, die sich hier wirklich integriert haben. Ich besitze einen deutschen Pass, und bei uns zu Hause wird größtenteils Deutsch gesprochen. Meine Kinder haben deutsche Kindergärten und Schulen besucht. Sie fühlen eher deutsch als türkisch. Mag sein, dass ich eine Ausnahme bin. Seitdem ich meine Geschichte öffentlich gemacht und gegen eklatante Menschenrechtsverletzungen wie Zwangsehe und Ehrenmord kämpfe, wird mir das immer wieder bescheinigt. Auf meinen Lese- und Vortragsreisen führe ich viele Gespräche mit den unterschiedlichsten Menschen, aber immer wieder stelle ich fest, dass die wenigsten Deutschen wirklich wissen, was in türkischen oder muslimischen Migrantenfamilien eigentlich vor sich geht. Das liegt natürlich auch daran, dass nicht viel nach außen dringt. Und das Wenige, das sie über die Werte und Traditionen der muslimischen Migranten erfahren, ist den Deutschen fremd.

Mervan war fünf Jahre alt, als man sie nach Deutschland holte. Sie hat hier Abitur gemacht und studiert. Von klein auf wurde ihr in die Seele gebrannt, dass alles, was in der Familie passiert, unter keinen Umständen nach außen dringen darf. Die Angst vor ihrer Familie bestimmte ihr Leben bis ins Erwachsenenalter. Als sie sich mit Anfang 30 in einen Deutschen verliebte, wurde sie von ihrer Familie mit dem Tod bedroht. In ihrer größten Verzweiflung wandte sie sich an mich. Ich versuchte sie zu unterstützen und ihr einen Weg aus der Sackgasse aufzuzeigen. Aber sie sah keinen Ausweg. Sie war so eingeschüchtert und demoralisiert, dass sie wie gelähmt in ihrer Wohnung saß und darauf wartete, dass ihre Familie die Drohungen wahr machte.

Obwohl inzwischen die dritte Generation türkischer Gastarbeiter hier lebt, sind viele von ihnen von der Integration in die deutsche Gesellschaft weit entfernt. Als sie vor mehr als 40 Jahren ihre Heimat verließen, hatten sie neben ihren Matratzen und Kissen auch ihre Dorftraditionen im Gepäck. Diese haben sie über die Jahrzehnte nicht nur konserviert, sondern hartnäckig verteidigt, und das vor allem gegenüber ihren Kindern. Denn sie, die hier geboren und aufgewachsen sind, leben an der Schnittstelle zwischen der traditionell türkisch-islamischen Gesellschaft und den Wertvorstellungen der westlichen Welt. Zu groß ist in den Augen der Alten die Gefahr, dass sich ihre Kinder von den Traditionen und Werten der alten Heimat ab- und denen der neuen Heimat zuwenden.

Viele Türken verhindern, dass ihre Kinder in den ersten Lebensjahren mit der hiesigen Gesellschaft in Berührung kommen. Anstatt sie in die deutschen Kindergärten zu schicken, werden sie von den Großeltern betreut. So war es bei den Gastarbeitern der ersten Generation üblich, die Kinder entweder gar nicht mit nach Deutschland zu nehmen oder sie kurz nach der Geburt zu den Großeltern in die Türkei zu schicken. Das ist immer noch ein gängiges Modell, obwohl inzwischen viele türkische Großeltern gar nicht in die Türkei zurückkehren, sondern in Deutschland ihren Lebensabend verbringen. In diesem Fall übernehmen sie die Erziehung der Enkel eben hier.

Auch ich bin nicht bei meinen Eltern aufgewachsen. Als ich zwei Jahre alt war, ist meine Mutter von einem Tag auf den anderen verschwunden. Sie hat mich und meine fünf Geschwister bei ihren Eltern in Mersin zurückgelassen und ist als Gastarbeiterin nach Deutschland gegangen. Mein kleiner Bruder war damals gerade mal zwei Monate alt, meine anderen Geschwister waren vier, sechs, acht und zehn Jahre alt. Meine Mutter hatte uns weder eingeweiht noch sich von uns verabschiedet.

Aber im Grunde genommen war das mein Glück, denn ich hatte sehr liebevolle Großeltern. Sie waren für mich lange Zeit sogar meine Eltern. Daran änderte auch die Tatsache nichts, dass meine richtige Mutter regelmäßig in den Sommerferien zu Besuch kam. Einmal, ich muss fünf oder sechs Jahre alt gewesen sein, habe ich sie wohl nicht erkannt und soll zu meiner Mutter gesagt haben: »Ich will die Frau nicht sehen!«. Das hat meine Mutter natürlich sehr gekränkt, und irgendwann ist wohl der Plan in ihr gereift, dass sie ihre Kinder zu sich nach Deutschland holen muss.

Aber das sollte noch dauern. In der Zwischenzeit erlebte ich eine unbeschwerte, glückliche Kindheit. Bevor ich in die Schule kam, habe ich mit meinen Geschwistern den ganzen Tag draußen gespielt. Wir hatten viele Freunde in unserer Straße. Und wir spielten immer alle zusammen – Jungen wie Mädchen haben Fangen, Seilspringen oder Verstecken gespielt. Bei meinen Großeltern gab's keine Geschlechtertrennung. Nie hieß es: »Er ist ein Junge, und du bist ein Mädchen.« So hielten sie es auch mit den so genannten Andersgläubigen. In unserer Nachbarschaft lebten nämlich viele Armenier und Christen. Aber das spielte für uns keine Rolle. Im Gegenteil, wir sind gemeinsam groß geworden. Sie gingen bei uns ein und aus, und zusammen haben wir ihr Osterfest und unseren Ramadan gefeiert.

Mein Großvater war ein sehr weltoffener Mensch, der in unserer Nachbarschaft großes Ansehen genoss. Er war ja pensionierter Postbeamter, das war damals so viel wie ein Professor. Und er war ein Mathematikgenie. Ich erinnere mich, dass er uns Kindern immer bei den Hausaufgaben geholfen hat, und wenn wir fertig waren, hat er mit uns Rechnen geübt. Wir Kleinen bekamen natürlich ganz einfache Aufgaben, aber die Größeren mussten schwierigere lösen.

Das Haus, in dem wir lebten, war eine kleine, idyllische Wohnung auf einer Ebene. Es bestand aus zwei Räumen und einem Wohnzimmer, das wir aber nur benutzten, wenn Besuch kam. Draußen im Hof gab es eine Küche, ein Bad und eine Toilette. Im Sommer schliefen wir immer auf dem Dach. Da hatte Großvater eine Art Laube gebaut, die mit wildem Wein bewachsen war. Darunter schlug unsere Großmutter jeden Abend unsere Betten auf. So schliefen wir unter freiem Himmel und konnten jede Nacht die Sterne sehen. Wir waren nicht reich, aber es hat uns an nichts gefehlt. Es gab immer Obst und türkische Süßigkeiten, und Großvater grillte jedes Wochenende. Von dem Geld, das meine Eltern aus Deutschland schickten, konnten wir gut leben. Großvater konnte sogar jeden Monat etwas davon weglegen. Von dem gesparten Geld kaufte er Jahre später ein Grundstück und baute für meine Mutter ein zweistöckiges Haus. Ein Haus, das Jahre später in meinem Leben noch eine Rolle spielen sollte.

Aber meine Kindheit war ungetrübt. Ich erinnere mich an kein einziges Mal, dass ich im Haus hätte helfen müssen. Die Großmutter hat uns all die Jahre auf Händen getragen. Nie mussten wir abwaschen, aufräumen oder gar putzen, das hat sie alles alleine gemacht. Und wir wurden fast nie geschlagen. Nur meine großen Brüder bekamen, wenn sie was ausgefressen hatten, von meinem Großvater einen Schlag mit dem Nudelholz. Das kam allerdings ganz selten vor.

Im Sommer war es immer besonders schön. An den Wochenenden gingen wir oft ins Kino. Nach dem Essen nahmen wir unsere Klappstühle und Kissen und marschierten los. Es wurden indische, aber auch amerikanische Filme unter freiem Himmel gezeigt, das war wunderbar. Nach der Vorstellung ging Großvater dann mit einer großen Taschenlampe voran, auf seinem Arm meinen kleinen Bruder, und wir im Gänsemarsch hinterher. Großmutter war das Schlusslicht, um sicher zu gehen, dass keiner verloren ging. Im Juli fuhren wir, wie viele in unserer Nachbarschaft, alle zusammen ans Meer und lebten dort einen Monat in einem Zelt am Strand.

Aber es gab auch Schattenseiten, denn auch meine Eltern kamen immer im Sommer in die Türkei. Wenn Großmutter anfing, besonders gründlich zu putzen, wusste ich, dass es bald wieder so weit war. Das war für mich ein sicheres Zeichen dafür, dass die Eltern im Anmarsch waren. Das war für mich kein Grund zu Freude, denn sie waren ja Fremde für mich, die ich immer nur im Sommer sah. Ich habe dann viel geweint, und meine Großmutter war ganz verzweifelt. Sie sagte: »Das ganze Jahr weint das Kind nicht, und jetzt kann sie gar nicht wieder damit aufhören. Ich verstehe das nicht!«

Die tragische Wende in meiner Kindheit kam, als ich acht Jahre alt war. In den Jahren davor hatte sich schon abgezeichnet, was passieren würde. Meine Eltern hatten nämlich angefangen, ihre Kinder nach Deutschland mitzunehmen. Als Erstes gingen meine zwei ältesten Brüder, im Jahr darauf folgte der mittlere, und dann wollten sie uns, die drei Jüngsten, holen. Aber meine Großeltern wollten uns nicht hergeben. Großvater sagte: »Die drei Jungen habt ihr schon, aber die drei Kleinen lasst ihr bei mir.« Auch Großmutter wollte uns nicht gehen lassen. Aber meine Mutter wollte unbedingt alle ihre Kinder bei sich haben. Sie drängte meine Großmutter, mit dem Vater zu sprechen: »Ich will jetzt die Kinder, auch meine Töchter.« Mein Vater wollte uns eigentlich nicht bei sich haben. Seiner Frau gegenüber argumentierte er: »Wir werden in Deutschland arbeiten, Geld verdienen und dann zurückkehren. Lass die Kleinen bei deinen Eltern.« Aber meine Mutter setzte sich durch, sie unterzog meine Großmutter einer regelrechten Gehirnwäsche. Eines Tages fing diese an, uns zu erzählen: »Ihr bleibt nicht immer klein, ihr werdet jetzt groß, und wir können euch nicht mehr schützen. Euer Vater legt großen Wert auf die Mädchen, dass sie gut erzogen und anständig sind. Ihr kennt doch euren Vater, er ist sehr stark von seinem Ehrenkodex geprägt.« So ging das jeden Tag, gebetsmühlenartig. Aber ich konnte damit nichts anfangen, ich wusste doch nicht, was »Ehre« bedeutet. Und ich hatte Angst. Ich hatte Angst, dass sie kommen und uns holen würden.

So war es dann auch. Im Sommer 1974 war der glückliche Teil meiner Kindheit vorbei. Vater und Mutter kamen in einem beigefarbenen Ford Kombi angereist. Die großen Brüder hatten sie bei Verwandten in Deutschland gelassen, und nach dem Urlaub mussten wir mit. Ich klammerte mich an meine Großmutter und heulte wie verrückt. Ich wollte nicht in das Auto meiner Eltern einsteigen. Auch mein kleiner Bruder weinte sehr. Er stieg erst ein, als mein Großvater ihm versprach, dass er ihm bald nachreisen würde. Dann sind wir abgefahren.

Eine glückliche Kindheit ist für viele türkische Kinder ein Fremdwort. Ein Grund dafür mag sein, dass Kinder in türkisch-muslimischen Familien einen anderen Stellenwert haben als in modernen deutschen oder westeuropäischen, wo das Kind von den Erwachsenen umhegt wird. Anders bei den Muslimen, hier kommen die Großen – oder besser – die Älteren immer zuerst. Und an der Spitze der streng hierarchisch gegliederten Familienordnung steht der Vater als unumstrittenes Oberhaupt. Ihm haben alle zu gehorchen. Ist er abwesend, treten die Söhne bzw. andere männliche Familienmitglieder wie Onkel oder Cousins an seine Stelle. Dann erst kommen die Frauen. Hier steht die Mutter bzw. Schwiegermutter ganz oben in der Hierarchie, und erst am Ende der Skala kommen die Töchter. Sie sind die Putzfrauen, Köchinnen und Kindermädchen der Familie.

Als meine Eltern uns nach Deutschland holten, habe ich schon auf der Reise begriffen, was für ein Mann mein Vater ist. Wir drei Kinder saßen hinten auf der Rückbank und haben nur geweint. Da brüllte er meine Mutter an: »Sieh zu, dass sie aufhören zu schreien, sonst passiert etwas.« Ich hörte diesen Ton zum ersten Mal und hatte furchtbare Angst. Mein Bruder und ich klammerten uns aneinander. Aber geweint haben wir nicht mehr.

Mein Vater war ein despotischer Mensch, der nur geschrien und Befehle erteilt hat und immer sehr laut sprach. Er war das Familienoberhaupt, das seinen Platz im Wohnzimmer hatte. Er kam mir damals riesengroß vor. Wie ein Felsen, den ich nie umwerfen könnte. Seine Anwesenheit jagte mir große Angst ein. Wenn er da war, wusste ich nicht, wohin mit meinen Blicken, wohin mit meinem Dasein. Ich hatte das Bedürfnis, mich vor ihm zu verstecken. Bis zu meinem 30. Lebensjahr hätte ich nicht sagen können, welche Farbe die Augen meines Vaters haben.

Nachdem ich gemerkt hatte, dass ich gegen meinen Vater keine Chance habe, versuchte ich, mich in Deutschland anzupassen. Ich wurde mit acht Jahren in die vierte Klasse eingeschult. In diesem Moment fing ich an, Deutschland und seine Gesellschaft zu entdecken. Ich bin von Natur aus ein sehr sozialer und kommunikativer Mensch, das hatte ich bei meinen Großeltern gelernt. Aber bei meinen Eltern zu Hause war das nicht erwünscht, deshalb habe ich dort geschwiegen. In der Schule war ich dagegen sehr aufgeschlossen. Das war meine Welt! Ich beobachtete meine Mitschüler, denn es interessierte mich, was sie anzogen und wie sie redeten.

Am Anfang konnte ich kein Deutsch. Aber dank meines Lehrers, der zehn Jahre in der Türkei gelebt hatte und Türkisch sprach, lernte ich sehr schnell Deutsch. Und nach einer Weile fand ich auch Anschluss. Aber mein Vater erlaubte den Kontakt zu deutschen Kindern nur in der Schule. Nach dem Unterricht durfte ich nicht mehr mit ihnen sprechen. Weil sie, so mein Vater, schlecht und unehrenhaft seien und keine Ehre trügen. Das waren seine Einwände. Ich konnte das nicht verstehen. Warum durfte ich vormittags in der Schule mit den deutschen Kindern reden, aber am Nachmittag nicht mehr?

Deshalb hatte ich keine Chance, diese fremde Welt wirklich kennen zu lernen. Die einzigen Möglichkeiten, sie zu erkunden, waren die Schule oder wenn wir zum Einkaufen gingen. Da bemerkte ich, dass die deutschen Eltern zu ihren Kindern eine ganz andere Beziehung haben. Zum Beispiel hörte ich, wie ein deutsches Mädchen zu seiner Mutter »Renate« sagte. Das kam mir einer Revolution gleich. Wie kann ein Kind seine Eltern mit dem Vornamen ansprechen? Das dürfen wir Türken nicht! Wir dürfen ja nicht einmal unsere Brüder und Schwestern mit ihrem Vornamen ansprechen. Wir müssen »Bruder« und »Schwester« zu ihnen sagen. Meinen Bruder mit seinem Vornamen anzusprechen wäre respektlos.

Die Macht der Väter

Respekt vor den Eltern ist ein weiterer Schlüsselbegriff in der Erziehung türkischer Mädchen und Jungen. Kinder müssen ihre Eltern respektieren, und zwar immer und überall. Das ist sowohl im Islam als auch in der türkischen Kultur ein unumstößliches Gesetz. Nach einer alten Volksweisheit braucht das Kind unbedingt den Segen der Eltern, um Glück, Gesundheit und Wohlstand zu erreichen. Den elterlichen Segen bekommt es aber nur, wenn es den Eltern Gehorsam entgegenbringt und sie respektvoll behandelt. Deshalb müssen türkische Kinder um den Segen der Eltern bitten. Egal, was sie vorhaben, ob sie zur Arbeit gehen, einen Job suchen, in Urlaub fahren oder eine Ehe eingehen möchten, die Gebete der Eltern sollen sie immer begleiten. Handeln sie gegen dieses »Gesetz« und gehorchen den Eltern nicht, so landen sie in der Hölle. Respekt gegenüber den Eltern bedeutet in der türkischen Kultur, jegliche Individualität aufzugeben und sich voll und ganz dem elterlichen Willen zu fügen.

Die Autorität des Vaters hat in der elterlichen Erziehung feste traditionelle Wurzeln und wird genauso wenig hinterfragt wie die Rolle der Gewalt in der Erziehung. So besagt ein türkisches Sprichwort: »Kocandır, babandır, ağabeyindir döverde severde«, was übersetzt soviel heißt wie: »Ehemänner, Väter und Brüder prügeln und lieben zugleich.« Es gibt viele solcher Redewendungen, die um Verständnis für häusliche Gewalt werben und viel über das Gesellschaftsleben und die Mentalität der Türken verraten. In diesem Zusammenhang spielt auch der Islam eine unrühmliche Rolle. Gewalt als erzieherische Maßnahme wird durch den Koran und die islamischen Sitten belegt, gestärkt und gefördert. Zwei Beispiele führen deutlich vor Augen, unter welchen Umständen der Islam unbedingten Gehorsam gegenüber den Eltern verlangt: »Die sündigen Gläubigen, die als Letzte von der Hölle befreit werden, sind diejenigen, die sich gegen ihre frommen Eltern empört haben.« Oder: »Wer seinen Eltern widerspricht, dessen Zunge schneide man ab! Wenn er mit seiner Zunge seine Eltern gekränkt hat, so entferne man diese! Demjenigen, dessen Eltern mit ihm zufrieden waren, werden sich zwei Tore zum Paradies öffnen. Aber demjenigen, mit dem die Eltern nicht zufrieden waren, werden sich zwei Tore zur Hölle öffnen. Man soll seinen Eltern gehorchen, selbst wenn sie grausam sind.«

Dass der Islam in vielen türkischen Familien eine große Rolle spielt, ist unbestritten. Wie weit das gehen kann, zeigt das Beispiel von Meryem, deren Eltern seit vielen Jahren Mitglieder einer islamisch-fundamentalistischen Organisation hier in Deutschland sind. Lange lebte Meryem mit ihren Eltern und dem kleinen Bruder in einer 3-Zimmer-Wohnung. Sie berichtet, dass die Religion in ihrer Familie immer eine zentrale Rolle gespielt hat. So musste sie schon im Alter von fünf Jahren ein Kopftuch tragen und fünfmal am Tag beten. Gebetet wurde entweder im Wohnzimmer oder im Schlafzimmer der Eltern. Als sie größer wurde, bekam sie ein eigenes Zimmer und fing an, das tägliche Gebet zu vernachlässigen. Die Mutter nahm das zunächst nicht ernst, dachte, das habe mit der Pubertät zu tun. Aber Meryem zog sich innerlich immer mehr von der Familie und den religiösen Ritualen zurück.

Sie verschloss ihre Zimmertür mit der Begründung, der Bruder störe sie bei den Hausaufgaben. Auf diese Weise schaffte sie sich ein bisschen Freiraum. Heimlich hörte sie Musik oder las Bücher. Aber Bücher lesen war nur erlaubt, wenn es sich um islamische Bücher handelte. Also ging Meryem heimlich in die Bibliothek und lieh sich moderne Jugendliteratur aus. Als sie anfing, sich für Heavy Metal und Rockmusik zu interessieren, wurde auch Musikhören zum Problem. Oft hörte sie die Mutter nicht klopfen, weil die Musik zu laut war. Meistens gab es dann Ärger. Meryem, die den Gebetsteppich immer bereit liegen hatte, beteuerte, dass sie gerade gebetet habe. Und die Mutter glaubte ihr das auch.

Aber irgendwann hatte das junge Mädchen so große Gewissensbisse, dass sie sich ihrer Mutter anvertrauen musste. Weinend erzählte sie der streng gläubigen Muslimin, dass sie nicht mehr an Allah glaube. Die Mutter reagierte anders als erwartet. Sie nahm die Tochter in den Arm und versuchte sie zu beruhigen, sagte, dass sie solche Gedanken verdrängen solle, weil sie teuflisch seien. Sie solle es für sich behalten, die Zweifel würden wieder vergehen. Aber noch am gleichen Abend erzählte die Mutter ihrem Mann davon. Meryem wurde ins Wohnzimmer gerufen und zur Rede gestellt. Das Mädchen versuchte, die Fragen zu beantworten, hatte aber fürchterliche Angst. Irgendwann eskalierte die Situation, und beide Eltern schrien sie an. Vor ihrem Vater hatte Meryem immer große Angst, obwohl er sie noch nie geschlagen hatte. Er musste nur kurz die Stimme erheben, sie scharf ansehen, und schon ging sie in Deckung.

Diese Art von Macht haben die meisten türkischen Väter über ihre Töchter. Sie demonstrieren sie indirekt, und die Kinder wissen nie, was als Nächstes kommt. Gewalt wird in türkischen Familien deutlich häufiger als in deutschen Familien in der Erziehung angewandt. Untersuchungen haben ergeben: In 20 Prozent aller türkischen Haushalte wird mit Gewalt erzogen, das heißt, jedes fünfte türkische Kind wird geschlagen. Und im Vergleich zu deutschen misshandeln türkische Eltern ihre Kinder dreimal so häufig. Betroffen sind zwar Jungen wie Mädchen. Dennoch ist unbestritten, dass türkisch-muslimische Mädchen ein ungleich schwereres Schicksal haben. So besagt ein weiteres türkisches Sprichwort: »Wer seine Tochter nicht schlägt, wird es später bitter bereuen.« Während die Jungen weitgehende Freiheiten genießen, leben die Töchter in einem eng abgezirkelten Raum. Sie stehen ständig unter Beobachtung – von näheren und ferneren Verwandten, Bekannten und Nachbarn oder sogar von fremden türkischen Männern in ihrer Umgebung. Ihr Verhalten und ihr Tun werden immer und überall überwacht und kontrolliert.

Der einzige Freiraum, den diese Mädchen haben, ist die deutsche Schule. Und dort fühlen sie sich hin und her gerissen. Sie sind gezwungen, in zwei verschiedenen Welten zu leben – einer Innen- und einer Außenwelt. Zu Hause sind sie die braven Töchter, die sich den Traditionen der Eltern anpassen, und draußen sind sie die türkisch-deutschen Mädchen, die mit ihren deutschen Altersgenossen mithalten wollen. Der Weg zur Selbstbestimmung endet für viele muslimische Mädchen leider oft in einer Sackgasse. Besonders in der Phase des Erwachsenwerdens, einer Phase, in der Jugendliche ihre Identität entwickeln und festigen, tragen Mädchen die Konflikte der Doppelorientierung mit sich herum. Erfüllen sie die Regeln und Normen des Elternhauses, werden sie von gleichaltrigen Deutschen nicht verstanden und akzeptiert. Orientieren sie sich an ihrer deutschen Umwelt, geraten sie in problematische Situationen mit ihren Familien. Sie sind hier in Deutschland geboren, aber ihre Eltern sind traditionell denkende Türken. Und die

Töchter fühlen sich weder als Deutsche noch als Türkinnen. Sie sind zwischen den beiden Ländern, ihren Nationalitäten, Kulturen und Religionen hin und her gerissen und versuchen, beide nationalen Eigenschaften anzunehmen und darauf stolz zu sein. Das ist eine schwierige Gratwanderung.

Für Esra war besonders die Pubertät schwierig. Ihre Eltern waren Anfang der 70er Jahre nach Deutschland gekommen, 1982 wurde Esra als drittes Kind geboren. Ihre Kindheit verlief glücklich. Die Eltern unternahmen viel mit den Kindern, und die hatten viele Freunde. Aber mit der Pubertät wurde alles anders, besonders für die Tochter. Von einem Tag auf den anderen durfte Esra nicht mehr draußen mit den Nachbarjungen spielen. Während ihre Freunde sich mit der Clique trafen, konnte sie nur unter Vorwänden dazukommen. Wenn sie Feste feierten, musste Esra sich immer wieder eine neue Lüge ausdenken, um dabei sein zu können. Irgendwann fing sie an, die Eltern dafür zu hassen, und wurde zunächst aggressiv, später depressiv. Als der Vater herausfand, dass die Tochter rauchte, wurde er gewalttätig. Irgendwann beschloss er, dass die Tochter lernen müsse, als Frau Verantwortung zu übernehmen. Fortan musste sie jeden Tag die Küche aufräumen und putzen.

Mädchen werden schon sehr früh auf ihre spätere Rolle als Ehefrau und Mutter getrimmt. Während die Jungen zum Beispiel nach der Schule wie selbstverständlich noch spielen können, stehen die Mädchen in der Küche und bereiten das Essen zu. Auch in meiner Kindheit war das ähnlich. Wir Kinder waren sehr früh auf uns selbst gestellt. Ich kann mich erinnern, dass unser Vater mich nur ein einziges Mal in die Schule gebracht hat. Das war am ersten Tag. Er lieferte mich im Sekretariat ab und verschwand. Das war das erste und das letzte Mal, dass ich einen von meinen Eltern in der Schule gesehen habe. Wenn ich um eins, halb zwei aus der Schule kam, waren wir Geschwister allein. Die Eltern waren mittags nie zu Hause, beide arbeiteten. Mein Vater war 35 Jahre lang in einer Papierfabrik beschäftigt, und meine Mutter arbeitete zunächst bei Rosenthal und später in einer Metallfabrik. Sie waren zudem immer im Schichtdienst tätig. Das war schon sehr hart.

Bevor wir nach Deutschland kamen, musste meine Mutter den Haushalt allein machen. Das war wohl auch der Grund, warum sie mich und meine Schwester geholt hatten. Wir waren für sie immer nur bessere Dienstmädchen. Nachdem sie uns die verschiedenen Tätigkeiten im Haus gezeigt hatte, mussten wir fast alles allein machen. Mutter ist dann nur noch einmal in der Woche einkaufen gegangen. Nach der Schule war meine erste Aufgabe, die Wohnung zu kehren und aufzuräumen. Dann haben wir Kinder gegessen. Und zwar entweder, was vom Vorabend übrig war, oder was eine von uns Schwestern gekocht hatte. Mit zehn Jahren beherrschte ich schon alle Handgriffe des Haushalts.

Unsere Eltern haben sich auch nie um uns gekümmert. Nie wurde gefragt: »Habt ihr frische Sachen an? Habt ihr eure Hausaufgaben gemacht? Habt ihr eure Haare gekämmt?« Ich glaube auch nicht, dass sich meine Eltern je darüber Gedanken gemacht haben. Eines Tages rief eine Lehrerin an und beklagte sich, dass die langen Haare von uns Mädchen nicht ordentlich gekämmt seien. Sie setzte ein Ultimatum, entweder ordentlich kämmen oder abschneiden. Da machte Vater kurzen Prozess und brachte uns zum Frisör. Ich flehte meinen Vater an: »Lass es, bitte, ich kämme mich wirklich, ich mache das nie wieder.« Aber er hörte nicht auf mich und befahl der Frisörin, meine Haare ganz kurz zu schneiden. Das war für mich sehr schmerzhaft, denn meine langen Haare waren sehr eng mit meiner Großmutter verbunden. Sie hatte mir die Haare dreimal am Tag gekämmt, bis sie glatt und seidig waren. Und jetzt waren sie ganz kurz. Das war für mich wie eine weitere, gewaltsame

Trennung von der geliebten Großmutter. So wurde ich wieder verletzt, aber ich wehrte mich nicht mehr, ich resignierte.

»Ayıp« – schändliches Verhalten

Wer sich genauer mit der Kultur, der Tradition und den Werten der türkischen Einwanderer beschäftigt, wird mit den Konflikten in Berührung kommen, denen die Kinder und Jugendlichen dieser Familien ausgesetzt sind. Er wird feststellen, dass sie verzweifelt versuchen, mit zwei völlig unterschiedlichen Gesellschaftsformen zurechtzukommen. Kaum jemand ahnt, welche internen Konflikte in diesen Familien ausgetragen werden. Denn alles spielt sich hinter verschlossenen Türen ab, so gut wie nichts dringt nach außen.

Konflikte haben vor allem die Mädchen. In ihrer deutschen Welt herrscht Freiheit, und zu Hause, in der türkischen Welt, bestimmen die konservativen Eltern ihr Leben. Für die Disziplinierung der Mädchen in der Erziehung wird oft das Wort *Ayıp* gebraucht. Es bedeutet »schändliches Verhalten« und soll unkorrekte Verhaltensweisen verhindern. So lernen Mädchen schon von klein auf, den weiblichen Körper zurückhaltend, bescheiden und schamhaft zu bewegen. Ihre Blicke sind auf den Boden geheftet, und jede unkontrollierte Überschreitung der Grenze des eigenen Körpers gilt als schamlos, hässlich, unmoralisch, unrein und schändlich. Fortwährend werden sie ermahnt:

Verhalte dich ehrenhaft, mach keinen Ärger, sei gehorsam und artig, sonst respektiert dich niemand.

Antworte erst dann, wenn du gefragt wirst.

Rede nicht so laut, lache nicht zu laut und sei nicht zu aufdringlich! Was sollen die anderen Menschen von dir denken?

Setz dich ordentlich hin und spreize deine Beine nicht so. Zieh deinen Rock über die Knie und bedecke deine Beine, sonst gucken die Leute.

Schau nicht aus dem Fenster, sonst denken die anderen, du hast einen Liebhaber.

Nimm den Kaugummi aus dem Mund, lecke dein Eis nicht so genüsslich auf der Straße, das erregt die Männer.

Rede nicht mit Fremden (Männern) und lass dich nicht von fremden Leuten ansprechen.

Gehorche den Worten deines Vaters, Bruders, Onkels, und deines Mannes, sonst bekommst du eine Tracht Prügel!

Sei nicht rebellisch!

Bete zu Allah, damit er dich auf den rechten Weg leitet und du uns keine Schande bringst. Fürchte Allah und sei ein ehrwürdiges und frommes Mädchen.

Halte dich fern von Sünde und Schande.

Mit diesen oder ähnlichen Sätzen wurden und werden türkischmuslimische Mädchen von frühester Kindheit an indoktriniert. Sie wissen, dass »die Ehre« das höchste Gut einer muslimischen Familie ist, und sie ahnen bereits, dass sie selbst die Ehre der Familie sind, die es unter allen Umständen zu bewahren gilt. Denn von ihrer Ehre hängt die Ehre der gesamten Familie ab. Selbst wenn die Kindheit relativ unbehelligt abläuft, das böse Erwachen kommt spätestens mit Beginn der Pubertät.

Bei mir war es allerdings schon früher. Als wir nach drei Tagen Autofahrt schließlich in Deutschland ankamen, waren wir alle sehr erschöpft. Während die großen Brüder das Auto entluden, saßen wir Kleinen zusammengedrängt auf dem Sofa – wir waren ja fremd, und so fühlten wir uns auch. Da schrie uns Vater an, wir sollten gefälligst mithelfen. Das hat uns sehr erschreckt, denn wir wußten gar nicht, wo wir anpacken sollten. Wir waren ja noch sehr jung und hatten bei unseren Großeltern noch nie arbeiten müssen.

Der nächste Zusammenstoß passierte beim Essen. Es gab gegrilltes Hähnchen aus einem Schnellrestaurant. Ich hatte so etwas noch nie gegessen und fürchtete mich vor dem fremden Essen. Da schrie er schon wieder. Wir müssten jetzt etwas essen, wir hätten doch die ganze Fahrt kaum etwas zu uns genommen. Jetzt sei Schluss mit dem Theater. Ich erinnere mich noch gut, wie mir die Tränen übers Gesicht liefen und ich stumm das trockene Hähnchen hinunterwürgte. Danach brachte Mutter uns ins Bett.

In unserem Zimmer standen zwei französische Betten. Wie selbstverständlich legten mein kleiner Bruder und ich uns ins gleiche Bett und kuschelten uns aneinander. Meine Schwester schlief allein in dem anderen Bett. Da kam Vater herein und schrie schon wieder: »Nein, die Mädchen zusammen, der Junge schläft allein.« Das haben wir nicht verstanden. Stumm lagen wir – jetzt getrennt – jeder in seinem Bett und haben wieder geweint.

Das war unsere erste Nacht in Deutschland.

Mein jüngster Bruder und ich, wir kapselten uns von den anderen ab. Wir nahmen uns oft heimlich in den Arm und trösteten uns gegenseitig. Ich spürte, was er empfand, und umgekehrt. Wenn er weinte, weinte ich auch. Durch die fremde

Umgebung sind wir uns noch näher gekommen. Denn die Eltern waren ja fremde Menschen für uns. Wenn Mutter mich damals nur manchmal umarmt oder mich wenigstens ab und zu gestreichelt hätte, oder wenn Vater mich einfach mal liebevoll angeguckt hätte!

Aber er sah mich überhaupt nicht an.

Eine türkische Redewendung besagt: »Kız kısmı, el malıdır«, was so viel heißt wie: »Die Töchter sind fremdes Besitztum.« Sie wachsen im Vaterhaus auf. Und das »Vaterhaus« ist ein Ort der Erziehung. Dort wendet sich der Vater mit strengen Regeln der Sittsamkeit und großen Erwartungen seinen Töchtern zu. In der Erziehung darf es keine Fehler und kein Versagen geben. Der Vater darf seinen Töchtern weder in der Kindheit noch in der Jugend seine Zuneigung zeigen. Die Tiefe der Vaterliebe dürfen sie nicht spüren. Innerhalb der Familie pflegt er von Geburt an Distanz und vermeidet eine enge Beziehung zu seinen Töchtern. Eine Erziehung im Dialog oder körperliche Kontakte wie Umarmen, Drücken und Küssen sind verboten. Eine körperliche Kommunikation wird bewusst unterlassen, damit die Töchter die Autorität ihres Vaters verinnerlichen und sie niemals in Frage stellen. So werden auch körperliche Bestrafungen und seelische Verletzungen gerechtfertigt.

Was aber steckt hinter dieser Härte? Ich glaube, einer der wichtigsten Gründe dafür ist, dass die Töchter sich im Elternhaus nicht heimisch fühlen sollen. Damit der Abschied nicht allzu schwer fällt. Trennungen bedeuten ja auch immer Schmerz und Trauer. Deshalb gestattet sich der Vater auch keine tiefe emotionale Bindung bzw. Nähe zu seinen Töchtern. Denn die Töchter sind für einen »fremden« Mann und seine Familie bestimmt. Das heißt, die Tage der Töchter im »Vaterhaus« sind von Geburt an gezählt. Sobald sie ins heiratsfähige Alter kommen, »fliegen« sie davon, um im Heim des »Fremden« zu leben, und das Nest des Vaters ist fortan leer.

KAPITEL 3

Die Frauen sind die Ehre der Familie

Die *Ehre* ist für die traditionelle türkisch-muslimische Familie
von zentraler Bedeutung. Ich hatte den Begriff *namus* zum ersten Mal von meiner Großmutter gehört, als ich noch klein war.
Damals wusste ich nichts damit anzufangen. Als die Eltern uns
Kinder dann nach Deutschland geholt hatten, hörte ich das
Wort immer wieder, und langsam fing ich an zu begreifen, was
es bedeutet. Wir Mädchen und Frauen sind die Ehre der Familie. Wir müssen uns immer und überall vorbildlich verhalten,
so lautet die Maxime der traditionell muslimischen Erziehung:
»Halte dich fern von Sünde, Schande und Verbotenem.« Denn
geht die Ehre verloren, ist die Familie ehrlos, und es drohen die
Ehrenstrafe und möglicherweise sogar der Ehrenmord!

Hier stellt sich die Frage, ob sich die Ehre auf ein Stück nackte
Haut reduzieren lässt. Kann ein Stückchen unbedeckte Haut die
Reinheit der Frau, ihre Aufrichtigkeit und Ehrlichkeit bedeuten? Diese Denkweise hält sich nicht nur hartnäckig in rück-
wärtsgewandten traditionell islamischen Kreisen, sie scheint
sich in den letzten Jahren sogar noch verfestigt zu haben. Gerechtfertigt wird dieser überkommene Ehrbegriff letztendlich
durch die Religion. Und immer wieder machen die obersten
muslimischen Führer auf diese Tatsache aufmerksam, wie etwa
der oberste Scheich Australiens Taj el-Din Hamid al-Hilali im
Herbst 2006. Er stellte in einer Predigt folgende Frage: »Wenn
man Fleisch unbedeckt auf die Straße stellt, in den Garten,
in den Park oder auf den Hinterhof – und die Katzen kommen und fressen es: Wessen Schuld ist das dann, die der Katze
oder die des unbedeckten Fleisches?« und beantwortete sie

gleich selbst: »Das nicht bedeckte Fleisch ist das Problem.« Der oberste muslimische Geistliche Australiens bemühte dieses Bild, um darzulegen, dass die unverschleierten Frauen Vergewaltigungen herausfordern. In seiner Predigt hatte er ein ganz einfaches Rezept parat: Wenn Frauen sich vornehmlich zu Hause aufhalten würden und draußen verhüllt wären, gäbe es keine Probleme. Aber wenn sie sich anzüglich bewegten und Make-up trügen, provozierten sie sexuelle Übergriffe.

Damit vertritt der australische Imam keine Minderheitenmeinung. Im Gegenteil, viele türkisch-muslimische Mitbürger hierzulande denken ganz ähnlich. Die kleine Mine zum Beispiel war fünf Jahre alt, als man ihr das Kopftuch anzog. Mines Mutter war damals zwanzig Jahre alt, als sie sich verschleierte, und der Vater ließ sich einen Bart wachsen. Wie alle Kinder sah auch Mine in ihren Eltern Vorbilder und wollte so aussehen wie ihre Mutter. Also wollte sie auch ein Kopftuch tragen. Sie bekam neue Röcke und musste Strumpfhosen tragen, damit man ihre Beine nicht sehen konnte. Ein Mann aus der Gemeinschaft sagte ihr, dass sie keine Miniröcke anziehen dürfe, weil das eine Sünde sei. Als sie in die Schule kam, war sie dort eine Außenseiterin und hatte nur gelegentlich Kontakt zu ein paar türkischen Mädchen, die aber auch nicht unbedingt mit ihr befreundet sein wollten. Für Mine waren alle böse. Sie nannten sich zwar Moslems, trugen aber keine Kopftücher, liefen mit Miniröcken herum und reizten so die Männer. Und natürlich war es die Schuld der Frauen, wenn sie vergewaltigt wurden. Wenn sie sich so lange draußen aufhielten oder sich so anzogen, konnten die Männer ja gar nicht anders. Männer waren von Natur aus so geschaffen. Sie waren sexsüchtig, also musste sich die Frau verschleiern. So hatte man es ihr beigebracht.

Viele türkisch-muslimische Mädchen werden nach den Gesetzen der streng religiösen Tradition erzogen. Egal, ob sie in der Stadt, auf dem Land oder in der Fremde geboren werden und aufwachsen. Ihr Leben ist fixiert auf ihre Ehre. Und die Mahnungen gegenüber dem anderen Geschlecht bestimmen ihren Alltag. Mit ständig erhobenem Zeigefinger wird die häusliche Erziehungsgewalt in ihren Gedanken, in ihren Herzen und in ihren Köpfen fest verankert.

So ist es jungen Mädchen strengstens verboten, ohne Wissen oder Einverständnis ihrer Familien auch nur einen Fuß vor die Tür zu setzen. Einfach nur ins Kino zu gehen oder in ein Café, eine Theatervorstellung oder ein Konzert zu besuchen, ein Eis essen zu gehen oder einen Spaziergang zu unternehmen ist ihnen nur in – vorzugsweise männlicher – Begleitung erlaubt, vorausgesetzt, der Begleiter gehört zur Familie. So sieht man nicht selten, wie 17-, 18-jährige türkische Mädchen in Begleitung ihrer kleinen Brüder unterwegs sind. Zu ergänzen ist hier jedoch, dass nicht jedes männliche Familienmitglied als Sittenwächter zugelassen wird. So konnte man im Sommer 2004 in einer türkischen Zeitung lesen, dass eine 24-jährige Frau verbrannt wurde, weil sie sich mit einem Cousin väterlicherseits unterhalten hatte. Dieser war gerade aus dem Gefängnis entlassen worden und hatte seine Cousine lange nicht gesehen. Diese kleine harmlose Unterhaltung kostete die junge Frau das Leben.

Die Hüterinnen der Tradition

Neben ausgesuchten männlichen Familienmitgliedern gelten auch die älteren Frauen der Familie als geeignete Begleitung. Sie sind die »Hüterinnen der Tradition« und haben in Familie und Gesellschaft eine gewisse Autoritätsstellung, die sich allerdings überwiegend auf das Haus beschränkt. Sie sind immerhin berechtigt, die jüngeren Frauen zu bewachen und zu kontrollieren. Und sie werden mitverantwortlich gemacht, wenn ein weibliches Sippenmitglied die vorgegebenen Grenzen und Verhaltensregeln nicht einhält.

Die älteren Frauen, vornehmlich die ab 40, erlangen die von den Männern legitimierte Machtposition, weil sie nicht mehr als sexuelle Verführerinnen betrachtet werden und ihre Ehre nicht mehr verletzt werden kann. Sie sind in der Regel Mutter und haben dadurch Anerkennung und Prestige erhalten, vor allem wenn sie männliche Nachkommen vorzuweisen haben. Außerdem sind sie – aufgrund der am eigenen Leib erfahrenen Machtlosigkeit – eher geneigt, die im Rang unter ihnen stehenden, jüngeren Frauen zu unterdrücken.

Auch ich habe die Unterdrückung durch die Schwiegermutter am eigenen Leib erfahren. Als ich in die Türkei verheiratet wurde, war mir alles fremd! Ich kannte weder das Dorf noch die Menschen besonders gut. Es war zwar das Dorf, aus dem meine Großmutter stammte, aber ich war nur als Kind ein paar Mal dort gewesen. Auch meine Schwiegereltern waren Fremde für mich. Die Schwiegermutter hat immer Arabisch gesprochen, vermutlich damit ich sie nicht verstehe. Die Familie gehört zu den Alawiten*. Jedenfalls hat mich meine Schwiegermutter von Anfang an gehasst. Warum, weiß ich nicht. Sie sagte immer: »Du bist nicht gut genug! Deine Mutter hat dich nicht als richtige Hausfrau erzogen. Ich muss dich jetzt umerziehen.« Sie war eine dominante Frau, die über ihren Ehemann herrschte und natürlich über ihre sechs Kinder. Sie hatten zwei Söhne und vier Töchter, also genau umgekehrt wie bei uns. Von Anfang an versuchte sie, auch mich zu beherrschen. So verspottete sie mich, weil ich nicht wusste, wie man die Wäsche mit der Hand wusch. Das ärgerte mich sehr, und so setzte ich mich zur Wehr, indem ich sagte: »Bei uns wäscht man nicht mehr mit der Hand! Ihr lebt ja wie im Mittelalter. Ihr habt ja noch nicht mal eine Waschmaschine.«

---

* Die Alawiten stammen ursprünglich aus Syrien, und deshalb sprechen viele von ihnen auch Arabisch!

Solch eine Aufmüpfigkeit duldete sie nicht. Also schikanierte sie mich von diesem Moment an, wo sie nur konnte. Ich musste morgens um vier Uhr aufstehen, in den Stall gehen und dem Hirten die Kühe übergeben. Dann musste ich mit aufs Feld. Sie hatte immer das Kommando. Und niemand hätte es gewagt, ihr zu widersprechen!

Aber auch die Entscheidungsbefugnis und Entscheidungsgewalt der Mutter oder Schwiegermutter hat Grenzen, denn das »Oberhaupt« der Familie ist unangefochten der Mann, und die Frau hat ihm in allen Angelegenheiten zu gehorchen. Die meisten Frauen und Mädchen sind in ihrem Recht auf individuelle Identitätsbildung, Selbstbestimmung und Bewegungsfreiheit massiv eingeschränkt. Sie werden von Kindesbeinen an dazu erzogen, nicht zu widersprechen, den Forderungen und Anweisungen der Eltern sowie der ganzen Familie respektvoll zu begegnen, ihre eigenen Wünsche und Bedürfnisse zurückzustellen und sich für das Wohl der Familie aufzuopfern. Aus Rücksicht auf die Tradition ihrer Familie nehmen viele Mädchen und Frauen die Einschränkungen ihrer Rechte und viele Zwänge hin, die sich manchmal tief in ihrem Innersten festgesetzt haben. So jedenfalls berichtet eine völlig verzweifelte junge Frau, die ich hier Ayla nennen will.

Der Vater hat Ayla jahrelang unterdrückt. Sie darf nur in Begleitung eines Bruders rausgehen. Ein Kino- oder gar Discobesuch mit Freundinnen ist nicht erlaubt. Auch ihren Traumberuf der Flugbegleiterin darf sie nicht ergreifen. Ihr Vater entscheidet alles. Die Angst vor ihm ist so groß, dass sie weder wagt, ihm zu widersprechen noch eigene Wünsche zu äußern. Er ist bis in ihr Innerstes vorgedrungen und verfolgt ihre Seele. Er hat ihr das eigene Denken, den eigenen Kopf, die Gedanken genommen! Ayla kennt keine seelische Freiheit, und es treibt sie fast in den Wahnsinn. Sie lebt ein Leben, von dem sie nicht weiß, wie sie es leben soll oder wozu. Wenn sie die Macht des Vaters brechen will, bleibt ihr nur die Flucht. Nur so kann sie sich davon befreien. Aber wenn sie flüchtet, beschmutzt sie die Ehre der Familie. Und das darf auf keinen Fall geschehen.

In ihrer Familie ist Ayla völlig isoliert. Obwohl sie Eltern, Geschwister, Tanten und Onkel, Cousins und Cousinen ständig um sich hat, fühlt sie sich allein und verlassen. Niemand versteht sie, keiner tröstet sie. Ayla will eigentlich nur weg, nach Köln, München oder Berlin, allein leben und endlich auf eigenen Füßen stehen. Nur weg von dieser Familie, weg vom täglichen Sterben. Sie sucht keine unmäßigen Freiheiten! Will kein Leben, in dem sie von morgens bis abends machen kann, was sie will. Nein! Sie will nur das Leben spüren. Würde zum Beispiel alles dafür tun, an einem Sommerabend mit Freunden auf dem Balkon zu sitzen und den Abend zu genießen! Sie würde alles dafür tun, wenn sie die Liebe erleben dürfte. Erfahren, wie es ist, einen Jungen zu lieben, mit ihm zusammen zu sein und geliebt zu werden! Endlich ihre eigenen Entscheidungen zu treffen und nicht das tun zu müssen, was andere für richtig halten. Aylas Leben ist ein einziger Albtraum und besteht nur aus Angst, Panik, Seelenqualen und Depression.

Während die Mädchen vom frühesten Alter an zur Passivität erzogen werden, werden die Jungen von Kindesbeinen an auf die aktive Rolle vorbereitet. Der erste Schritt zur Mannwerdung beginnt mit der Beschneidung des kleinen Jungen. Damit wird er Mitglied der Männergesellschaft. Und schon sehr früh wird dem Jungen vermittelt, dass die Ehre die Wertskala für die gesellschaftliche Position in der öffentlichen Männerhierarchie ist.

Nach der islamischen Tradition ist das weibliche Geschlecht physisch und psychisch schwach, ohne Verstand, arglistig und Unheil bringend. Vor allem die weibliche Sexualität ist eine Gefahr. Um das bedrohliche weibliche Geschlecht unter Kontrolle zu halten und unehrenhaftes Verhalten zu verhindern, wird von den Männern erwartet, dass sie ihre Frauen und Mädchen streng kontrollieren. Richtige muslimische Männer müssen sich in dem erstarrten patriarchalischen System behaupten, sich erheben und die nötige Disziplin und Muskelstärke mitbringen. Denn je mehr ein türkischer Mann die Frauen seiner Familie unter Kontrolle hat, umso besser für seine gesellschaftliche Stellung in der Männerhierarchie.

Wenn ein Mädchen der Familie sich unehrenhaft verhält, dann ist die Ehre des Mannes verletzt bzw. befleckt. »Namussuz« oder »ehrlos« ist ein Mann auch, wenn jemand von außen ein weibliches Familienmitglied angreift oder auch nur belästigt. Vor allem fremde (deutsche) Männer sind die Feinde der weiblichen Ehre. Wenn sie die Mädchen oder Frauen aus der Familie (sexuell) belästigen, anmachen, anfassen, ansprechen oder auch nur schief angucken, sollen sie die harte Hand des muslimischen Mannes spüren. Wenn die Ehre bedroht ist, gilt es sie – notfalls unter Einsatz des Lebens – zu verteidigen und wiederherzustellen.

Ein besonders drastischer Fall der Wiederherstellung der Ehre ereignete sich im Sommer 1996 in Berlin. In der Hauptstadt findet wie jedes Jahr die Love-Parade statt, auch die türkischstämmige Studentin Seva ist dabei. In den ersten Stunden des Tages, gegen 2.30 Uhr, kommt es zu dem tödlichen Zusammentreffen. Es ist das Ende eines lang schwelenden Generationenkonflikts zwischen einem Mädchen, das so wie andere Jugendliche sein will, und einem Vater, der für das selbstbestimmte Leben seiner Tochter kein Verständnis hat.

Die 19-jährige Seva ist in Berlin aufgewachsen. Sie ist ein aufgewecktes, lebenslustiges Mädchen, das nicht nur gerne ausgeht, sondern auch viele deutsche Freunde hat. Mit den muslimischen Familientraditionen kann die junge Türkin wenig anfangen und beschließt, ihren eigenen Weg zu gehen. Sie zieht von zu Hause aus und teilt sich die Wohnung mit einer deutschen Freundin. Dieses Verhalten steht im krassen Gegensatz zu den Werten und Normen ihrer Familie und führt immer wieder zum Konflikt mit dem traditionsbewussten Vater.

Das Verhalten seiner Tochter sei gegen seine Ehre gegangen, gab Süleyman (55) später zu Protokoll. Freunde und Nachbarn hätten schon länger abfällig über die Familie des Angeklagten geredet: »Schau mal her, seine Tochter ist abgehauen. Die treibt sich rum wie eine Hure.« Jedes Mal sei ihm das Ganze wieder hochgekommen, so Süleyman.

Aber Seva kümmert sich nicht um die Gerüchte. Im knallengen blauschwarzen Kleid und auf hochhackigen Schuhen tanzt sie an jenem verhängnisvollen Tag zwischen dem Ernst-Reuter-Platz und der Siegessäule. Im Anschluss geht sie noch mit Freunden zu einer der zahllosen Raver-Partys. Was die junge Türkin nicht weiß: Ihr Vater sucht schon den ganzen Abend nach ihr. In den frühen Morgenstunden entdeckt Süleyman schließlich seine Tochter. Sie ist nur wenige hundert Meter von ihrer Haustür entfernt, in einem Tunnel. Er erkennt das aufgekratzte Mädchen in ihrer Raver-Kleidung kaum wieder. Wütend stellt er sich ihr in den Weg und schreit: »Du bist eine Schande für unsere Familie.« Die Studentin versucht sich loszureißen, schafft es aber nicht. Süleyman hat schon ein Messer gezogen und sticht auf das Mädchen ein. Sieben Mal. Seva schreit um ihr Leben. Dann sackt sie zusammen und verblutet in dem dunklen Tunnel.

Süleyman weint während des Prozesses: »Natürlich habe ich meine Tochter geliebt. Wie sollte ich ihr sonst ein Messer in den Bauch stoßen?« Eine für Außenstehende paradoxe Aussage. In der Vorstellungswelt des Angeklagten aber ist sie die einzige Erklärung für das Geschehen an jenem 14. Juli im Jahr 1996.

Sevas einziges Verbrechen: Sie wollte sich nicht länger dem Willen ihres Vaters beugen. Sie wollte sich ihre Identität, ihre Existenz und ihren Wert nicht mehr von den männlichen Angehörigen aufzwingen lassen. Sie wollte sich nicht mehr zur Anspruchslosigkeit und Opferbereitschaft erziehen lassen. Sie wollte sie selbst sein! Aber in den Augen ihres Umfelds war Seva »unrein« geworden. Und ein unreines Mädchen in der Familie bedeutet die Entehrung aller männlichen Angehörigen, die dafür von der Gemeinschaft ausgestoßen werden. Gereinigt werden kann die Familienehre meist nur durch die Tötung der »unreinen« Frau oder des »unreinen« Mädchens. Sevas Schicksal ist ein typisches Beispiel für den gnadenlosen Ehrenkodex, dem auch in Europa jedes Jahr Frauen und Mädchen aus Einwandererfamilien geopfert werden.

Wer als Frau in eine muslimische Familie hineingeboren wird, wird als *Eksik Etek* etikettiert, das bedeutet wörtlich übersetzt »fehlerhafter Rock«. Das ist eine jahrhundertealte Bezeichnung aus dem türkischen Volksmund und verdeutlicht einmal mehr die herabwürdigende, erniedrigende Stellung der Frau. Frauen gelten als das physisch und moralisch schwache Geschlecht, ohne Geisteskraft und in jede beliebige Richtung lenkbar. Bildhaft gesprochen wird die Frau zu einem Stück Fleisch erklärt, das leicht zur Beute von jagenden Tieren werden kann, wenn man es unbeaufsichtigt lässt.

Frauenehre und Familienehre definieren sich durch die Keuschheit der Frau vor der Ehe und die Pflichttreue der Frau in der Ehe. Frauen dürfen die Regeln zum Schutz ihrer Schamhaftigkeit nicht verletzen und müssen sich den traditionellen Verhaltensweisen unterwerfen. Die da wären: Niemals die sexuellen Lüste eines Mannes wecken. Niemals die eigenen Reize zur Schau tragen. Die Ehre in muslimischen Familien hat viele Gesichter, aber sie ist immer weiblich. Mich hat der Begriff Ehre, seitdem ich ihn zum ersten Mal von meiner Großmutter gehört hatte, immer begleitet. Der Ehrenkodex meines Vaters war mein tägliches Brot.

Kurz nachdem wir nach Deutschland kamen, hat der Trainer meiner älteren Brüder gefragt, ob wir kleineren Geschwister nicht auch im Sportverein aktiv sein wollten. Mein Vater fand das in Ordnung. Ich glaube, er hoffte, dass wir dadurch schneller Deutsch lernen würden. So kamen mein Bruder und ich zur Leichtathletik. Wir hatten einmal in der Woche Training. Wir Geschwister gingen zusammen hin und kamen auch gemeinsam wieder nach Hause. Das war die einzige Freizeitaktivität, die Vater gebilligt hat. Aber dann wuchsen meine Brüste, und die Porundungen wurden sichtbar. Als sie mich mit zwölf Jahren verlobten, war's mit der Leichtathletik endgültig vorbei. Mein Verlobter fühlte sich in seiner Ehre verletzt, wenn mich andere Männer in kurzen Hosen sahen.

Eine Ehrverletzung oder der Ehrverlust betrifft nie den Einzelnen allein, sondern immer den ganzen Familienclan. Es bedeutet den sozialen Abstieg bzw. den sozialen Tod einer Familie in der religiös-traditionellen Gemeinschaft. Die Entehrung ist wie eine offene Wunde. Jeder in der Gemeinschaft wird fortan bei jeder Gelegenheit an diese Wunde rühren bzw. Salz in sie streuen. Die Angehörigen der »verachteten Familie« (besonders die männlichen) werden in der Öffentlichkeit, auf der Straße, im türkischen Kaffeehaus verspottet und verhöhnt. Gleichzeitig werden die weiblichen Angehörigen der Familie angepöbelt und sexuell belästigt.

Man wirft Männern, die ihre Ehre, ihren guten Ruf und ihren Besitz, also Haus, Vieh, Feld und Frauen, nicht schützen können, Machtlosigkeit bzw. Schwäche vor. In den Augen der traditionell muslimischen Gesellschaft sind sie unfähig, ihr »mal«, türkisch für Besitztum (wird auch für Frauen verwendet), gegen potenzielle Gefahren zu verteidigen. Oft werden sie mit diskriminierenden Äußerungen, wie *Soğan Erkeği*, was so viel wie Pantoffelheld bedeutet, betitelt. Oder man wirft ihnen vor, »Adam, adam değilki, adam avrada avrat olmuş«, also kein echter Mann, sondern das Weib eines Weibes geworden zu sein. Sprüche wie diese sind eine tiefe Schmach für jeden »richtigen« Mann. Deshalb setzen die Männer alles daran, ihre Ehre mit starker Hand zu verteidigen.

Inzest – ein Tabuthema

Manchmal verletzen Männer die Ehre ihrer Töchter selbst, indem sie die Mädchen sexuell missbrauchen. Aber darüber spricht niemand, das wird nirgendwo thematisiert. Inzest ist *das* Tabuthema der muslimischen Gesellschaft. Kindesmissbrauch kommt zwar in allen Kulturen vor, wird aber in der muslimischen Gesellschaft zusätzlich durch den Keuschheitsanspruch im Islam verschärft. So hat ein türkisches Mädchen im Vergleich zu einem deutschen noch geringere Chancen, sich gegen den Missbrauch in der Familie zu wehren, weil sie nicht nur die Autorität des Vaters fürchtet, sondern auch die Reaktion der Familie. Ein Inzestopfer hat mir ihren Fall folgendermaßen geschildert:

»Ich versuche stark zu sein, aber er tut mir viel zu sehr weh ... mein Vater hat mir, als ich klein war ... versucht, etwas anzutun! ... dennoch liebe ich ihn, weil er mein Vater ist. Eigentlich müsste ich ihn dafür hassen, aber er ist nun mal mein Vater. Es fällt mir schwer, darüber zu sprechen, ich verdränge es seit dem Tag, an dem es passiert ist. ... wenn ich es Mama erzählt hätte, wäre die Familie kaputtgegangen. Ich wollte nicht, dass sich meine Eltern wegen mir trennen, deshalb habe ich es nie gesagt. Mama hat aber gemerkt, dass etwas nicht stimmt zwischen Papa und mir. Dann hat sie uns gezwungen, miteinander zu reden. Sie hat mich mit diesem Mann allein ins Wohnzimmer gesteckt, hat mich allein gelassen, obwohl ich nicht in seiner Nähe sein wollte. Sie hat gesagt: ›konuşun, aranızda ne olduysa konuşun, düzeltin‹ (›Redet und klärt das untereinander.‹) und einfach die Tür zugemacht, dann ist sie gegangen. Papa hat mich gefragt: ›senin ne derdin var?!‹ (›Was für Sorgen hast du?‹) Aber ich konnte nicht reden. Was hätte ich denn sagen sollen? Ich war 12. Es war Sommer, ich hatte kurze Sachen an, ich hatte lange Haare, mein Körper entwickelte sich zu dem einer Frau ... was hätte ich sagen sollen? ›Du hast mich sexuell belästigt?! Du hast gesagt, wir können ES zusammen ausprobieren, wenn ich will??!!‹«

Dieser Bericht zeugt von größter Verzweiflung. Noch ist das Mädchen so jung, dass es den Missbrauch durch den Vater nicht offenlegen muss. Aber auch ihre Stunde wird kommen, spätestens dann, wenn ein potentieller Heiratskandidat feststeht. Ihm und seiner Familie wird sie ihre Unschuld unter Beweis stellen müssen. Einem von mir betreuten Mädchen ist es so ergangen. Gülbahar wurde als Kind vom Vater sexuell missbraucht. Mit 16 sollte sie mit einem Cousin verheiratet werden. Angesichts der bevorstehenden Zwangsehe, vertraute sich Gülbahar ihrer Mutter an. Deren Reaktion war so knapp wie eindeutig: »Diese Heirat ist beschlossene Sache. Sieh zu, dass du als Jungfrau in die Ehe gehst, sonst bringt dich entweder dein Cousin oder dein Vater um.«

Gülbahar weiß bis heute nicht, worüber die Mutter mit dem Vater sprach, ob sie ihn mit der Wahrheit konfrontierte oder nicht. Klar ist nur, dass Gülbahars Eltern ihre Ehre beschmutzt sahen und die Tochter zum Tode verurteilten. Der Vater beauftragte eine türkischen Freund, sein entjungfertes und somit beschädigtes Eigentum zu töten. Das Mädchen konnte sich befreien und aus dem Elternhaus fliehen. Aber bis heute hat sie diesen einen Satz ihrer Mutter im Ohr: »Du hast eine Woche Zeit. Entweder bringst du dich um oder wir finden dich und reinigen unsere Ehre eigenhändig.«

Dass Mütter den Missbrauch ihrer Töchter durch den Partner oft verleugnen, ist eine traurige Tatsache, auch dass sie die Schuld eher bei den Töchtern als bei den Tätern suchen, ist leider die Regel. Aber dass sie die Tochter auffordern, ihrem Leben ein Ende zu setzen bzw. einem Ehrenmord zustimmen, um die Ehre wiederherzustellen, scheint mir eine schizophrene Besonderheit der muslimischen Gesellschaft zu sein.

Gülbahar ist heute 23 Jahre alt. Seit einiger Zeit befindet sie sich in therapeutischer Behandlung – sie fügt sich Selbstverletzungen zu und leidet an Magersucht. Ich habe Gülbahar einmal gefragt, warum sie gegen ihren Peiniger keine Anzeige erstattet hat. Darauf antwortete sie mir: »Wenn ich kämpfe, wird die ›Entehrung‹ öffentlich, dann droht meiner Familie Gesichtsverlust, und ich unterzeichne endgültig mein Todesurteil. Die Einzige, die mir beistehen könnte, wäre meine Mutter, doch sie hat sich mit meinem Peiniger verbündet. Mutter steht hinter meinem Vater, und der versteckt sich hinter seiner Familienehre. Und die Familienehre sieht für Frauen wie mich nur eine Lösung vor – den Tod. Die verlorene Ehre des Vaters muss entweder durch Selbstmord oder Mord wiederhergestellt werden. Sonst wird Vater von seinem sozialen Umfeld ausgegrenzt, diskriminiert und öffentlich beleidigt.«

Gülbahar wird noch viele Jahre psychologische Hilfe brauchen, und der Vater läuft – in Deutschland – als freier und ehrenhafter Mann herum, ohne seine gerechte Strafe zu bekommen.

Inzest und Kindesmissbrauch wird in der türkisch-muslimischen Community totgeschwiegen. Die meisten Muslime sind sogar der Meinung, »so etwas kommt bei uns nicht vor!« Irrtum, auch muslimische Väter, Onkel und Brüder missbrauchen ihre Töchter, Nichten und Schwestern. Aber, und das ist wirklich eine Besonderheit der muslimisch-archaischen Denkstruktur, die Opfer müssen nicht nur die körperlichen und seelischen Folgen des Missbrauchs tragen, nein, sie werden auch noch dafür verantwortlich gemacht bzw. zahlen nicht selten mit ihrem Leben dafür. Aufgrund des rigiden Moralkodex dient der so genannte Ehrenmord also nicht selten auch dazu, Straftaten wie die Vergewaltigung und den Missbrauch der eigenen Töchtern zu vertuschen.

KAPITEL 4

Jungfräulichkeit = Ehre

Der Wertmaßstab für türkisch-muslimische Mädchen ist ihre Ehre, womit nichts anderes gemeint ist als ihre Jungfräulichkeit. Alles in der Familie ist darauf ausgerichtet, die sexuelle Unversehrtheit ihrer Töchter zu erhalten. Aus diesem Grund werden sie oft von ihren deutschen Mitschülern abgeschottet. Deutsche Freunde sind gar nicht oder nur eingeschränkt erlaubt. Am Schwimm- oder Sportunterricht dürfen sie nicht teilnehmen, aber nicht etwa, weil bei den sportlichen Übungen das Jungfernhäutchen verletzt werden könnte. Nein, muslimische Eltern wollen verhindern, dass sich ihre Töchter »unzüchtig« gekleidet, d.h. in Badeanzug oder kurzen Hosen, in der Öffentlichkeit zeigen. Auch Klassenfahrten sind für viele muslimische Mädchen tabu. Zu groß ist dort die Gefahr, mit jungen Männern, womöglich Andersgläubigen, in Berührung zu kommen. In ihrem Alltag haben sie einen bestimmten Radius, der mit zunehmendem Alter immer kleiner wird und den sie auf gar keinen Fall verlassen dürfen.

Ich hatte in meiner Schulzeit eine einzige deutsche Freundin, sie hieß Ute und war bei mir in der Klasse. Sie war das einzige deutsche Mädchen, das ich während meiner ganzen Zeit in Deutschland näher kannte. Aber ich durfte nur bei uns zu Hause mit ihr spielen. Zwei-, dreimal war ich bei ihr, aber nur um die Hausaufgaben abzuholen, weil ich krank gewesen war. Zu anderen deutschen Mitschülern hatte ich keinerlei Kontakt, das hatte mein Vater gleich am Anfang untersagt. Dann hatte ich noch eine türkische Freundin. Aber meine Eltern haben sich mit deren Eltern nicht verstanden, bzw. ich glaube, sie mochten sich einfach nicht. Deswegen durfte ich nur selten zu ihr, ansonsten musste sie immer zu mir kommen. Insgesamt hielten wir Mädchen uns ab einem bestimmten Alter eigentlich nur noch im Haus auf, das heißt, wir waren eingeschlossen in der Wohnung. Raus durfte ich nur in Begleitung meiner Eltern oder älteren Brüder.

Ziel muslimischer Eltern ist es, ihre Töchter als Jungfrauen an den Mann zu bringen. Das ist meiner Meinung nach auch der Grund, warum muslimische Mädchen so früh verheiratet werden. Man will verhindern, dass sie selbständig werden und eventuell auf die Idee kommen, ihre eigenen Wege zu gehen.

Meine Eltern hatten einen genialen Plan, sie wollten ihre beiden Töchter gleichzeitig unter die Haube bringen. Die Familie, die uns ausgesucht hatte, hatte zwei Söhne, der jüngere Bruder sollte die jüngere Schwester, also mich, heiraten, und der Ältere sollte meine Schwester nehmen. Das war 1978, ich war gerade 12 Jahre alt und meine Schwester 14. Meine Schwester war sehr naiv und beugte sich. Sie äußerte sich meinen Eltern gegenüber nie kritisch. Ihr fehlte einfach der Mut. Aber ich wehrte mich und sagte: »Ich will nicht heiraten, ich möchte diese Ehe nicht.« Aber das hat niemanden interessiert – bis ich schließlich einen Selbstmordversuch unternahm.

Das hat fast alle Familienmitglieder entsetzt, nur meinen Vater nicht. Der hat mich nach meiner Entlassung aus dem Krankenhaus erst einmal verprügelt. Als er sich ausgetobt hatte, sagte er zu mir: »Wenn du den Jungen jetzt heiratest, wirst du leben wie im Paradies. Wenn du aber nein sagst und du diese Verlobung lösen willst, dann erbarme sich Gott deiner. Dann werde ich es dir heimzahlen. Du wirst tausend Tode sterben und darum betteln, dass du endlich sterben darfst.« Aber ich blieb hart und sagte: »Nein, ich will diese Verlobung nicht, ich will nicht heiraten.«

Da antwortete er: »O.K.! Aber das wirst du noch bereuen!«

Was ich damals nicht wusste, war, dass die Familie meines Verlobten die Verlobung schon gelöst hatte. Vater wollte mich nur unter Druck setzen, mir zeigen, wer der Herr im Haus ist. Als er jedoch sah, dass ich bei meiner Meinung blieb und nicht davon abrückte, war er doch ziemlich erschrocken. Er konnte es nicht fassen, dass diese schweigsame, brave Tochter plötzlich rebellisch wurde. Das gefiel ihm nicht. Wir gaben dann den ganzen Goldschmuck, den uns die Familie meines Verlobten geschenkt hatte, wieder zurück. Und mein Vater sagte: »Du wirst nicht mehr lange bei mir leben.«

Und so war es dann auch. Zwei Jahre danach fuhren wir in den Sommerferien in die Türkei. Da war ich 14 Jahre alt, und Vater verlobte mich mit dem erstbesten Mann, der um mich warb. Er war 25 Jahre alt und ein Bauer vom Dorf. Ich wollte auch diese Verlobung nicht. Aber diesmal wandte mein Vater eine ganz andere Taktik an. Er wusste, dass mein größter Wunsch eine Berufsausbildung bzw. ein Studium war. Deshalb sagte er zu mir: »Wenn du heiratest, kannst du einen Beruf erlernen, dann kommt dein Mann nach Deutschland, und du kannst weiterstudieren.« Das war für mich ein tragbarer Kompromiss.

Aber Vater hatte mich wieder belogen. Er wusste, dass ich dieser Ehe nur zustimmen würde, wenn ich weiter zur Schule gehen konnte. Er hatte von Anfang an einen anderen Plan. Er wollte mich in die Türkei schicken und dort verheiraten. Dann wäre er mich endlich los. Nachdem die Hochzeit erst im Sommer darauf geplant war, musste er also ein Jahr hier in Deutschland überbrücken. Als ich seinen teuflischen Plan durchschaute, war es zu spät. So bin ich dann in die Türkei gefahren, um einen Mann zu heiraten, den ich nicht kannte, den ich nicht liebte. Aber ich rebellierte nicht mehr, ich hatte keine Kraft mehr. Damals war ich 15 Jahre alt.

Die Nacht der Nächte

Der Vater übergibt das ihm anvertraute Gut, die jungfräuliche Braut, dem zukünftigen Ehemann. Als Zeichen ihrer Unschuld trägt die jungfräuliche Braut ein weißes Brautkleid, einen roten Brautschleier und eine rote Schleife – Rot, die Farbe der Reinheit und Ehre. Die Schleife wird entweder von ihrem Vater, ihrem älteren Bruder, ihrem Onkel oder einem anderen männlicher Familienangehörigen um die Hüfte der jungen Braut gebunden. So verlangt es die »Töre«, das Stammesgesetz. Die rote Schleife ist für mich das Zeichen dafür, dass das junge Mädchen wie ein gut verpacktes Paket von Mann zu Mann gereicht wird.

Nach der Eheschließung, entweder durch den Imam, der die »religiöse Trauung« vollzieht, oder nach der standesamtlichen Trauung fangen die Vorbereitungen für die Hennanacht und die Hochzeitsfeier an. Die Ehe wird – so will es die Tradition – erst nach der *Zifaf gecesi* oder *Gerdek gecesi*, der Hochzeitsnacht, in der die Entjungferung stattfindet, nicht nur von Allah, sondern auch von der Gesellschaft akzeptiert bzw. bestätigt.

Nach der Hochzeitsfeier wird die Braut in ein eigens dafür eingerichtetes Brautgemach geführt. Im »gelin odası«, dem Brautzimmer, haben die Matratzen spezielle Schonbezüge. Die Begleiterin, eine ältere Frau aus der Familie, hilft der Braut beim Ausziehen und lässt sie dann – wartend – zurück. Erst danach wird auch der Bräutigam ins Brautgemach geführt. Auf dem Weg ins Schlafzimmer wird er von den Männern des Clans mit Fäusten traktiert. Mit diesem Ritual will man darstellen, dass sich der Bräutigam für die Hochzeitsnacht ertüchtigt. Man könnte auch sagen, man gibt ihm gutes Gelingen bei der Entjungferung mit auf den Weg.

Wenn sich die Tür zum Brautgemach geschlossen hat, wird die Braut entjungfert. Sie lässt ihr Blut für die Ehre des Ehrenmannes fließen. Sie gibt unter Schmerzen und Ängsten ihre streng behütete Ehre hin. Die Ehre bzw. das Jungfernhäutchen, das während ihres bisherigen Lebens wie ein Schatz gehütet wurde, das mehr wert war als ihr Leben, wird von dem Mann, den sie heiratet, in wenigen Minuten zerstört.

Natürlich werden nicht alle Ehen auf diese Art besiegelt, aber doch viele. Aslıhan berichtet Folgendes über ihre Hochzeitsnacht: Ihr Cousin, also ihr frisch angetrauter Ehemann, hatte sich in einem Nebenraum zum Gebet zurückgezogen. Währenddessen wurde sie von ihren Tanten für die Nacht vorbereitet. Sie nahmen ihr alle Geld- und Goldschmuckgeschenke, die ans Hochzeitskleid geheftet waren, ab und legten sie in eine Schmucktruhe. Dann warteten die Tanten, bis der Cousin das Gebet beendet hatte. Sie standen neben der schweigenden Braut, denn die Braut spricht nicht, bis der Bräutigam kommt und sie dazu auffordert. Dann nahm eine der Tanten ihre Hand und übergab die Braut dem Bräutigam. Danach verließen die Frauen das Haus, gingen zu den anderen, um weiter zu feiern. Sie würden so lange feiern, bis sie den jubelnden Ruf des Bräutigams hören würden.

Währenddessen nahm im Brautgemach das Drama seinen Lauf. Der Cousin legte seiner jungen Frau den Brautschmuck an und öffnete den Schleier. Dann zog er ihr das Brautkleid aus. Er bemerkte nicht, dass seine Frau völlig abwesend war und betete, Allah möge sie zu sich nehmen. Er war viel zu aufgeregt. Das Wissen, dass er eine Jungfrau vor sich hatte, steigerte seine Lust ins Unermessliche! In dieser Nacht vergewaltigte er seine Frau mehrmals. Er konnte einfach nicht aufhören. Obwohl sie vor Schmerzen schrie, sich abwendete und schlafen wollte, nahm er sie immer wieder. Als sie nicht aufhörte zu weinen, warf er ihr vor, keine richtige Frau zu sein, weil sie ihren Ehemann sexuell nicht glücklich mache. Dazu sei sie schließlich verpflichtet. Sie habe keine Ehre und keine Ehrfurcht vor Allah.

Die Überprüfung der Ehre

Was aber passiert, wenn die Braut nicht blutet oder schon im Vorfeld der Hochzeit an ihrer Ehrenhaftigkeit gezweifelt wird? Das ist das größte Unglück für eine junge Muslimin. Wenn auch nur der leiseste Verdacht besteht, dass sie keine Jungfrau mehr ist, schrecken die beteiligten Familien vor nichts zurück – es geht ja um nichts Geringeres als um ihre »Ehre«. Wenn die Tochter Kontakt zu Deutschen hatte oder einen vermeintlich liederlichen Lebenswandel führte, kommt irgendwann die Stunde der Wahrheit. Entweder die eigenen Eltern oder die des Bräutigams bestehen auf der Überprüfung ihrer Ehre, das heißt ihrer Jungfräulichkeit. Dann muss sie sich entweder einer ärztlichen Untersuchung unterziehen, oder sie wird von einer erfahrenen Frau der Familie, meist von der Großmutter, untersucht. Diese entwürdigende Prozedur lassen viele Mädchen ohne Protest über sich ergehen. Sie haben dieses Denken so verinnerlicht, dass sie es nicht wagen zu protestieren, geschweige denn, sich dagegen zu wehren.

Vor ein paar Jahren wurde ich in einem türkischen Lebensmittelladen unfreiwillig Zeugin eines Gesprächs, das genau diese Einstellung bestätigt. Der Ladeninhaber unterhielt sich lautstark mit einem türkischen Ehepaar über die bevorstehende Hochzeit deren Sohnes. Ohne große Scham erzählte die Frau, wie froh sie seien, weil sie endlich das Zertifikat über die Jungfräulichkeit ihrer künftigen Schwiegertochter erhalten habe. Damit sei die Familienehre gerettet und ihr guter Ruf wieder hergestellt. Als der Ladenbesitzer zu bedenken gab, dass auch auf die deutschen Ärzte nicht immer Verlass sei, entgegnete sie selbstbewusst, dass man das auch wisse, weshalb ihre zukünftige Schwiegertochter noch zusätzlich von der Großmutter untersucht worden sei. Selbstgefällig sagte die Frau: »Wahrlich, Allah ist groß. Er hat uns vor einem Leben in Schande bewahrt. Unsere Stirn ist rein, unser Kopf ist aufrecht.« Ihr Ehemann stimmte ihr zu und lud den Ladenbesitzer und dessen Familie zur bevorstehenden Hochzeitsfeier ein.

Diese zufällig aufgeschnappte Unterhaltung hatte mich sehr wütend gemacht. Ich stellte die Sachen zurück ins Regal und verließ den Laden unverrichteter Dinge. Bei solchen Leuten wollte ich nicht einkaufen. Aber ich weiß natürlich, dass dieses Mädchen Glück gehabt hatte. Ein deutscher Arzt hatte ihre Jungfräulichkeit bescheinigt. Nicht selten weigern sich Mediziner hierzulande, diese Untersuchung durchzuführen und über die Unversehrtheit der Mädchen Auskunft zu geben.

Selin ist 19 Jahre alt und in Deutschland aufgewachsen. Ihre Familie kommt aus der Türkei. Mit 16 Jahren wird Selin gegen ihren Willen ihrem Vetter, der ebenfalls in Deutschland lebt, versprochen. Als die junge Braut endlich volljährig ist, will man nicht mehr länger warten. Zusammen organisieren die beiden Familien eine große Hochzeit – die Feier soll allen Gästen unvergesslich bleiben. Unvergesslich bleibt die Hochzeitsnacht auch für Selin. Nachdem ihr angetrauter Ehemann über sie hergefallen ist und als sie weint und schreit und sich ihm schließlich verweigert, schlägt der Bräutigam auf sie ein und vergewaltigt sie, bis sie das Bewusstsein verliert. Dann läuft er aus dem Zimmer und ruft nach den weiblichen Mitgliedern seiner Familie. Er ist außer sich, wirft einen verächtlichen Blick auf Selin und schreit: »Sie ist keine Jungfrau mehr!« Dann wendet er sich mit vorwurfsvollem Blick an die Mutter: »Ist das die Jungfrau, die du für mich ausgesucht hast? Ich lasse mir von ihr keine Hörner aufsetzen. Schick diese Schlampe wieder in das Haus ihres Vaters zurück.«

Im Haus herrscht Aufruhr, und alle wollen Gewissheit. Sie zerren die junge Frau ins Auto und fahren zum nächsten Krankenhaus. Dort soll eine ärztliche Untersuchung Klarheit über

Selins Jungfräulichkeit schaffen. Die Hälfte der Sippe wartet vor der Tür des Behandlungsraums. Der untersuchende Arzt nimmt Selin in Schutz, weigert sich jedoch, die Jungfräulichkeit schriftlich zu attestieren. Nach verbaler Auseinandersetzung mit Selins Familie fordert er den Clan auf, das Krankenhaus zu verlassen. Nun weiß die Familie zwar, dass Selin noch Jungfrau war, aber sie kann sich nicht erklären, warum das Blut nicht reichlich floss. Verwirrt und wütend zugleich setzt sich der Tross in Bewegung und eilt über die Korridore des Krankenhauses in Richtung Ausgang. Selin, nur im Nachthemd, hinkt erschöpft hinter ihrer Familie her. Sie hat Schmerzen und hält sich den Bauch. Aber das kümmert niemanden, am allerwenigsten ihren Ehemann. Wieder zu Hause, rät die Schwiegermutter, den Beischlaf so lange zu ertragen, bis sie richtig blute. Schließlich müsse sie der Tradition, dem *çarşafa bakma* (auf das Leintuch schauen), gerecht werden. Denn nur am blutigen Laken sei zu erkennen, ob die Braut unberührt in die Ehe gegangen sei oder nicht. Sie, die Mutter des Bräutigams, sei verpflichtet, das blutbefleckte Leintuch zu inspizieren und den Brauteltern oder den Angehörigen als Beweis der Jungfräulichkeit vorzuzeigen. Die junge Frau muss gehorchen. Bis in die Morgenstunden wird Selin in der folgenden Nacht von ihrem Bräutigam brutal vergewaltigt, bis sie sich dem Tode näher fühlt als dem Leben.

In manchen Regionen der Türkei wird die Jungfräulichkeit der Braut nach der Hochzeitsnacht mit Pistolenschüssen der gesamten Bevölkerung bekannt gegeben. In anderen Gegenden hängt man stattdessen eine Fahne auf. Im östlichen Anatolien wird das blutbefleckte Bettlaken, nach Vollzug der Ehe, für jedermann sichtbar vor die Tür des Hauses gehängt.

Aus vielen Gesprächen weiß ich, dass diese Tradition und die damit verbundene Mentalität in Deutschland Befremden auslöst. Auch ein Attest über die Jungfräulichkeit oder gar die

Rekonstruktion des Hymen stößt hierzulande auf großes Unverständnis, widerspricht diese Praxis doch den ethisch-moralischen Wertvorstellungen unserer aufgeklärten Welt. Viele Mediziner lehnen die Zertifizierung ab und verweigern sich, um die Unterdrückung muslimischer Frauen nicht zu unterstützen. Während wir uns hier in Deutschland – zu Recht – über Traditionen wie das Jungfräulichkeitsattest empören, ist die Lage in der Türkei eine ganz andere. Ich verfolge die Situation dort seit Jahren und weiß aus Presseberichten, dass türkische Frauen gegen den gesetzlich erzwungenen Jungfräulichkeitstest Sturm laufen. Dieser ist zwar per Verfassung verboten, wird aber immer noch (und immer wieder) per richterlichen Beschluss erzwungen. (Das heißt, türkische Richter unterlaufen damit die Verfassung.) Die Frauen wissen, dass dieser Test schwere Nachteile für eine unverheiratete Frau, die keine Jungfrau mehr ist, nach sich ziehen kann. Häufig begehen diese Frauen Selbstmord, speziell wenn sie aus einer islamisch-konservativen Familie stammen, weil sie den Druck des Clans nicht mehr aushalten. Kürzlich wurde ein neues Gesetz verabschiedet, das zwar das Erzwingen von Jungfräulichkeitstests unter Strafe stellen soll, den Test als solchen aber nicht in Frage stellt. Richter oder Staatsanwälte dürfen also weiterhin solche Tests anordnen. Eine Vertreterin der Frauenplattform weist darauf hin, dass nach türkischem Recht Sex unter Jugendlichen zwischen 15 und 18 Jahren, auch wenn er im gegenseitigen Einvernehmen erfolgte, bestraft werden kann. Eltern, Lehrer, Schulleiter, oder wer auch immer, können daher einen Jungfräulichkeitstest veranlassen. Man braucht das Mädchen nur auf Verdacht anzuzeigen. Diese Vorgehensweise ist in meinen Augen ein klassischer Fall für die Doppelmoral in der traditionellen türkischen Gesellschaft. Offiziell will man den Test abschaffen, aber inoffiziell ist er weiterhin möglich. Viele der Türken in Deutschland denken übrigens genauso.

Das Hymen (Jungfernhäutchen) –
ein kleiner medizinischer Exkurs

Ich habe so viele Geschichten über das Hymen gehört, die mich entsetzt, erschüttert und traurig gemacht haben, dass ich an dieser Stelle näher darauf eingehen möchte. Vor allem fällt mir immer wieder auf, dass viele türkische Mädchen und Frauen, die sich an mich wenden, überhaupt keine Ahnung haben, was es mit diesem Stückchen Haut genau auf sich hat. Obwohl das Hymen im islamischen Kulturkreis eine enorme Bedeutung hat, wissen die wenigsten darüber wirklich Bescheid.

Das Hymen ist ein den Scheideneingang umgebender, elastischer Hautsaum, der durch die Einwirkung der weiblichen Sexualhormone im Laufe der Entwicklung Veränderungen erfährt.

Grundsätzlich unterscheiden sich Größe und Form des Hymens individuell sehr stark, aber es weist immer eine natürliche Öffnung auf. Der Verschluss der Scheide durch das Jungfernhäutchen ist immer eine Anomalie, die ärztlich behoben werden muss, denn die natürlichen Absonderungen müssen nach außen abfließen können.

Bei neugeborenen Mädchen ist das Jungfernhäutchen durch den Einfluss der mütterlichen Hormone weich und nachgiebig. Nach den ersten Lebenswochen hört der mütterliche Hormoneinfluss auf, und weil der eigene Körper des Säuglings noch keine eigenen Hormone produziert, wird das Hymen ziemlich dünn und straff, man spricht von der hormonellen Ruhephase im Kindesalter. Trotzdem ist es nicht wirklich empfindlich, selbst bei einer Untersuchung würde es nicht einreißen.

In der frühen Pubertät verändert sich das Jungfernhäutchen durch die Eierstockhormone, die im Blut enthalten sind. Es wird weich und nachgiebig und umschließt den Eingang in die Scheide vergleichsweise nur noch wie ein weicher Rollkragen, sodass vier von fünf Mädchen selbst den ersten Geschlechtsverkehr ohne Schmerzen und Blutungen erleben, vorausgesetzt natürlich, dass beim Sex nicht rücksichtslos vorgegangen wird. Die verbreitete Erwartung, dass das Hymen beim ersten Geschlechtsverkehr unter Schmerzen und einer Blutung »platzen« müsse, gehört deshalb ins Reich der Mythen. Auch Verletzungen des Hymens durch Sport, Sturz oder Selbstbefriedigung sind nicht nachgewiesen.

Das Jungfernhäutchen ist unter dem Hormoneinfluss, der dazu führt, dass das Mädchen ihre erste Menstruation bekommt, so weit und dehnbar geworden, dass das Einführen eines Tampons keine Probleme macht. In sehr seltenen Fällen kann die natürliche Öffnung im Jungfernhäutchen ungewöhnlich gestaltet sein: Sie kann etwa durch eine natürliche Hautbrücke zweigeteilt sein, dann ist zwar das Einführen eines Tampons möglich, das Entfernen macht aber wahrscheinlich Probleme. Oder im Hymen gibt es mehrere kleine Öffnungen, sodass das Einführen eines Tampons erst gar nicht möglich ist. Ergeben sich für ein Mädchen bei der Tamponbenutzung eventuelle Schwierigkeiten, sollte das ein Anlass für einen Besuch beim Frauenarzt sein, damit diese kleine Besonderheit korrigiert werden kann und dem Mädchen ein schmerzhafter erster Geschlechtsverkehr erspart bleibt.

Allerdings kann der Hymenalsaum sehr unterschiedlich beschaffen sein: Er kann z.B. Dellen oder sonstige Veränderungen aufweisen, deren Ursache man nicht sicher bestimmen kann, weil dieses Gewebe eine extrem hohe Heilungstendenz aufweist. Selbst für Spezialisten ist es deshalb meistens nicht möglich, einen eventuellen Sexualverkehr anhand der Beschaffenheit des Hymens sicher nachzuweisen. Das gilt sowohl für den sexuellen Missbrauch als auch für das manchmal gewünschte Jungfräulichkeitsattest. Ein Hymen ist immer vorhanden – mit und ohne Sex. Damit erübrigt sich auch die Frage, ob man ein penetriertes Hymen »reparieren« kann. Man kann nur das

Loch im Hymen auf eine eigentlich unnatürlich kleine Größe verengen oder mit körpereigenem Gewebe »rekonstruieren« und damit erreichen, dass das Eindringen des Penis zwangsläufig zu blutenden Verletzungen führen muss. Die Natur hat das aber so in aller Regel nicht vorgesehen, sondern sie hat es eigentlich auch jungen Frauen zugedacht, den ersten Geschlechtsverkehr mit einem geliebten Mann als etwas sehr Schönes zu erleben.

Rettung in der Not – ein zweites Jungfernhäutchen

Es gibt Mädchen aus traditionell-konservativen Familien, die ihre Jungfräulichkeit zwar bewahren, aber ihre Sexualität trotzdem leben. Sie vermeiden direkten Geschlechtsverkehr, befriedigen ihre sexuellen Bedürfnisse aber durch Masturbation, oralen oder analen Geschlechtsverkehr. Das sind die so genannten halben Jungfrauen. Andere Mädchen lassen sich weiter ein, aber oft, um es später bitter zu bereuen, zum Beispiel die 18-jährige Saliha. Sie besucht ein deutsches Gymnasium und steht kurz vor dem Abitur. Als sie sich in einen gleichaltrigen Landsmann verliebt, schmiedet sie bald Heiratspläne. Ihre Familien haben keine Einwände. Dann will Salihas Freund plötzlich mehr. Händchen halten, küssen und kuscheln reicht ihm nicht mehr. Er will aktiv werden. Auch sie fühlt sich sicher, schließlich waren sie verlobt, nur der Hochzeitstermin musste noch festgelegt werden. Saliha gibt sich ihm hin. Nachdem dies geschehen ist, ändert sich alles schlagartig. Ihr Freund fängt an, sie zu beschimpfen, und wird oft furchtbar wütend, dann flucht er und schlägt auf sie ein. Nach Wochen der Selbstzweifel findet sie schließlich den Mut, die Beziehung zu beenden. Als sie den Eltern von der Trennung erzählt, herrscht Bestürzung, denn die Familienehre ist in Gefahr. Ihre Familie drängt darauf, ihre Jungfräulichkeit unter Beweis zu stellen. Die Familie verlangt nichts Geringeres als ein Jungfräulichkeitsattest! Druck bekommt sie auch von ihrem Ex-Freund, der nicht akzeptieren will, dass sie ihn verlassen hat. Er droht ihr und erpresst sie damit, von ihrer Entjungferung zu erzählen, wenn sie nicht zu ihm zurückkehrt. Saliha sieht keinen Ausweg. Um den Stolz und die Ehre der Familie nicht zu verletzen und ihre Familie nicht zu verlieren, muss sie ihn entweder heiraten oder das Geschehene ungeschehen machen. Sie entschließt sich, ihr Jungfernhäutchen wieder zunähen zu lassen.

In solchen Situationen haben viele junge Mädchen ihren Eltern gegenüber große Schuldgefühle. Sie empfinden Scham und Reue, weil sie in deren Augen (und oft auch in ihren eigenen) eine strafbare Handlung begangen haben. Sie stecken sowohl moralisch als auch sozial in einem Dilemma – eine Hymenrekonstruktion scheint für sie oft die letzte Rettung zu sein. Dieser Eingriff wird in einigen Kliniken Deutschlands, aber auch im benachbarten Ausland durchgeführt. »Immer wieder kommen türkische Mädchen zu uns in die Klinik, die von ihren Eltern verheiratet werden sollen, aber nicht mehr Jungfrau sind«, sagt ein leitender Arzt einer Klinik in Potsdam. »Diese Frauen sind oft ganz verängstigt. Ein künstliches Jungfernhäutchen nimmt ihnen die Angst vor der Hochzeitsnacht.«

Während man in Deutschland für den intimen Eingriff zwischen 900 und 3000 € bezahlen muss, ist die Operation in einer polnischen Klinik schon für 800 € zu haben. »Dieses Angebot wird bei uns ausschließlich von Patientinnen aus Deutschland wahrgenommen. Sie sind türkischer oder arabischer Abstammung und fahren offiziell für einige Tage zu ihrer Familie in die alte Heimat. In Wahrheit aber sind sie bei uns in Polen, um ihre Unschuld ›reparieren‹ zu lassen. Diese Patientinnen legen großen Wert auf absolute Diskretion«, sagt der Chef einer Frauenklinik im polnischen Szczecin, dem ehemaligen Stettin.

Der Eingriff zur angeblichen »Reparatur« des Jungfernhäutchens wird in der Regel ambulant durchgeführt und erfolgt mit Lokalanästhesie, manchmal ist auch eine Vollnarkose notwendig. Das Hymengewebe wird entweder zusammengezogen oder ein zweites Hymen mit körpereigenem Gewebe aus dem hinteren Teil der Scheide rekonstruiert. Bei dem Eingriff wird mit dem Laserskalpell gearbeitet, und die Haut wird mit selbstauflösenden Fäden und natürlichen Gewebeklebern verschlossen. Die Heilung ist zumeist innerhalb weniger Wochen abgeschlossen.

Wie viele muslimische Mädchen und Frauen sich dieser Prozedur unterziehen, ist statistisch nicht erfasst. Aber Fakt ist, dieser Eingriff wird fast überall praktiziert. Die Politikerin und Autorin Ayaan Hirsi Ali etwa schätzt, »dass zehn bis fünfzehn solcher Operationen jeden Monat in niederländischen Krankenhäusern durchgeführt werden«. Eine holländische Studie zur Hymenrekonstruktion bei jungen muslimischen Frauen aus dem Jahr 1998 besagt, dass von zwanzig Patientinnen, die sich dieser Operation unterzogen haben, zehn dieser Patientinnen ihre Jungfräulichkeit durch sexuellen Missbrauch verloren hatten, sechs durch regelmäßigen Geschlechtsverkehr, vier machten keine Angaben. Alle zwanzig Patientinnen waren bei der Nachuntersuchung mit dem Ergebnis der Operation zufrieden, keine bedauerte den Entschluss. Lediglich die Hälfte der jungen Frauen kam zu einer weiteren ärztlichen Kontrolle. Alle zehn Frauen waren weiterhin mit dem Ergebnis zufrieden. Alle zwanzig Patientinnen entschieden sich für die Löschung ihrer »Krankendaten«, was in diesem Fall in den Niederlanden legal ist. Eine Studie des *British Medical Journal* ermittelte in Ägypten, dass dank der Wiederherstellung des Hymens die Rate der Ehrenmorde in den letzten zehn Jahren um 80 Prozent gesenkt werden konnte.

Aus Deutschland gibt es keine gesicherten Daten, aber es ist davon auszugehen, dass auch hierzulande viele junge Frauen ihre Ehre wiederherstellen lassen, damit in der Hochzeitsnacht Blut fließt.

KAPITEL 5

Die Ehe

Der Hochzeitstag ist der schönste Tag im Leben einer Frau, so heißt es allgemein. Ich habe viele Hochzeitsbilder von türkischen und muslimischen Frauen gesehen, aber auf vielen dieser Bilder blickten mir traurige Gesichter entgegen. Glückliche Menschen sehen anders aus. Muslimische Frauen haben in den seltensten Fällen ein Mitspracherecht bei der Wahl des Ehepartners. Denn ihre Ehen werden mehrheitlich immer noch nach alten Ritualen und Traditionen geschlossen. Die Vorauswahl treffen in der Regel die Frauen in der Familie. Die Verhandlungen führen dann die Männer. Da die junge Frau nach muslimischem Recht selbst nicht handlungsberechtigt ist, wird ein Vormund oder *Wali* bestellt, der sie verheiratet.

Der Wali kann der Vater oder ein anderes männliches Familienmitglied – väterlicherseits – sein. Ist der leibliche Vater nicht verfügbar, so tritt folgende Hierarchie in Kraft: Großvater, leiblicher Bruder, Halbbruder, Nachkommen des leiblichen Bruders, Nachkommen des Halbbruders. Steht keiner der Genannten zur Verfügung, geht es mit der Familie des Großvaters väterlicherseits weiter: leiblicher Bruder, Halbbruder, Nachkommen des leiblichen Bruders, Nachkommen des Halbbruders. Ist keiner dieser Verwandten erreichbar, dann übernimmt der *Qadi*, der Richter, die Funktion des *Wali*. Für ihn gelten strenge Kriterien: So muss der *Wali Muslim* sein. Außerdem muss er menschliche Reife erlangt haben, muss zurechnungsfähig und vertrauenswürdig sein, und er darf nicht blind sein. Er handelt mit der Familie des Bräutigams den islamischen Ehevertrag aus. Darin sind unter anderem Mitgift, Erbe und Regeln für eine eventuelle spätere Scheidung festlegt.

Wenn die jungen Frauen Glück haben, werden sie gefragt bzw. haben die Wahl zwischen zwei oder drei Kandidaten. Aber viele haben Pech und werden in eine arrangierte Ehe gezwungen. Das individuelle Glück zählt nicht. Vorrang haben Geld und Besitz, deshalb werden auch immer noch viele Ehen unter Verwandten geschlossen. Dadurch wird sichergestellt, dass das Familienvermögen beisammen bleibt. Oft werden kleine Mädchen schon bei ihrer Geburt einem nahen Verwandten versprochen.

Kinder-Ehen:
religiös legitimierter Kindesmissbrauch

Die Braut – die Wunde in meinem Körper

Wieder geht eine aus unserem Kreise fort, ein zartes junges Geschöpf.

Die reinste Schönheit träte ein, mit weißem Festgewand gekleidet,

bunter Blumenkranz windet ihr um das Haar,

der rote Brautschleier verdeckt den Kummer in ihrem Herzen.

Das Verlangen nach ewiger Freiheit und Glück verbarg sie in ihrem Herzen,

denn die glücklichen Zeiten,

als ihr Herz noch unerfahren und voller Hoffnung war,

zerbrachen, als man sich das Recht nahm,

in ihre Frühlingswelt einzubrechen.

Ohne zu verstehen, wie die Sehnsucht ihr zartes Gemüt kränkte.
Ohne zu wissen, was ihre Seele bewegte.
Ohne zu merken, wie die Gefühle der Angst in ihr bebten.

Lange wird sie nach uns rufen, doch ihre Stimme wird uns
nicht mehr erreichen.
Die dunkle Nacht wird ihre Schreie nicht übers Meer tragen.
Und ihre Worte werden in unserem Ohr verstummen.

Aber ich, ich werde die Erinnerung an dich wach halten,
an dich und an alle Frauen, deren Schicksale übersehen werden.
Ich werde deine und eure Geschichten aus dem
Dunkel der Vergangenheit herausholen.

Denn jede, einem Bräutigam zugeführte Kindbraut reiß ich mir
aus dem Herzen,
denn ich sehe sie hineingehen in ein gefühlloses, zerstöre-
risches Leben,
an dessen Ende Einschränkung, Unterdrückung, Abhängigkeit, Misshandlung,
Enttäuschung, gar Ermordung stehen.

Ferne Schwester, auch ich bin eine Frau, ich bin neu geworden,
ein eigener Mensch, mit einem eigenen Schicksal,
doch dein Leid ist mir nah.
Ich gehöre zu denen, die von der Zukunft Gerechtigkeit er-
hoffen.
Eine Zukunft, in der überall alle Frauen von ihren Fesseln
befreit werden.

Hoffnung: Das ist alles, was ich in diesem Leben besitze.
Und solange ich auf diesen Trost noch warte,
werde ich weiterhin an deinem Grab weinen.

Dieses Gedicht habe ich der kleinen Kadriye gewidmet. Ich habe Kadriye nicht persönlich gekannt, aber als ich über ihr Schicksal in einer türkischen Zeitung las, hat mich das sehr berührt. Kadriye ist 13 Jahre alt, als sie verheiratet wird. Ihr Bräutigam ist 70. Sechs Stunden nach der Hochzeit nimmt sich das junge Mädchen das Leben. Kadriye erschießt sich im nahe gelegenen Wald mit einem Jagdgewehr. Für mich steht Kadriye für viele türkische Mädchen, denen das Leben ähnlich grausam mitgespielt hat.

In der türkischen Presse liest man immer wieder solche oder ähnliche Meldungen. Junge Mädchen, die eigentlich noch Kinder sind, werden verheiratet. Sie werden zu Ehen mit Männern gezwungen, die doppelt oder drei Mal so alt sind wie sie selbst. Viele erdulden ihr Schicksal gehorsam, aber manche sind nicht bereit, es zu ertragen, und setzen ihrem Leben selbst ein Ende. Ich habe mich oft gefragt, warum das so ist. Warum verheiraten muslimische Eltern ihre Töchter so jung? Eine Erklärung liegt meiner Meinung nach in der Religion.

Um zu verstehen, was ich meine, möchte ich das Verständnis des Islam bzw. der Muslime genauer erläutern. Überall auf der Welt schöpfen Muslime, Männer wie Frauen, ihr Wissen über den Islam aus dem Koran und der Sunna, der schriftlich festgehaltenen Lebensweise und Tradition des Propheten. Und sie sind sich darin einig, dass Mohammed, der Abgesandte Allahs, das beste Vorbild ist, dass er alle guten Angewohnheiten und Tugenden besaß und dass sie ihrem Propheten in allem nacheifern sollen.

Sure 33: Die Gruppen (Al-Ahzáb)
»Wahrlich, in dem Gesandten Allahs hattet ihr ein schönes Beispiel für jeden.«

Ein weiteres Faktum ist, dass der Islam junge Menschen für heiratsfähig erklärt, sobald sie die Pubertät erreichen, also schon im Alter von acht bis zwölf Jahren. Aber damit nicht genug, im Koran ist auch kein Mindestalter für die Verheiratung von Mädchen vorgeschrieben. Im Gegenteil, Mohammed selbst gab ein Beispiel.

Aisha berichtet, der Gesandte Gottes habe ihr erzählt:

»O Aisha, zweimal habe ich von dir geträumt. Ein Mann trug dich, gehüllt in ein seidenes Tuch. Und er sagte: ›Das ist deine Frau!‹ Ich entfernte das Tuch, und – siehe da – du warst es! Da sagte ich zu mir selbst: ›Wenn Gott dich das träumen lässt, wird er auch dafür sorgen, dass der Traum in Erfüllung geht!‹«

Eines Tages erschien ihm der Erzengel Gabriel in einem Traum und überbrachte ihm eine Offenbarung Allahs: »Der Gesandte Allahs wird Aisha heiraten.«

Und Allahs Befehl ist zu befolgen.

Der Prophet begeht keine Sünde in dem, was Allah ihm verordnet hat. Denn Allah und sein Gesandter waren nicht gegen die Ehen mit Minderjährigen.

Kurze Zeit später stattete der Bräutigam einen offiziellen Besuch im Haus der Braut ab und hielt bei ihrem Vater um Aishas Hand an. Sie wurde also per Offenbarung von ihrem Vater Abu Bakr mit Mohammed verlobt. So wurde Aisha die Ehre zuteil, eine der Ehefrauen des Propheten zu werden.

Im dritten Jahr der Verlobung (623 n.Chr.) wurde die neunjährige Aisha die Ehefrau des 54-jährigen Propheten Mohammed. Die Kindsbraut blieb ungefragt und sie blieb bis zu seinem Tod, neun Jahre später, seine Frau.

Aisha erzählt: »Meine Mutter Umm Ruman kam zu mir, während ich gerade mit meinen Freundinnen spielte. Sie rief mich, und ich wusste nicht, was sie mit mir vorhatte. Sie nahm mich an der Hand, und ich musste an der Haustür stehen. Ich war außer Atem, und als ich mich beruhigt hatte, nahm sie ein wenig Wasser und wusch damit mein Gesicht und die Haare. Dann nahm sie mich mit ins Haus. Dort im Haus sah ich ein paar Ansari-Frauen, die sagten: ›Unsere besten Wünsche und Allahs Segen und viel Glück.‹ Dann übergab sie mich ihnen, und sie bereiteten mich für die Hochzeit vor. Unerwarteter Weise kam der Apostel Allahs am frühen Morgen zu uns, und meine Mutter händigte mich ihm aus. Zu jener Zeit war ich ein neunjähriges Mädchen.‹*

Natürlich herrschten im siebten Jahrhundert andere Sitten und Gebräuche. Dennoch ist Mohammeds Ehe mit der kleinen Aisha in meinen Augen nichts anderes als Kindesmissbrauch – ein religiös begründetes und legitimiertes Verbrechen an einem neunjährigen Kind. Dafür würde der Prophet heute, im 21. Jahrhundert, hinter Gittern landen, zumindest in der westlichen Welt. Aber in vielen muslimischen Ländern, und nicht nur dort, sind Kinder-Ehen immer noch üblich. Dort werden sie als Teil der Tradition gelebt und tabuisiert. Nichtsdestotrotz ist die Verheiratung von Kindern – zumindest in der westlichen Hemisphäre – eine eklatante Menschenrechtsverletzung.

Das Kinderhilfswerk der Vereinten Nationen (UNICEF) ruft seit Jahren dazu auf, Kinder besser vor Zwangsehen zu schützen. In einer UNICEF-Studie aus dem Jahr 2001 heißt es, dass Millionen von Mädchen jedes Jahr bereits vor oder kurz nach ihrer Pubertät – oft ohne ihr Einverständnis – verheiratet werden. Weltweit leben 60 Millionen junge Frauen, die verheiratet wurden, bevor sie volljährig waren. Die Hälfte davon in Südasien. Auch in Äthiopien und in einigen Regionen Westafrikas ist es nicht ungewöhnlich, Mädchen mit sieben oder acht Jahren zu verheiraten, in Nepal werden sieben Prozent der

* Auszug aus der Hadith nach Sahi al Buhari. – Hadith: In den Hadithen ist die Lebensordnung der Muslime überliefert. Sie beinhalten Traditionen, Rituale und rechtliche Beziehungen sowie Koranexegese, gute Sitten und Traumdeutungen.

Mädchen vor ihrem zehnten Geburtstag verheiratet. Und 40 Prozent heiraten, bevor sie 15 Jahre alt sind. Laut UNICEF haben 20 Länder dieser Welt kein Mindestheiratsalter festgesetzt. Auch dort, wo Kinder-Ehen verboten sind, werden diese oft auf Grund traditioneller und religiöser Bräuche geschlossen. Häufig ist das Alter der Mädchen gar nicht bekannt.

Die Folgen für die Mädchen seien gravierend, erklärte der damalige Vorsitzende von UNICEF-Deutschland, Reinhard Schlagintweit. Mit der Hochzeit müssten sie in der Regel die Schule verlassen. Der Kontakt zur eigenen Familie oder zu Freunden wäre eingeschränkt. Ihre Männer verlangten meist strikte Unterordnung und sexuelle Gefügigkeit. Auch hätten die jungen Ehefrauen kaum eine Chance, sich gegen Gewalt und Missbrauch zu wehren. Frühe Schwangerschaften gefährdeten ihre Gesundheit und ihr Leben. Weltweit wird nach Schätzungen von UNICEF jedes zehnte Kind von einem Mädchen unter 20 Jahren geboren. Jedes Jahr sterben 150000 Teenager an Blutungen, Geburtskomplikationen und unsachgemäßen Abtreibungen.

Zurück in die Türkei. Nach offiziellen Angaben sind dort 460000 Mädchen zwischen zwölf und 15 Jahren bereits verheiratet, und über die Hälfte haben schon eigene Kinder. Besonders drastisch ist eine jahrhundertealte Tradition im Südosten der Türkei, wo immer noch junge Mädchen gegen ein *başlık parası* (Kopfgeld) gekauft werden. Dies geschieht meist unbeachtet von der Öffentlichkeit. Nur wenn ein kritischer Journalist zufällig davon erfährt, ist selbst in der Türkei die Aufregung groß. So hat der Fernsehkorrespondent Hasan Kadife mit seinem Bericht über die Kinder-Ehen von Acarlar einen Skandal aufgedeckt, der schließlich zu Verhaftungen und einem Gerichtsprozess führte. Der Journalist hatte zufällig durch einen Cousin über die verkauften Kinder von Acarlar erfahren. Der hatte ihm von Kindern erzählt, die mit dem Baby auf dem Arm zur Schule kommen. Kadife wollte das erst nicht glauben, fuhr dann aber doch mit seinem Kameramann nach Acarlar und sprach mit den Kindern auf dem Schulhof. Sie erzählten von Freundinnen und Freunden, die schon verheiratet sind, Mädchen, die bereits schwanger sind oder gar bereits ein Kind haben. Es war unglaublich. »Am Anfang«, meint Kadife, »wurden die Kinderhochzeiten in Acarlar gar nicht bestritten.« Das ist bei uns eben Tradition, hätten die Leute gesagt: Mit 16 Jahren sei ein Mädchen doch bereits eine alte Jungfer. Erst als eine überregionale Zeitung die Geschichte aufgriff und die Eltern beschuldigte, ihre Kinder zu verkaufen, sei die Stimmung umgeschlagen.

Genau das aber hatten 2002 türkische Boulevard-Zeitungen behauptet: »Die Eltern von Acarlar verkaufen ihre Kinder«, hieß es. Zehnjährige Mädchen sollen für ein Brautgeld von rund 1500 € zur Ehe gezwungen worden sein, und das gleich dutzendweise. 13-Jährige, so war zu lesen, kämen bereits mit eigenem Baby zur Schule. »Das ist doch eine große Lüge«, sagt eine Bürgerin von Acarlar aufgebracht. »Es gibt zwar einige Fälle, in denen Mädchen im Dorf früh geheiratet haben. Aber die waren dann mindestens 14, weil die Kinder hier doch oft erst zwei Jahre nach der Geburt offiziell angemeldet werden.«

Die Bevölkerung von Acarlar war schockiert. »Das, was die Zeitungen über uns geschrieben haben, ist eine große Beleidigung. Glauben Sie etwa, dass wir unsere Kinder verkaufen würden?« Empört zeigt sie auf ihre zehnjährige Tochter und den 13-jährigen Sohn, die sich beide verängstigt an ihre Eltern drängen und nicht den Eindruck machen, als seien sie im heiratsfähigen Alter.

Wer Recht hat, wird nun vor Gericht geklärt. Aufgeschreckt durch die Medien, sah sich die Staatsanwaltschaft der Provinzhauptstadt Aydın gezwungen, aktiv zu werden und der Sache nachzugehen. Innerhalb weniger Tage wurden im Januar 80 Väter und angebliche Ehemänner aus Acarlar verhaftet, 20 befinden sich noch in Untersuchungshaft. Seit Februar stehen die

80 Männer vor dem Bezirksgericht. Ihnen wird Unzucht mit Minderjährigen vorgeworfen.

Denn juristisch gesehen wurden die Ehen gar nicht geschlossen. Die Familien verheirateten die Mädchen ohne Standesbeamten und meist auch ohne den geistlichen Beistand eines Imams. Es gab ein Fest, und die Eltern regelten alles untereinander. »Später, als die Mädchen das gesetzliche Heiratsalter erreicht hatten«, erzählt Frau Demir, »wurde die Verbindung offiziell legalisiert.« Dazwischen lagen vielleicht ein, zwei Jahre. Die angeklagten Ehemänner sind ja auch alle zwischen 17 und 22 Jahre alt.« Das Brautgeld, sagt Aytur, sei Teil der Tradition und komme meist dem Paar zugute. Kinderhochzeiten wie die in Acarlar fielen erstmals auf, als vor knapp drei Jahren die Schulpflicht in der Türkei von vier auf acht Jahre verlängert wurde. Früher blieben die Kinder ab dem Alter von zehn Jahren sowieso zu Hause, aber heute fällt es auf, wenn sie nicht in die Schule kommen.*

In den Diskussionen, die ich schon an den verschiedensten Orten Deutschlands geführt habe, höre ich immer wieder das Argument, dass die eklatanten Menschenrechtsverletzungen aufhören würden, wenn die Türkei endlich in die Europäische Union (EU) aufgenommen würde. Ich habe diesbezüglich große Zweifel. Meiner Meinung nach hat die breite deutsche Öffentlichkeit immer noch eine rosarote Multi-Kulti-Brille auf und verleugnet die bittere Realität in vielen Migranten-Familien. Denn die Menschenrechtsverletzungen kommen nur zufällig ans Licht und auch nur vereinzelt. Im Jahr 2005 las ich über ein Gerichtsverfahren und eine Anklage, die sicher auch so manchen Multi-Kulti-Phantasten geschockt hätte.

Angeklagt war ein junger Grieche, der die Ehe mit seiner

* Nach taz vom 23.04.02.

jungen Frau in Deutschland anerkennen lassen wollte. Der zuständige Standesbeamte in Düsseldorf wurde allerdings stutzig, als ihm die Heiratsurkunde präsentiert wurde und er den Altersunterschied sah. Der Mann war 22 und seine Frau elf. Angesichts des Alters der Ehefrau kamen dem Beamten Zweifel. Erstaunt stellte der Düsseldorfer Beamte bei seinen Recherchen fest, dass die Ehe nach griechischem Recht legal ist. Darauf konnte sich der Mann allerdings hier in Deutschland nicht berufen. Denn wie ein Sprecher der Düsseldorfer Staatsanwaltschaft erklärte, ist die Anwendung einer Rechtsnorm eines anderen Staates unzulässig, wenn sie mit »wesentlichen Grundsätzen des deutschen Rechts offensichtlich unvereinbar« ist.

Auch nach griechischem Recht liegt das Mindestalter für eine Eheschließung bei 18 Jahren. Aber die muslimische Minderheit Griechenlands lebt nach ihren eigenen Regeln. Nach islamischem Recht sind Ehen mit Minderjährigen erlaubt und daher an der Tagesordnung. Dabei berufen sich die Moslems auf den 1923 geschlossenen Vertrag von Lausanne. Er regelte die Grenzziehung zwischen Griechenland und der Türkei und gab den im griechischen Thrazien lebenden Moslems Minderheitenschutz. Im Nordosten Griechenlands leben heute etwa 130000 Muslime. Der Lausanner Vertrag räumt ihnen eine weitgehende Selbstverwaltung in zivilrechtlichen Angelegenheiten ein. Diese werden von den Muftis geregelt, den islamischen Rechtsgelehrten. Sie übernehmen auch die Rolle des Standesbeamten. Der eigentliche Skandal: Im EU-Mitgliedsland Griechenland sind Ehen mit Kindern keine Seltenheit und auch legal. Denn die Regierung in Athen traut sich offensichtlich nicht, die Befugnisse der Muftis einzuschränken. Der Richter in Düsseldorf ordnete die Trennung des Paares an. Gegen den Mann wird wegen Kindesmissbrauchs ermittelt.

Die Importbräute

Ob dieses Mädchen verkauft wurde, wissen wir nicht. Aber mit ihren elf Jahren war sie noch ein Kind, als man sie zu dieser Ehe zwang. Auch dieses Mädchen ist kein Einzelfall. Aus gesicherten Quellen weiß ich, dass viele türkische Mädchen zwischen zwölf und 15 Jahren nicht nur in der Heimat, sondern auch nach Deutschland verheiratet werden. Wie viele Kindsbräute es hier gibt, ist nirgendwo erfasst. In der Tat war das Problem *Kinder-Ehe* der deutschen Öffentlichkeit bis vor kurzem noch nicht einmal bewusst. Auf meinen Vortrags- und Lesereisen werden immer wieder tragische Schicksale minderjähriger Kindsbräute an mich herangetragen. So habe ich auch von Melek erfahren.

Melek ist in einem kleinen Dorf in Anatolien aufgewachsen. Als sie 14 Jahre alt ist, hält eine »Deutschländer-Familie«* bei ihrem Vater um ihre Hand an. Mit dem Satz: »Es ist Allahs Wille« beschließt ihr Vater, sie zu verheiraten. Diese Eheschließung soll seine Altersversicherung sein. Wie viele andere türkische Väter, die ihre Töchter mit einem »Alamancı« verheiraten, hat auch er hohe Erwartungen an den zukünftigen Schwiegersohn. Denn von Freunden und Nachbarn hat er gehört, dass die Deutschländer im fernen Alamanya im Geld schwimmen sollen.

Nur Melek weiß nicht, was sie machen soll. Am liebsten würde sie sich verweigern, hat aber keine Ahnung, wie. Denn in Anatolien ist das, was ihr passiert, normal. Würde sie sich wehren, käme das einem Todesurteil gleich. Schließlich werden die Mädchen dazu erzogen, sich treu und pflichtbewusst zu verhalten. Melek spürt, dass es keinen Ausweg gibt. Sie muss den Befehlen der Männer gehorchen – ihnen in die Dunkelheit

---

* Türken, die in Deutschland leben, werden von ihren Landsleuten als »Deutschländer« bezeichnet.

folgen. So wie alle Frauen in ihrer Familie und in ihrem Dorf muss Melek traditionsgemäß heiraten, wie es von ihr erwartet und verlangt wird.

Wer gehorsam ist, wird belohnt. Auch Melek wird dafür belohnt, dass sie sich nicht widersetzt – mit einer kleinen Portion Freiheit, sie darf nach Deutschland ausreisen. Aber vor der großen Reise muss noch eine kleine, amtliche Korrektur vorgenommen werden, denn offiziell existiert Melek gar nicht. Damals, nach ihrer Geburt, hatte man es versäumt, sie ins Melderegister eintragen zu lassen. Das hat bislang niemanden gestört, weder den Staat noch die Gesellschaft oder ihre Familie. Aber jetzt, wo die Hochzeit und die Reise nach Deutschland anstehen, braucht Melek Papiere und eine offizielle Existenz. Kurzerhand wird sie »nachgemeldet« und bei der Gelegenheit auch gleich ein paar Jahre älter gemacht. Anstatt 14 ist sie dann laut ihrem neuen Reisepass 18 Jahre alt. Nun hat sie einen Namen und Eltern. Sie gehört irgendwo dazu, hat eine Heimat. Nach der schnell anberaumten standesamtlichen Trauung folgt die 14-jährige Melek ihrem Mann und ihren Schwiegereltern nach Deutschland. Aufgeregt und mit glitzernden Augen kommt sie in ihrer neuen Heimat an, einer Kleinstadt in Norddeutschland. Viel hat sie schon gehört, und für einen Moment glaubt sie tatsächlich, im Paradies gelandet zu sein. Doch gleich nach ihrer Ankunft wird ihre Neugier gebremst, ihre Fragen werden nicht mehr beantwortet, stattdessen stellt man strenge Regeln für sie auf. So darf Melek ohne ein Familienmitglied das Haus nicht verlassen. Kontakte zu deutschen Nachbarn und Familien sind strengstens untersagt. Abgeschottet vom deutschen Alltag lebt sie hier wie in ihrem anatolischen Dorf. Die deutsche Sprache bleibt ihr fremd, zu Hause läuft türkisches Programm via Satellit. Man weist ihr einen kleinen Platz zu, den sie nicht verlassen darf. Nie ist sie Zug gefahren, auch einen Bus kennt sie nicht, aus der kleinen Stadt, in der sie nun lebt, ist sie nie hinausgekommen. Nie hat sie eine Reise unternommen, nie war sie allein unterwegs. Auch ein eigenes Konto hat Melek nie besessen.

Natürlich interessiert auch niemanden, wie es dem jungen Mädchen fern von der Heimat und der eigenen Familie geht, ob es Heimweh hat, die Eltern vermisst. Niemand interessiert sich dafür, dass der Ehemann und seine Familie fremde Menschen sind. Fremde, vor denen man sie im Laufe ihres Lebens immer gewarnt hatte. Diese Mädchen wissen nicht, wohin sie gehören, und sie fühlen sich wie Tauschobjekte.

Selbst als die beiden Kinder geboren werden, ändert sich ihr Leben nicht. Sie geht nie ins Schwimmbad, geht nie in den Park Enten füttern, Eis essen, Fahrrad fahren oder im Wald spazieren. Sie geht nie ins Kino, ins Theater oder zu einem Konzert. Auch Sportaktivitäten sind ihr fremd, so wie das Meiste in ihrer neuen Heimat. Der Alltag ihrer deutschen Nachbarn ist für Melek auch nach Jahren immer noch ein Buch mit sieben Siegeln. Doch dann ändert sich ihr Leben. Zufällig lernt die 22-jährige zweifache Mutter eine Deutsche kennen. In den Gesprächen mit ihr erfährt sie, dass Frauen nicht zwangsläufig isoliert und in völliger Abhängigkeit bei den Schwiegereltern leben. Sie erkennt, dass sie nicht so leben muss, und verlässt mit ihren Kindern ihren Mann und dessen Familie.

Melek zieht in eine kleine Zwei-Zimmer-Wohnung und sucht sich eine Arbeit als Reinigungskraft. Jetzt hat sie – wenn auch eingeschränkt – Kontakt zur deutschen Bevölkerung. Tagtäglich begegnet Melek an ihrem Arbeitsplatz – einer Schule – gleichaltrigen jungen Frauen, die eine Berufsausbildung machen. Melek, die selbst nie lesen und schreiben gelernt hat, vergießt bittere Tränen. Sie ist aufgebracht und wütend. Sie lehnt sich auf gegen ihr Schicksal, und gleichzeitig schämt sie sich für ihr Analphabetentum. Sie hatte nie eine Chance. Zu Hause in der Türkei hat ihr der Vater die Schulbildung verwehrt, hier in Deutschland ist es der Ehemann. Denn trotz Trennung steht sie – wie ein unmündiges Kind – unter seiner Aufsicht. Sie darf weder einen Alphabetisierungs- noch einen Integrationskurs besuchen. Der tägliche Kampf ums Überleben und die Angst lassen sie schließlich zurückweichen – resigniert und unendlich müde kehrt sie nach einem Jahr Trennung zu ihrem Ehemann zurück. Sie hat keine Kraft mehr zu kämpfen.

In diesem Zusammenhang stellt sich die Frage, wie die importierten Kindsbräute die strengen deutschen Zollkontrollen passieren können. Aber Migranten sind findig, und in 40 Jahren Migration wurden die verschiedensten Einreise-Varianten erprobt. Manche haben sich bewährt: So werden die Mädchen offiziell als Adoptiv- oder Pflegekinder nach Deutschland geholt, obwohl sie entweder die zweite Ehefrau des Adoptivvaters oder seine zukünftige Schwiegertochter sind. Andere werden innerhalb der Verwandtschaft verheiratet und tragen ohnehin den gleichen Nachnamen. Sie reisen im Rahmen der Familienzusammenführung zu den vermeintlichen Eltern nach Deutschland. In Wahrheit aber sind sie Nichte und Importbraut für den Sohn der Familie.

Nach Schätzungen des Zentrums für Türkeistudien der Universität Duisburg-Essen kommen jährlich etwa 16 000 türkische Ehepartner nach Deutschland. Weitere Zahlen hat eine Repräsentativumfrage in Berlin ergeben: Im Jahr 2002 wurden 1003 türkischstämmige Einwohner Berlins zu ihrer Lebenssituation befragt. 42 Prozent der Befragten gaben an, dass der Ehepartner aus der Türkei zugezogen ist. Zum Vergleich: 1999 lag der Ehegattennachzug etwas niedriger, nämlich bei 36 Prozent, und 1993 waren es insgesamt 49 Prozent türkische Staatsbürger, die zu ihrem Mann oder ihrer Frau nach Deutschland kamen. Tendenziell finden mehr türkischstämmige Männer als Frauen ihren Ehegatten in der Türkei. Ein Blick auf die Altersgruppe der 30- bis 39-Jährigen bestätigt die in früheren Umfragen gewonnene Erkenntnis, dass mehr Männer (gut 64 Prozent) als Frauen (41 Prozent) mit Migrationshintergrund ihren Ehegatten in der Türkei gefunden haben.

Import-Export

Die Anzahl der Importbräute zu messen ist äußerst schwierig. Aber so viel ist klar: Die oben genannten Zahlen belegen nur einen Bruchteil der tatsächlichen Fülle – die Dunkelziffer der importierten (Kind)-Bräute ist wesentlich höher. Die Brautverschickung funktioniert natürlich auch umgekehrt. Junge Türkinnen werden von Deutschland in die Türkei exportiert. Wir wissen nicht, wie viele türkische Mädchen, die hier aufgewachsen bzw. geboren sind, in die alte Heimat verheiratet werden, aber es ist davon auszugehen, dass es nicht wenige sind.

Leyla hat Angst. Die 17-Jährige hat eine heimliche Beziehung mit einem Kurden. Eine Verbindung, die ihre Eltern nie akzeptieren würden, weil sie Kurden verachten. Obwohl sie die Beziehung absolut geheim hält und sich mit ihrem Freund nur nachts trifft, scheint die Mutter Verdacht geschöpft zu haben. Sie ist äußerst misstrauisch und telefoniert auffällig oft mit der Großmutter in der Türkei. Immer wenn Leyla in der Nähe ist, redet sie so leise, dass die Tochter nichts verstehen kann. Das gibt dem jungen Mädchen zu denken. Sie fürchtet, dass man sie, ähnlich wie ihre Cousinen, verheiraten will. Denen hatte man ihre zukünftigen Ehemänner in den Ferien präsentiert und einige Wochen später Hochzeit gefeiert. Ein paar Monate danach waren die türkischen Ehemänner dann nach Deutschland gekommen. Das hatte die Großmutter eingefädelt, sie ist eine sehr erfolgreiche Ehevermittlerin. Als die Mutter Leyla mitteilt, dass sie im Sommer alle zusammen in die Türkei fahren werden, ist sie höchst alarmiert. Sie will keine Zwangsehe eingehen. Nein, sie will sich ihren Mann selbst aussuchen. Aber wie das gehen soll, weiß sie nicht. Ihre einzige Möglichkeit wäre die Flucht. Aber Leyla weiß nicht, wohin. So wird sie im Sommer wohl mit in die Türkei fahren.

Viele muslimische Mädchen erfahren oft erst kurz vorher den wahren Grund für die Reise in die Türkei – ihre Verlobung. Die in Deutschland geborenen Töchter sind die idealen Brückenköpfe für die Männer in der Heimat und deshalb auch ein hoch gehandeltes Gut! Eine Heirat mit einer *Deutschländerin* ist schließlich die Eintrittskarte in die Festung Europa. Im Prinzip läuft es immer gleich ab: Die in der Türkei lebende Großmutter oder andere weibliche Familienmitglieder suchen in der Verwandtschaft oder im Dorf einen passenden Partner für ihre in Deutschland lebende Enkelin oder Nichte. Der Kandidat wird dann von den Eltern in Augenschein genommen, und es beginnen die ersten Verhandlungen. Die beiden jungen Menschen werden nicht gefragt, ja oft wird sogar hinter ihrem Rücken verhandelt. Wenn diese zur Zufriedenheit der Familien abgeschlossen sind, findet die Verlobung und kurze Zeit später die Hochzeit statt. Der türkische Partner kann dann im Rahmen der Familienzusammenführung nach Deutschland einreisen.

Diese Brücke funktioniert seit Beginn der Migration in den 6oer Jahren des letzten Jahrhunderts und gewährleistet einen stetigen Fluss von traditionell denkenden Menschen nach Mitteleuropa. Junge Männer und Frauen, die in Anatolien geboren und aufgewachsen sind, kommen hierher, ohne ein Wort Deutsch zu sprechen oder eine Ahnung von der deutschen Kultur zu haben. Sie fügen sich in das Leben ihrer neuen Familien in der türkischen Parallelwelt ein, ohne zu wissen, wie das Leben außerhalb ihrer engen Grenzen aussieht. Dadurch beginnt die Geschichte der Migration mit jeder Generation quasi wieder von vorne.

Aber wie ist die Normalität in Migrantenfamilien, wenn es ums Heiraten geht? Was spielt sich im Vorfeld ab, wenn die Tochter des Hauses ins heiratsfähige Alter kommt? Gleich nach dem Eintritt der ersten Regelblutung, nachdem die Brüste zu wachsen beginnen, die ersten Schamhaare sprießen, kommt der Tag, an dem das heiratsfähige Mädchen in die Gesellschaft eingeführt wird. Die Familie zeigt, was sie zu bieten hat.

Auch bei mir war es nicht anders. Als ich mit acht Jahren hierher kam, hatte ich keine Puppen mehr. Im Gegenteil, man setzte alles daran, mich möglichst schnell erwachsen wirken zu lassen. So bekam ich an meinem neunten Geburtstag von meiner Mutter einen Schminkkasten geschenkt. Sie sagte, ich sei jetzt eine junge Dame und solle anfangen, mich zu schminken. Und damals war ich keine Ausnahme. Viele türkische Mädchen dürfen sich schminken, bauchfreie T-Shirts anziehen – bis sie verkauft werden. Es ist fast so wie mit einer Frucht, die man auf dem Markt präsentiert, die man betrachten und bewundern, aber nicht anfassen darf. Irgendwann kommen dann ein oder mehrere Interessenten, die sich diese Frucht kaufen wollen. Wer sie schließlich besitzt, kann sie praktisch aussaugen, solange er will. Bis zum Schluss nur noch eine leere Hülle bleibt.

Und die Mädchen? Die meisten sind aufgeregt, weil sie nicht wissen, was auf sie zukommt. Schon von Kindesbeinen an werden sie darauf vorbereitet, eine Braut zu sein, und nur einmal in ihrem Leben werden sie ein Brautkleid tragen. Ein weißes Brautkleid mit einer roten Schleife zum Zeichen ihrer Reinheit und Ehre um die Hüfte steht nur der jungfräulichen Braut zu. Den unsittlichen Mädchen, den Witwen und geschiedenen Frauen ist es nicht erlaubt, in Weiß zu heiraten.

Eine Hochzeitsfeier in Weiß ist das Fest der ehrenhaften muslimischen Mädchen. Jahrelang wird ihnen eingeredet, dies sei der Tag, den sie nie vergessen werden. Sie träumen von einem Hochzeitskleid und davon, im Mittelpunkt zu stehen – tagelang, wochenlang wird sich alles nur um sie drehen. Zum ersten Mal wird das Mädchen respektiert und bekommt die gesamte Aufmerksamkeit der Familie. Oft werden die Mädchen in einem Alter, in dem sie nicht wissen, was Ehe überhaupt bedeutet, durch die so genannten *görücü*, die weiblichen Brautwerber, kritisch begutachtet. Diese sind entweder die Mutter des zukünftigen Bräutigams oder Frauen aus der näheren Verwandtschaft.

Wenn die Brautwerberin sagt: »Ich bin gekommen, um deine Hand anzuhalten«, kichern die Mädchen in ihrer kindlichen Unwissenheit und laufen weg. Wenn das in Betracht kommende Mädchen der Brautwerberin gefällt, wird es dem Bräutigam vorgeführt. Zu diesem Zeitpunkt schalten sich die Männer ein. Mit den Worten »Im Auftrag Gottes und der Zustimmung des Propheten« bittet der Vater des zukünftigen Bräutigams oder der Brautwerber um die Hand des Mädchens. Danach beginnt – angeblich – die glücklichste Zeit ihres Lebens. Aber meist sind es nicht die Liebe und das Glück, die sie sich erträumt hat, die sie sich auch viele Jahre später an den Hochzeitstag erinnern lassen. Nein, oft ist es das Unglück, das an diesem Tag begann.

Aslı ist eine von vielen Kindfrauen, die unwissend und verängstigt nach Deutschland verschachert wurden. Ein Kind war sie schon lange nicht mehr, denn bereits mit sieben Jahren hatte die Mutter sie angehalten, für die Aussteuer zu nähen, Haushaltsführung und Kochen zu lernen. Mit 13, sie sitzt gerade über den Hausaufgaben, eröffnet ihr der Vater, dass sie demnächst ihren zukünftigen Ehemann kennenlernen werde. Aslı hält das für einen schlechten Scherz und will ihm nicht glauben. Aber leider hat er Recht behalten. Mit 15 Jahren wird sie verheiratet, und damit beginnt ein einziger Albtraum: die Entjungferung in der Hochzeitsnacht, stetige Erniedrigungen und Demütigungen und die Angst, dies alles ein Leben lang ertragen zu müssen. Mehr oder weniger täglich wird sie von ihrem Mann vergewaltigt und geschlagen, und auch die anderen Familienmitglieder beschimpfen und demütigen sie. Bis sie es eines Tages nicht mehr aushält und beschließt zu fliehen. Sie ist 16 Jahre alt, als sie ihren Mann verlässt. Mit ein paar Habseligkeiten flüchtet sie mitten in der Nacht und taucht unter – unauffindbar für ihre Familie. Heute lebt sie allein.

Die Verwandten-Ehe

Muslimische Töchter werden wie eine Ware verschachert. Nicht selten sind sie schon seit ihrer Geburt versprochen – oft sogar in der engeren Verwandtschaft. Die so genannte Verwandten-Ehe, also die Heirat mit einem Cousin oder einer Cousine ersten Grades, ist sowohl in der Türkei als auch bei den Türken in Deutschland immer noch sehr beliebt. Laut einer grundlegenden Untersuchung der Universität Diyarbakır aus dem Jahr 1996 heiraten in ländlichen Gebieten über 40 Prozent der Türken innerhalb der Familie. Eine Umfrage in Berlin hat ergeben, dass in der türkischen Community der Bundeshauptstadt jede fünfte Ehe zwischen einem Cousin und einer Cousine geschlossen wird. Die Verwandten-Ehe garantiert den Zusammenhalt der Familie und wird nicht zuletzt aus wirtschaftlichen Gründen geschlossen.

Medizinische oder gesundheitliche Vorbehalte hat man nicht, obwohl auch in Migrantenkreisen die Folgen solcher Verbindungen bekannt sind. Denn nicht selten sind diese Kinder körperlich und/oder geistig behindert. Aber die betroffenen Familien nehmen das behinderte Kind – seltsam gleichmütig – als Schicksal an. Dass immer wieder Experten warnen, scheint sie nicht zu tangieren. Selbstverständlich würde nie jemand offizi-

ell von »Inzucht« sprechen, obwohl dieser Begriff hinter vorgehaltener Hand oft genug fällt.

Auch die Wissenschaft beschäftigt sich inzwischen mit den ge-
sundheitlichen Folgen der Verwandten-Ehe. So stellte der Hu-
mangenetiker Harald Rieder von der Universität Düsseldorf, der
Paare, die blutsverwandt sind, berät, fest, dass das Risiko, miss-
gebildete Kinder zu bekommen, bei Paaren, die Cousinen und
Cousins sind, noch weitaus größer ist als bisher angenommen.
Größer vor allem dann, wenn bereits die Vorfahren des Paares
miteinander blutsverwandt waren. Das ist in der Türkei nicht
unüblich, weil die Familien oft seit Generationen untereinander
heiraten. So liegt das Risiko, ein behindertes Kind zur Welt zu
bringen, bei diesen Paaren bei fünf bis sechs Prozent im Gegensatz zu zwei bis drei Prozent bei nicht-verwandten Paaren. Noch
alarmierendere Zahlen kommen aus Großbritannien. Dort hat
Umweltminister Phil Woolas unlängst vor »Inzucht in der islamischen Gemeinde« gewarnt. Er verwies in diesem Zusammenhang auf die pakistanische Gemeinde, in der immer noch 55 Prozent aller Ehen zwischen Verwandten zweiten Grades (Cousin
und Cousine) geschlossen würden. Deren Nachkommen wie-
sen laut einer medizinischen Untersuchung 30 Prozent aller ge-
netischen Missbildungen bei Neugeborenen auf. Diese Zahl ist
umso beunruhigender, wenn man bedenkt, dass nur drei Prozent
der Neugeborenen in England pakistanischen Ursprungs sind.

Obwohl, wie gesagt, auch die türkisch-muslimische Community über diese Erkenntnisse informiert sein sollte, werden
keine Konsequenzen gezogen. Nach wie vor gilt die Verwandten-Ehe für viele türkische Migranten als optimale Lösung,
und nicht selten spielen die Mütter bzw. die Großmütter eine
unrühmliche Rolle in diesem Spiel.

Auch bei Duygu lief es über die Großmutter. Einer ihrer Enkel
hatte seiner Mutter anvertraut, dass er seine Cousine als Ehefrau haben wolle. Die weiblichen Familienglieder nehmen also –

wie so oft – die Zügel in die Hand und vermitteln die Ehe. Binnen kürzester Zeit sprechen die Tante und der Onkel als Brautwerber beim Vater vor. Das geschieht alles nur pro forma, denn die Frauen – Tante, Oma, Mutter und die anderen weiblichen Mitglieder der Familie – hatten diese Ehe schon beschlossen. Obwohl unsere Großmütter und Mütter sowie unzählige andere türkische Frauen das gleiche Schicksal erlitten haben und genau wissen, was ihre Töchter erwartet, tradieren sie ihre eigene Geschichte von Generation zu Generation.

Zum Besuch bei der Brautfamilie bringt der Brautwerber immer Geschenke mit. Duygus Cousin hält einen Strauß Blumen in der rechten und zwei Kilo *baklava*, eine türkische Süßspeise, in der linken Hand. Frisch rasiert und schick herausgeputzt betrit er nach seinen Eltern und weiteren Gästen das Haus und steuert das Wohnzimmer an. Die Mutter stößt der Tochter den Ellenbogen in den Rücken und fordert sie leise auf, sich den Gästen gegenüber wie eine wohlerzogene, brave Tochter zu benehmen. Duygu nimmt die Geschenke dankend an, stellt die Blumen in eine Vase. Noch denkt sie, dass es ein Spiel ist, das sie ja auch nicht zum ersten Mal spielt. Denn schon öfter hatte man beim Vater um ihre Hand angehalten, aber bis jetzt hatten alle Brautwerber das Haus mit leeren Händen verlassen. Warum sollte es diesmal anders sein, denkt Duygu.

Wie die Tradition es verlangt, bereitet das junge Mädchen den türkischen Mokka in einem *cezve*, dem traditionellen Kupferstieltöpfchen zu. Erhitzt das Wasser, gibt Kaffeepulver und Zucker dazu und wartet, bis das Gebräu aufkocht, dann rührt sie es um und serviert den Kaffee in *kahve-fincanı*, den kleinen Mokka-Tassen, dazu wird ein Glas kaltes Wasser und *lokum*, türkischer Honig, gereicht. Duygu übernimmt die Pflicht der gehorsamen Tochter des Patriarchen, so wie ihre Mutter es sie gelehrt hatte. Würde sie sich anders verhalten, wäre das für den Vater eine Entehrung.

In der Regel kommen Braut und Bräutigam bei der Brautwerbung nicht zu Wort. Als Brautwerber agiert meist der Vater, ein näherer Verwandter oder ein Freund der Familie, der den Bräutigam vertritt und den Ruf der Brautfamilie und deren Besitzverhältnisse auskundschaftet. Dieselbe Person handelt auch die Zustimmung zu einer Hochzeit und die Mitgift aus. Ist der zukünftige Ehemann ein Cousin ersten Grades, erübrigt sich diese Prozedur. Nach ein paar Stunden gehen alle Besucher hoch zufrieden nach Hause – die Eltern haben ihnen Hoffnung gemacht. Der Tochter wird gesagt, sie müsse sich binnen zwei Tagen entscheiden.

Die Frauen in der Familie versuchen dem jungen Mädchen das Zusammenleben bzw. die Ehe mit dem Cousin schmackhaft zu machen. Sie reden auf sie ein, dass er der richtige Ehemann für sie sei, dass er der Mann sei, von dem viele Frauen träumen. So ein Angebot solle sie sich nicht entgehen lassen. Aber Duygu wehrt sich, sie liebe den Cousin nicht und wolle ihn auch nicht heiraten! Alle ihre Einwände werden sofort zurückgewiesen. Immer wieder erklärt man ihr: »Erst heiratest du, dann lernst du ihn lieben. Lieben ist nur in der Ehe erlaubt.« Der Islam fordert von Frauen nicht nur sexuelle Enthaltsamkeit vor der Ehe, sondern auch während dieser ein Herz wie einen Eisklumpen. Irgendwann gibt Duygu auf, sie kann dem Druck nicht mehr standhalten, macht sich aber gleichzeitig Vorwürfe, nicht stärker zu sein.

Alle ihre Einwände werden ignoriert. Kurze Zeit später feiert man Verlobung. Es folgen der Hennaabend, die Imamehe und schließlich die standesamtliche Trauung. Die traditionelle türkische Hochzeit ist regional sehr unterschiedlich geprägt. Aber Duygus Hochzeitszeremonie war selbst für türkische Verhältnisse sehr kurz.

Es werden Lämmer geschlachtet, es wird gegessen, getrunken, ausgiebig getanzt und gefeiert. Niemand beachtet die junge Braut, die mit den Tränen kämpft, der kein Lächeln, kein

Wort über die Lippen kommt. Inmitten all der feiernden Menschen kommt sie sich einsam und allein vor. Niemand hat sie verstanden oder ihr richtig zugehört. Alle sagten, die Braut und der Bräutigam seien am Entscheidungsprozess beteiligt gewesen. Selbst die Mutter log und erzählte, dass ihre Tochter und der Cousin sich liebten und zueinander gefunden hätten. Und wenn zwei Menschen sich liebten, dann sollten die Eltern diese Bindung doch segnen, oder?

Viele Zwangsehen werden als arrangierte Ehen getarnt. Wobei der Unterschied zwischen arrangiert und erzwungen oft fließend ist. So wird in so genannten fortschrittlichen türkischen Familien den Töchtern die Wahl zwischen zwei oder drei Kandidaten gelassen – für einen müssen sie sich jedoch entscheiden. Eine eigene Wahl können diese Frauen nicht treffen. Und das Arrangement muss ein Geheimnis bleiben. Meiner Meinung nach ein Zeichen dafür, wie verlogen und heuchlerisch unsere Gesellschaft eigentlich ist. In der Studie des Bundesfamilienministeriums aus dem Jahr 2004, in der 10 000 Frauen zu körperlicher und sexueller Gewalt befragt wurden, wurden knapp 150 Türkinnen zu den Umständen ihrer Heirat befragt bzw. ob Zwangsehen als besonders bedrückend empfunden werden. Bei etwa der Hälfte wurde der Partner von Verwandten ausgewählt: 75 Prozent waren mit der Wahl einverstanden, 23 Prozent hätten den Partner lieber selbst ausgewählt, und knapp drei Prozent machten dazu keine Angaben. Etwa ein Viertel der Frauen, deren Partner durch die Verwandten ausgewählt wurde, waren vor der Eheschließung nicht nach ihrer Meinung zu dem zukünftigen Ehepartner gefragt worden. Bei der Eheschließung hatten zwölf der 150 Befragten das Gefühl, zum Bund fürs Leben gezwungen worden zu sein.

Das Schicksal muslimischer Frauen hat die deutsche Mehrheitsgesellschaft lange nicht interessiert. Erst seitdem konkrete Fälle von Zwangsehen dokumentiert wurden, stuft man sie als eklatante Menschenrechtsverletzungen ein und debattiert öffentlich über dieses Thema. Viele Deutsche wussten oder wollten bis dahin nicht wissen, was sich hinter den Türen ihrer türkischen Nachbarn abspielt.

Auch Männer sind Opfer von Zwangsehen

Dass auch Männer von Zwangsehen betroffen sind, ist ein weiteres Tabuthema. Muslimisch-türkische und -kurdische Männer sprechen nicht über körperliche oder seelische Schmerzen, Misshandlungen und sexuelle Nötigung, die auch sie tagtäglich erfahren. Sie sprechen nicht darüber, wie es ihnen wirklich geht. Ein Mann darf sich nicht beschweren, wenn er zwangsverheiratet wurde und er Sex mit einer ungeliebten Frau hat. Ein richtiger Mann hat das eben zu ertragen. Von einem besonders drastischen Fall habe ich durch die deutsche Freundin eines Opfers gehört.

Julia (25) ist seit fünf Jahren mit ihrem gleichaltrigen türkischen Freund Cem zusammen. Er ist in Deutschland geboren und hat hier seine Ausbildung gemacht. Cems Familie kam vor 30 Jahren aus einem kleinen Dorf an der Schwarzmeerküste nach Deutschland. Alle seine Brüder sind mit Frauen aus der Türkei verheiratet. Auch für Cem, den Jüngsten, war eine Frau aus der Türkei vorgesehen. Zu Beginn ihrer Beziehung wurde Julia geduldet. Es störte die Familie zwar von Anfang an, dass sie Deutsche war, aber man ging davon aus, dass es nichts Ernstes wäre. In ihren Augen war Julia eine deutsche Hure, die mit ihrem Sohn eine Affäre hatte. Wenn er genug Sex gehabt hatte, würde er sie schon wieder verlassen.

Doch mit der Zeit merkten Cems Eltern, dass es dem jungen Paar ernst war. Da änderte die Familie ihre Strategie: Sie fing an, Cem unter Druck zu setzen, und drohte, ihn zu verstoßen, falls er sich ihren Heiratsplänen widersetzte. Jeden Tag beschimpfte man ihn aufs Neue, bis seine Mutter schließlich sagte: »Diese deutsche Frau hat unsere Familie ins Unglück gestürzt. Sie wird keinen Fuß mehr über meine Schwelle setzen. Lieber nehme ich irgendeine türkische Schlampe als eine deutsche Frau als Schwiegertochter.« Julia versuchte ihren Freund zu unterstützen, so gut es ging. Aber es fiel ihr schwer, ihn nicht auch noch unter Druck zu setzen. Cems Brüder beleidigten und belästigten sie, bezeichneten sie als Hurentochter und ihre Mutter als Straßendirne. Sie solle endlich aufhören, ihrem Bruder den Kopf zu verdrehen. Falls nicht, sei sie für die Folgen verantwortlich. Julia hatte Todesängste. Und die beiden beschlossen, sich nur noch heimlich zu treffen.

Dann kommt es zur Katastrophe: Cems Familie organisiert bei dessen Arbeitgeber einen längeren Urlaub. Dieser wird genutzt, um Cem in die Türkei zu verschleppen und dort gegen seinen Willen mit einer Cousine zu verheiraten. Die Verwandten nehmen ihm seinen Pass weg und lassen ihn nach einem Fluchtversuch nicht mehr aus den Augen. Die Reise ist der reinste Albtraum, der nach seiner Rückkehr weitergeht. Seine Frau soll in ein paar Monaten nach Deutschland kommen. Aber Cem will dieses Leben nicht. Er weint, schreit und tobt und droht abzuhauen. Da nimmt man ihm sein Handy weg. Für Julia, die ebenfalls unter Schock steht, ist er tagelang nicht zu erreichen.

Innerhalb kürzester Zeit eskaliert die Situation in der Familie. Cem wird von seinem Bruder und ein paar Kollegen auf Schritt und Tritt überwacht. Mit Julia kann er nur noch telefonieren. Als sie ihm vorschlägt zu verschwinden, weigert er sich zunächst. Aber er weiß, dass es keinen anderen Ausweg gibt. Mehrmals versucht Cem, den Absprung zu schaffen, aber im entscheidenden Moment schafft er es wieder nicht. Er kann sich nicht vorstellen, ohne ein entscheidendes Gespräch die Familie für immer zu verlassen.

Dieser Bericht zeigt eindringlich, in welcher Situation auch junge türkische Männer oft sind. Erzwungene Ehe und Sexualität mit der ungeliebten Partnerin bedeuten auch für Männer dieselben seelischen und körperlichen Qualen wie für Frauen. Das Dilemma für türkisch-muslimische Männer ist, dass ein »richtiger Mann« in ihrer Kultur nicht weint, dass er niemanden braucht, der ihn umarmt und ihm Trost spendet. Türkische Männer erhalten keine gesellschaftliche Unterstützung, etwas, was die meisten ohnehin mit Schwäche und Abhängigkeit gleichsetzen.

Ein Mann muss fähig sein, seine Emotionen zu kontrollieren und Gefühle wie Schwäche, Traurigkeit und Nachgiebigkeit zu unterdrücken. Nur wenn er seine Rolle als Mann in Ehe, Familie und Gesellschaft erfüllt, ist er ein Mann. Erfüllt er sie nicht, wird er als Versager tituliert. Wenn er Opfer von Gewalt wird, wird seine Männlichkeit grundsätzlich in Frage gestellt, und nicht selten wird dieser junge Mann auch Opfer der allmächtigen älteren Männer. In den Gesprächen mit männlichen Betroffenen habe ich festgestellt, dass sie von der Schein-Macht des Vaters bzw. anderer (älterer) männlicher Bezugspersonen eingeengt werden und sie diese Phobie stets begleitet. Hier ist das Bild umgekehrt, die Männer üben Macht über Männer aus. Der Vater und die älteren Männer in den Familien bestimmen das Leben der jungen Menschen, so dass diese sich kaum entfalten können. Der Ältestenrat fordert von der jungen männlichen Generation kulturelle und religiöse Werte, die denen der anatolischen Dorfgemeinschaft ähneln. Doch diese althergebrachten Pflichtgebote haben in einer deutschen Großstadt keine Bedeutung. Demzufolge hat der türkische Ältestenrat keine echte Autorität mehr, überspielt aber seinen mangelnden Einfluss mit autoritärem Getue und Willkür. Er kann seinen Jungen keinen echten Halt mehr geben, keine Orientierung und damit auch kein Selbstbewusstsein. Die jungen Männer lernen nicht, für sich selbst Verantwortung zu übernehmen, Frauen und Mädchen als gleichwertig anzuerkennen; sie dürfen keine eigene Meinung entwickeln, geschweige denn, Gefühle anderer wahrnehmen und respektieren. Wenn sprachliche Defizite, fehlende Schulbildung, Arbeitslosigkeit und kulturelle Barrieren dazukommen, sitzen diese jungen Männer in der Männlichkeits-Falle. Um diese Defizite zu überspielen, neigen sie zu Pascha-Gehabe, Alkoholkonsum, verhalten sich anspruchsvoll oder egoistisch und nicht zuletzt gewalttätig. Im Endeffekt hat die junge Generation keinen Respekt vor der Autorität des Vaters bzw. des Ältestenrates, sondern Angst vor psychischer oder physischer Gewalt.

Sie, die sich fast ausschließlich in ihrem ethnischen Umfeld mit gleichaltrigen Jungen bewegen, zeigen sich gegenseitig ständig ihre männliche Macht und Überlegenheit. In dieser Gruppe wird der brutalste Schläger als Held gefeiert und das Opfer als Schwächling abgewertet. Um aus diesem Teufelskreis auszubrechen, müssten sich die jungen Männner von alten Vorstellungen und Traditionen lösen und den Bruch mit der Kultur wagen. Sie müssten nicht nur die männlichen Autoritäten demontieren und Herrschaftsstrukturen entlarven, sondern gleichzeitig bereit sein, gegen die Folgen anzugehen. Wenn sie den Teufelskreis durchbrechen, werden sie feststellen, dass der Schrei nach der traditionellen Männlichkeit der Väter ein Schrei nach den verloren gegangenen Autoritäten ist.

KAPITEL 6

Das Leben in der Fremde

Mit der Hochzeit verändert sich das Leben einer jeden Frau. Für die meisten beginnt eine neue, glückliche Zeit, für türkisch-muslimische Mädchen und Frauen aber ist es oft der Beginn eines Albtraums. Sie verlassen das Elternhaus zum ersten Mal. Nicht selten verlassen sie auch die gewohnte Umgebung und ihre Freunde. Sie gehen in die Fremde, kommen entweder als Importbräute nach Deutschland oder werden in die Türkei exportiert. Ab dem Zeitpunkt der Eheschließung sind sie Teil ihrer neuen Familie und dieser auf Gedeih und Verderb ausgeliefert.

Viele der türkischen Bräute, die von ihrer Familie nach Deutschland verheiratet werden, kommen aus Anatolien. Sie sind oft Analphabetinnen oder haben nur ein paar Jahre die Grundschule besucht. Sie sind emotional selbst sehr bedürftig, sensibel und haben kein Selbstbewusstsein. Nicht nur müssen sie auf das gewohnte Leben verzichten, nein, sie müssen sich in einer fremden Familie einleben, sich einer anderen sozialen Struktur anpassen. Ayşe war eine der ersten Importbräute, die über ihr Leben in der Fremde in einem Buch* berichtete. Mit 14 Jahren kam sie nach Deutschland, zu einer Familie, die sie kaum kannte, und einem Mann, den sie nicht liebte.

Als Ayşe in Deutschland ankam, stellte sie gewisse Ähnlichkeiten mit ihrem Zuhause in der Türkei fest. Die Wohnung war nicht besonders groß, bestand aus einem kleinen Flur, ei-

---

* Ayşe: Mich hat keiner gefragt. Zur Ehe gezwungen – eine Türkin in Deutschland erzählt. Blanvalet, München 2005.

ner Küche, einem Wohnzimmer und einem WC. Als sie mit der Schwiegermutter die Koffer ausgepackt hatte, gab es Essen. Danach musste Ayşe abwaschen. Das war schwierig, weil das Spülbecken für das Mädchen zu hoch war, also suchte sie sich einen kleinen Schemel, auf den sie sich stellen konnte. Während die Frauen arbeiteten, waren die Männer unterwegs. Ayşe hatte keine Ahnung, wo sie hingegangen waren. Später, als die Tante in die Küche zurückkam, herrschte sie das Mädchen an, warum sie mit dem Abwasch noch nicht fertig sei. Ayşe erwiderte ihr: »Ich bin doch gleich fertig, Tante.« Da wurde die Tante ärgerlich und erwiderte, dass sie in Zukunft »Mutter« zu ihr sagen solle und zum Onkel »Vater«.

Ayşes zukünftiger Mann Mustafa war inzwischen wieder aufgetaucht und saß auf dem Sofa in der Küche herum. Er und Ayşe sollten auf Matratzen schlafen. Schwiegermutters Laune war inzwischen auf einem Tiefpunkt angekommen. Grimmig erteilte sie ihre Anweisungen. Am nächsten Morgen wachte Ayşe wie betäubt auf. Sie fühlte sich wie gerädert und wusste im ersten Moment nicht, wo sie war. Da sah sie Mustafa neben sich und die Kinder in ihren Stockbetten liegen und erinnerte sich plötzlich. Sie war in Deutschland, nicht mehr zu Hause in Ballıdere. Ihre Mutter, ihre *anne*, war nicht da, sie war weit, weit weg. Tränen schossen ihr in die Augen. Sie konnte nichts dagegen tun, sie liefen einfach. Und das Herz tat ihr weh. Innerlich schrie sie: »*Anne, anne,* wo bist du?« Eine innere Stimme versuchte sie zu beruhigen: »Sie sitzt am Flughafen und wartet auf dich.« Ayşe konnte sich nicht vorstellen, dass die Mutter ins Dorf zurückgefahren war und ihr Leben so weitergehen würde wie bisher. Sie weinte leise und beruhigte sich nur langsam. Mustafa rekelte sich und wachte auf. Er sah ihre Tränen, sagte aber nichts.

Es stellt sich die Frage, wie sich ein streng erzogenes Mädchen auf fremde Menschen einlässt. Sie, die keinerlei Erfahrung hat, weder im zwischenmenschlichen noch im sexuellen Bereich. Die nie ihre eigenen Erfahrungen machen durfte, die nicht aufgeklärt wurde, die nicht weiß, was in der Hochzeitsnacht und den vielen Nächten danach auf sie zukommt. Wie kann sie einen ihr fremden Mann heiraten, seine Ehefrau und die Mutter seiner Kinder werden und mit ihm das Ehebett teilen? Wie soll eine strenggläubige Muslimin eine intime Beziehung eingehen? Sie, die schon das Händeschütteln zur Begrüßung für eine Sünde hält?

Vorsichtig zog sie sich aus. Sie wollte Mustafa auf keinen Fall wecken. Leise schlüpfte sie unter die Decke. Da drehte er sich plötzlich um, keuchend riss er ihr die Bettdecke weg und begrapschte sie. Sie stammelte leise: »Mustafa, Mustafa, das darfst du nicht. Du musst noch warten.«

»Ich will nicht mehr warten«, zischte er und schob ihr Nachthemd hoch. Er fingerte an ihren kleinen Brüsten herum und saugte wild an ihnen. Das Mädchen war völlig überrascht und schockiert und wollte ihn stoppen, wusste aber nicht, wie. Und dann lag er plötzlich auf ihr. Mit aller Kraft versuchte sie, ihn herunterzuschubsen. Aber er war schwer. Dann schob er mit seinem Knie ihre zusammengepressten Beine auseinander. Ayşe wollte schreien, aber das ging nicht, weil sonst alle aufgewacht wären. Als sie schließlich aufgab, fuhr er in sie hinein. Sein Ding war lang und hart, immer wieder stieß er in sie hinein. Ayşe wurde schwindelig, sie hatte Angst, und dann fühlte sie plötzlich nichts mehr. In dem Moment ist sie wohl ohnmächtig geworden. Als sie Minuten später (oder waren es Stunden?) wieder zu sich kam, hatte er von ihr abgelassen und hatte sogar seine Unterhose schon wieder an. Danach schlief er mehr oder weniger sofort ein. Ayşe lag da, das Nachthemd bis über die Schultern geschoben, die Beine gespreizt. Sie blutete und hatte Schmerzen, eine klebrige Flüssigkeit mischte sich mit dem Blut, alles war schmierig. Sie fühlte sich unendlich schmutzig und fragte sich: »Das also soll die Liebe sein?«

Ayşes Geschichte ist kein Einzelfall. Ich habe schon viele solcher Schicksale gehört, aber wütend machen sie mich immer noch. Und immer wieder frage ich mich, wie die Frauen das aushalten. Wie sie mit der Intoleranz, dem Hass und der Gewalt, die sie tagtäglich erfahren, umgehen. Die meisten reagieren erstaunlich gefasst auf eine untragbare Situation. Vielleicht liegt eine Erklärung für ihr Verhalten darin, dass sie es nicht anders kennen. Denn zu Hause wurden sie vom Vater gedemütigt und geschlagen und jetzt eben vom Ehemann oder der Schwiegermutter. Häusliche Gewalt nehmen diese Frauen als ihr Schicksal an, sehen es als Prüfung, verharmlosen es, hoffen und resignieren irgendwann.

Die Schwiegermutter kam gleich zur Sache und fragte nach dem Leintuch. Ayşe versuchte tapfer zu sein und antwortete: »Es gibt kein Leintuch. Da ist nichts.« Die Schwiegermutter schaute sie daraufhin völlig entgeistert an und fing sofort an zu schreien. »Was, kein Blut auf dem Leintuch? Was? Du bist eine *oruspu*, eine Hure? Ich habe meinen Sohn mit einer Hure verheiratet!« Sie schrie so laut, dass man es sicher bis auf die Straße gehört hat. Ayşe stand vor ihr, barfuß, im Schlafanzug, die Tränen liefen über ihr Gesicht. Sie schluchzte und wollte ihr erklären, wollte ihr sagen, dass es Mustafa gewesen sei. Dass er sie schon zwei Wochen vor der Hochzeit genommen hatte. In jener Nacht, in der alle tief und fest geschlafen hatten. Von der Vergewaltigung wollte sie gar nicht reden, das hätte die Schwiegermutter sowieso nicht geglaubt. Aber die war außer sich. Sie riss die Tür zur Küche auf und berichtete ihrem Mann mit schriller Stimme, was passiert war, obwohl der es ja längst gehört haben musste. Ayşe schlich zurück ins Zimmer, setzte sich auf die Matratze und umschlang ihre Beine mit den Armen. Mustafa lag noch im Bett und schaute sie ziemlich verstört an. Dann wurde die Tür aufgerissen, und *Mutter* baute sich vor dem Mädchen auf und schrie wieder: »Das war's! Ich schick dich noch heute in die Türkei zurück. Für eine Hure ist in meinem Haus kein Platz.«

Ich weiß nicht, wie viele Töchter muslimischer Familien mir solche oder ähnliche Geschichten erzählt haben. Aber sie leben mit diesen Widersprüchen, sehen sie nicht einmal als solche. Sie sind entwurzelt, daher verwirrt, unsicher und verwundbar. Sie haben kein Zuhause, weder in ihrem Elternhaus noch im Haus ihres Mannes – sie sind nirgendwo daheim. In der neuen Heimat finden sie sich auch nicht zurecht. Die deutsche Umgebung ist ihnen fremd. Sie verstehen die Sprache nicht und haben keine Ahnung, wer die deutschen Nachbarn sind. Sie selbst leben ähnlich wie zu Hause im Dorf, in ihrem türkischen Ghetto. Sie arbeiten mit ihren türkischen Nachbarinnen, Freundinnen oder Cousinen in Fabriken oder Putzkolonnen und sprechen Türkisch, ein bisschen Deutsch können sie nach einer Weile zwar auch – aber die paar Brocken reichen nur für das Nötigste. Wenn's kompliziert wird, müssen die Kinder ran. Sie, die hier geboren sind, gehen mit zu Ärzten, in die Schule und auf die Ämter und übersetzen für ihre Eltern.

Von außen betrachtet waren sie wohl eine ganz normale türkische Familie, wie es inzwischen viele in ihrem Dorf gab. Sie hatten eine hübsche Wohnung, gingen einer geregelten Arbeit nach.

Die Kinder gingen in den Kindergarten und in die Schule. Sie grüßten die Nachbarn und hatten mit niemandem Probleme. Ja, sie waren ehrbare Leute. Wie es hinter den Kulissen aussah, wusste niemand. Nicht mal die eigenen Kinder wussten von den Problemen zwischen Mustafa und Ayşe. Geschlagen hat er sie immer nachts und vergewaltigt auch. Aber ihre Schreie waren stumm, die hörte niemand.

Ist es erlaubt, eine jungverheiratete Braut zu schlagen? Die meisten Türken oder Muslime hierzulande finden das in Ordnung. Sie denken: Ja, es ist legitim, weil sie sich an eine neue Lebenssituation anpassen muss. Als Neuankömmling in der Familie soll sie zu einer unterwürfigen und selbstlosen Person erzogen werden (falls dies im Elternhaus nicht schon geschehen ist), damit sie moralische Richtlinien und Tugenden nicht verletzt. Als Frau muss sie die Gabe haben zu schweigen. Schweigen muss sie auch, wenn der Ehemann sie ohne Grund oder aus einem völlig undurchsichtigen Motiv heraus verprügelt. Sie ist ängstlich bemüht, nichts davon nach außen dringen zu lassen, und bestrebt, so zu funktionieren, als ob nichts geschehen wäre.

Die Schwiegertöchter stehen ganz unten in der Familienhierarchie

Die Willfährigkeit gegenüber der neuen Familie ist die erste Pflicht der jungverheirateten Braut. Was der Ehemann oder die Schwiegereltern sagen und vorschreiben, ist ein unumstößliches Gesetz, an das sie sich ohne Widerspruch zu halten hat. Für die Brüder und Schwestern ihres Mannes ist es ebenfalls legitim, die junge Braut zurechtzuweisen, ihr vorzuschreiben, wie sie sich zu verhalten hat.

Nicht selten erfährt sie auch durch die Schwäger und Schwägerinnen Gewalt und Drohungen. Sie wird für alle Schäden oder Verluste verantwortlich gemacht, ist letztlich an allem schuld. Wenn das Essen anbrennt oder versalzen ist, der Tisch nicht rechtzeitig gedeckt ist, wenn die Wäsche nicht sofort gewaschen oder das Haus nicht ordentlich aufgeräumt ist, gibt es nur eine Schuldige – die neue Schwiegertochter bzw. Schwägerin. Schuld ist sie natürlich auch, wenn sie nicht gleich in der

Hochzeitsnacht schwanger wird. Ganz zu schweigen, wenn sie keine Söhne gebiert. Die Liste ihrer Vergehen ist lang. Sie wird misshandelt, erfährt physische Gewalt und hat sich zu beugen. Sie darf ihren Mund nicht aufmachen, sich nicht verteidigen oder gar zur Wehr setzen. Tut sie es doch, kommt das einem kriminellen Vergehen gleich. Es gibt keinen Verstoß, für den die angeheirateten Frauen nicht verantwortlich gemacht werden.

Ayşe war inzwischen in der zehnten Woche schwanger. Sie musste sich also beeilen. Aber von einer Abtreibung wollte Mustafa nichts wissen. Im Gegenteil, er wollte dieses Kind unbedingt haben. Eine der beiden Schwägerinnen stand kurz vor der Abreise nach Istanbul (um eine Schwangerschaft abzubrechen). Ayşe schnitt das Thema wieder an und fragte Mustafa, ob sie nicht doch mitfahren und auch abtreiben solle. Da brach die Hölle los. Er wurde furchtbar wütend, schrie herum und fing an, auf Ayşe einzuschlagen. Mit einem eisernen Griff hielt er sie am Handgelenk fest, seine andere Faust ließ er auf sie niederprasseln. Ayşe versuchte, aus dem Haus zu fliehen. Aber er war schneller, bekam sie an den Haaren zu fassen, zerrte sie zu Boden und schlug wieder auf sie ein. Mit allerletzter Kraft konnte sie aufstehen und sich ihm entwinden. Dann ist sie – so schnell sie konnte – losgelaufen. Nur weg, weg von ihm und seiner Wut.

Türkische Familien holen sehr gern traditionell-muslimisch erzogene Frauen aus der Türkei für ihre Söhne. Sie sind ihren Männern demütig ergeben, stellen keine Fragen, rufen nicht nach einer gleichberechtigten Partnerschaft und erdulden die Gewalt einfach als Teil ihres Lebens. Das verwundert nicht, wenn man weiß, wo sie herkommen. Sie stellen die Weltordnung der Community nicht in Frage, so dass sich ihre Ehemänner auch weiterhin nicht mit der Lebenswirklichkeit in Deutschland auseinandersetzen müssen.

Die Situation der Frau in der Türkei

Die Lebensbedingungen der Frauen in der Türkei sind sehr unterschiedlich. Herkunftsregion, Abstammung und soziale und ökonomische Faktoren spielen hier eine sehr große Rolle. Die Mehrheit der Frauen lebt auf dem Land. Und in Anatolien, egal, ob im Norden, Süden oder Osten, gehören die Frauen zu der am meisten unterdrückten und benachteiligten gesellschaftlichen Gruppe. Von der Gleichstellung der Frau kann hier keine Rede sein.

Laut einem Bericht des UNO-Kinderhilfswerks UNICEF werden in der Türkei jedes Jahr zwischen 600 000 und 800 000 türkische Mädchen – trotz gesetzlicher Schulpflicht – von ihren Eltern nicht in die Schule geschickt. Mit anderen Worten, jedes achte Mädchen geht nicht zur Schule, im Osten und Südosten Anatoliens ist es gar jedes dritte Mädchen. Was den Prozentsatz der weiblichen Schüler angeht, liegt die Türkei sogar noch hinter dem Iran und Syrien. Nach einer Untersuchung des Hacettepe Instituts für Bevölkerungsstudien zu *Bevölkerung und Gesundheit* aus dem Jahr 2003 haben 21,8 Prozent der türkischen Frauen entweder gar keine Schule besucht oder die Volksschule nicht beendet, und nur 17 Prozent haben Abitur oder einen Universitätsabschluss. Der Mangel an Frauenbildung wurde inzwischen als Problem erkannt, und es wird auch versucht, Abhilfe zu schaffen. So hat das Kinderhilfswerk im Jahr 2003 die Kampagne »Haydi kızlar okula!«, was so viel heißt wie: »Auf in die Schule, Mädchen« gestartet. Damit konnten immerhin 40 000 Mädchen mehr in die Schule gebracht werden als in den Jahren davor. Das Programm soll auf weitere Provinzen ausgedehnt und so die Zahl der Schülerinnen auch dort erhöht werden. Doch ein großes Umdenken in der Bevölkerung hat noch lange nicht eingesetzt.

Aber nicht nur die Bildungssituation der Frauen und Mädchen in der Türkei ist desolat. In einer Untersuchung aus dem Jahr 2002 wurden 1598 Frauen in 18 Provinzen der Türkei über ihre Lebensumstände, ihr Konsumverhalten, ihre Werte, ihr Privat- und Arbeitsleben befragt. Das Ergebnis ist erschütternd:

- 69 Prozent verfügen über kein persönliches Einkommen.
- 30,3 Prozent haben Angst vor ihrem Lebenspartner.
- 85,9 Prozent halten die Jungfräulichkeit von Frauen für sehr wichtig und bezeichnen sie als Symbol der Ehre.
- 41 Prozent halten den Mann für die Ehre der Frau für verantwortlich.
- 85 Prozent sind eindeutig gegen ein gemeinsames Leben vor der Ehe.

Die Ehe hat in dem überwiegend muslimischen Land (99,6 Prozent der Bevölkerung sind Muslime) einen sehr hohen Stellenwert. Sie gilt als moralische Verpflichtung eines jeden Muslims. Ehelosigkeit wird vom Islam abgelehnt. In einer Überlieferung heißt es: »Wenn ein Diener Gottes heiratet, erfüllt er die Hälfte seiner Religion.« Dazu passen die Umfrageergebnisse einer Studie der OECD aus dem Jahr 2007, nach dieser waren sieben von zehn jungen Mädchen Hausfrauen:

- 66 Prozent der 25- bis 29-Jährigen haben weder Ausbildung noch Beschäftigung.
- 82 Prozent können nicht mit einem Computer umgehen.
- 72 Prozent der Frauen können nicht schwimmen.
- 65 Prozent gehen nicht zum Frauenarzt.
- bei der Krebsvorsorge gibt es einen Negativrekord: 96 Prozent gehen nicht zur Kontrolle.
- 93 Prozent der Frauen in der Türkei besitzen keinen Pass und haben das Land noch nie verlassen.

Frauen in Anatolien sind ans Haus gebunden. Ihr einziges Unterhaltungsmedium scheint das Fernsehen zu sein. So ist die Beliebtheit von türkischen Serien innerhalb von zwei Jahren von 44 auf 62 Prozent gestiegen. Auch religiöse Programme werden häufiger verfolgt als zuvor.

Vergleichbare Zahlen über die Lebenssituation der türkischen Frauen in Deutschland gibt es nicht. Aber sicher ist, dass die Türkinnen hierzulande ebenfalls schwer Zugang zum sozialen, kulturellen und gesellschaftlichen Leben in Deutschland finden. Das betrifft natürlich vor allem die Importbräute. Selbst der Besuch eines Intensivsprachkurses oder Integrationskurses rettet sie nicht aus ihrer Isolation. Unzählige Türkinnen, seien es diejenigen, die nach Deutschland verheiratet wurden, oder die, die hier geboren wurden, bevorzugen den Rückzug ins ethnische Milieu, weil sie die Kultur des Landes, in dem sie leben, die Sitten und Gebräuche weder verstehen lernen noch akzeptieren. Sie lehnen den westlichen Lebensstil aus kulturellen, religiösen und ethnischen Motiven pauschal ab.

Die familiäre Situation der Importbräute wird meist erträglicher, wenn das erste Kind kommt. Ist es dann noch ein Sohn, so ändert sich auch ihre Stellung innerhalb der Familie. Sie wird plötzlich anerkannt und hat durch ihr Kind einen anderen Wert. Kommt dann noch der glückliche Umstand hinzu, dass ein jüngerer Schwager auf Brautschau ist bzw. schon eine Glückliche gefunden hat, ist seine Braut die neue Fremde, die fortan vom Rest der Familie schikaniert wird.

Bei Ayşe war es anders. Obwohl sie bereits zwei Söhne hatte, und eine neue Schwiegertochter im Haus war, litt sie weiterhin unter der Schikane der Schwiegermutter und den Schlägen des Ehemannes. Ihr Leben änderte sich erst mit der Geburt ihrer Tochter. Als die zwei Zimmer in der elterlichen Wohnung für die Schwiegereltern und Ayşes inzwischen 5-köpfige Familie zu klein wurden, konnte sie ihren Mann überreden, eine eigene Wohnung zu suchen. Aber damit war die Herrschaft der Schwiegermutter noch lange nicht gebrochen.

Es hatte Monate gedauert, bis sich Ayşe – endlich – getraut hatte, den Mund aufzumachen. Sie sagte zu Mustafa, dass es so nicht weiterginge. Sie arbeiteten jetzt beide und verdienten Geld, aber wann immer sie etwas kaufen wolle, müsse sie erst zu *Mutter* gehen und sie fragen. Nicht einmal eigenes Geschirr könnten sie sich leisten. Sie müsse ihm sogar beim Essen zuschauen, weil es nur zwei Teller und zwei Gabeln gab. Er hörte sich alles an, stand auf und ging zu *Mutter*. Dort sprach er ein Machtwort, und am nächsten Tag wurde das Geld tatsächlich getrennt.

Nicht allen gelingt so ein Durchbruch, und schon gar nicht passiert es über Nacht. Ayşe brauchte für diesen Schritt zwölf Jahre. Jahre, in denen sie so viele Schläge, Erniedrigungen und Demütigungen erfahren hatte, bis sie schließlich nicht mehr konnte. Aber sie sollte noch weitere sieben Jahre aushalten, bis sie ihrem Martyrium endlich ein Ende machte und ihren Ehemann verließ. Sie hielt sich monatelang vor ihm versteckt, zog schließlich in eine eigene Wohnung und reichte die Scheidung ein. Sie schaffte es sogar, ihre – nach der Trennung – in die Türkei entführten Kinder zurückzuholen.

Der Ausgang von Ayşes Geschichte ist keineswegs typisch. Die wenigsten türkisch-muslimischen Frauen schaffen es, sich aus den Klauen ihrer Familie zu befreien. Denn die muslimische Frau erträgt alles, erduldet alles. Wenn sie die Ungerechtigkeiten nicht mehr hinnehmen will, hat sie zwar die Möglichkeit, in ihr Vaterhaus zurückzukehren, begeht damit aber ein weiteres schweres Verbrechen. Türkische Sprichwörter besagen: »Eine Tochter verlässt im Brautkleid das Vaterhaus, nur ins Leichentuch gehüllt darf sie es wieder betreten« oder: »Wer keinen Mann hat, hat keinen Platz« (Eri olmayanın yeri olmaz). Das heißt nichts anderes als: Jede Frau braucht einen

Mann als Ernährer und Beschützer. Nicht selten wird sie von den eigenen Eltern wieder zurückgeschickt.

Als ich von Ayşes Geschichte erfuhr, wusste ich sofort, hier ist eine Leidensgenossin, die eine weitere Facette des muslimischen Frauenschicksals erlitten hat. Ihre Peiniger waren die Schwiegermutter und der gewalttätige Ehemann. Ich dagegen wurde jahrzehntelang von meinen eigenen Eltern unterdrückt. Sie bestimmten mein Leben vom Tag meiner Geburt bis zum Tag meiner Flucht. Erst verheirateten sie mich in die Türkei mit einem Mann, den ich nicht kannte und den ich nicht liebte. Dann zwangen sie mich, bei ihm und den verhassten Schwiegereltern zu leben, die ich noch nicht einmal verstand, weil sie die meiste Zeit Arabisch sprachen. Aber das kümmerte meine Eltern wenig, nach der Hochzeitsfeier reisten sie zurück nach Deutschland und überließen mich meinem Schicksal. Nein, nicht dass ich sie vermisst hätte, aber ich vermisste mein altes Leben, meine Schule, meine Träume!

Stattdessen saß ich in einem türkischen Bauernhaus fest und musste wie eine Bäuerin leben und arbeiten. Aber Vaters Arm reichte bis in die Türkei. Monat für Monat schickten meine Eltern Geld, weil mein Mann zu wenig verdiente, oder die Landwirtschaft zu wenig abwarf, oder er zu geizig war – ich weiß es bis heute nicht. Das hat mir nie jemand erklärt. Jedenfalls kauften meine Eltern Kleider für mich und später für die Kinder. Und im Sommer, wenn sie in der Heimat waren, deckten sie uns mit Lebensmitteln ein, bevor sie wieder zurück nach Deutschland fuhren. Obwohl 3000 Kilometer entfernt, bestimmten die Eltern mein Leben – Tag für Tag. Sie ordneten an, wann ich in die Stadt zu ziehen hatte und wann ich zurück auf den Hof der Schwiegereltern musste. Mein Leben war unerträglich. Sieben Jahre lang habe ich meine Eltern jeden Sommer angefleht, einer Scheidung zuzustimmen. Aber das wollten sie nicht. Denn eine Scheidung, so das Argument, verletze ihre Ehre!

KAPITEL 7

Die verlorenen Mütter
und ihre Kinder

Abertausende von jungen türkischen Frauen leben in totaler Abhängigkeit von ihren Eltern, ihrem Ehemann und/oder ihren Schwiegereltern. Nicht selten leben sie in einem großen Familienverband und schuften Tag und Nacht. Sie kochen, putzen, waschen und kümmern sich um die Kinder. Die Mutter bzw. Schwiegermutter hält die Fäden in der Hand und dirigiert ihre »Haussklavin«. Zusätzlich zur Hausarbeit haben die jungen Schwiegertöchter oft noch eine – bezahlte – Beschäftigung außer Haus. Sie gehen in Fabriken, arbeiten in Tag- und Nachtschichten am Band, bei der Verpackung oder in Putzkolonnen. Sie verrichten einfache Arbeiten für wenig Lohn. Aber selbst das bisschen Geld, das sie am Monatsende erhalten, gelangt nicht in ihre Hände. Der Verdienst wird unter Umständen tatsächlich auf ihr Konto überwiesen, aber von dort gleich auf das Konto der Eltern oder Schwiegereltern weitertransferiert.

Das Leben in der Parallelgesellschaft

Viele türkische Frauen leben seit vielen Jahren hier in Deutschland, ohne zu wissen, wie ein Bankautomat funktioniert. Falls sie das Privileg haben, selbst einkaufen gehen zu dürfen, erhalten sie von der Schwiegermutter Geld, das nach dem Einkauf genau abgerechnet werden muss. Manche bekommen auch ein paar Euro Taschengeld. Aber eigenes Geld brauchen sie ohnehin nicht, weil Freizeitaktivitäten nicht stattfinden. Einziges Vergnügen sind die gegenseitigen Besuche. Nach der Arbeit treffen sich die Frauen in den Familien zum Kaffeetrinken und Plaudern, und am Wochenende kommt die Großfamilie zum Essen zusammen. Ein Leben außerhalb der Familie gibt es nicht.

Das war bei mir in der Türkei nicht anders – die Familie bestimmte alles. Während ich hartnäckig an der Scheidung festhielt, verweigerten die Eltern jahrelang ihre Zustimmung. Bis Vater irgendwann dann doch nachgab und sagte: »Nun gut, du darfst dich scheiden lassen.« Da kam Mama in die Türkei und regelte alles. Meine Eltern hatten ja das Geld! Ich hatte kein Einkommen, keinen Beruf, gar nichts. Ich war abhängig von ihnen. Aber selbst wenn ich finanziell unabhängig gewesen wäre, hätte meine Familie dennoch über mich bestimmt. So ist das in der türkischen Gesellschaft. Die Entscheidungen treffen immer die Eltern, auch wenn man längst verheiratet ist; man bleibt deren Kind, solange sie leben.

Nach der Trennung versuchte mein Noch-Ehemann, die Kinder zu bekommen. Er hat wildfremde Männer an meine Wohnungstür geschickt, in der Hoffnung, dass ich aufmache, ohne nachzufragen, um dann behaupten zu können, ich würde Ehebruch begehen. Denn wenn die Frau fremdgeht, nimmt ihr ein türkisches Gericht sofort die Kinder weg. Da ich das wusste, habe ich niemandem die Tür aufgemacht. Ich lebte damals allein mit meinen beiden Kindern.

Irgendwann bestimmte Mutter, dass die Kinder in den Kindergarten müssten. Das war mir recht. Also habe ich für die beiden einen Kindergarten gesucht. Ich selbst wollte arbeiten gehen. Aber das hat Vater nicht erlaubt. Ich hätte ja jetzt keinen Mann, der auf mich aufpasst, der mich bewacht, und deshalb wäre es unschicklich, wenn ich irgendwo arbeiten ginge. Dort wären nur die Männer hinter mir her und würden mich rumkriegen. So naiv, wie ich sei, würde ich sofort mit ihnen ins Bett gehen. Also sollte ich zu Hause bleiben – mit meiner Ehre. Vater sagte: »Sitze daheim, sei sittsam und ehrenhaft. Du bekommst dein Geld und alles, was du brauchst.«

Ich musste mich fügen. Was blieb mir anderes übrig? Ich lebte ohnehin sehr zurückgezogen. Teilweise war diese Isolation auch selbst gewählt. Denn nur so konnte ich nachdenken, was mir sehr gut tat. Natürlich haben meine Nachbarinnen versucht, mich einzuladen. Es ist ja typisch für Türkinnen, dass sie sich an den Nachmittagen treffen. Ich bin selten hingegangen, aber einmal im Monat kamen sie dann zu mir. Meine Oma hat oft gesagt: »Serap, jetzt komm doch mal raus, Kind.« Aber ich habe nur geantwortet: »Lass mich in Ruhe, ich will zu Hause bleiben.« Ich wollte mich in der Türkei nicht integrieren, weil ich innerlich immer wusste, dass ich irgendwann zurück nach Deutschland gehen werde.

Auch hierzulande bewegen sich die Türkinnen in ihrer kleinen Welt, oft ohne ein Wort Deutsch zu sprechen, ohne die deutschen Nachbarn zu kennen. Kontakt haben sie lediglich zur türkischen Gemeinde, deren Mitglieder oft aus dem gleichen Dorf in Anatolien stammen wie sie selbst. Man kennt sich schon aus Kindertagen, ist mit den gleichen Werten und Traditionen aufgewachsen und versteht sich. Dass es außerhalb der Familie oder Sippe noch eine andere Welt gibt, wird nur am Rande zur Kenntnis genommen.

Diese Frauen sind vereinsamt und isoliert. Sie klammern sich vor allem an ihre Kinder. Sie wollen »gute Mütter« sein und hängen emotional sehr an ihren Kindern. Sie sind gute Hausfrauen und managen den Haushalt. Solange sie in ihrem System bleiben, scheint – zumindest nach außen – alles in Ordnung. Aber in dem Moment, wo ihre türkische mit der deutschen Welt aufeinandertrifft, wird es schwierig für sie.

Die zweisprachigen Analphabeten

Einer der Schnittpunkte ist die deutsche Schule, in die ihre Kinder früher oder später kommen. Die wenigsten türkischen Mütter interessieren sich für die Schulbildung ihrer Kinder. Das mag an mangelnden Sprachkenntnissen liegen oder aber, was ich eher befürchte, an der grundsätzlichen Bildungsfeindlichkeit der Migrantenfamilien. Da sie selbst oft keine oder wenig Schulbildung haben, fehlt ihnen die Einsicht, wie wichtig Bildung heutzutage ist.

Gehen wir noch einmal einen Schritt zurück: Wie wir wissen, kamen die türkischen Gastarbeiter der ersten Generation überwiegend aus armen ländlichen Gebieten in Anatolien. Sie waren in ihrer Tradition verwurzelt, aber gleichzeitig fehlte ihnen das Bewusstsein für die eigene Kultur, Religion und Geschichte. Sie bemühten sich auch nicht, ihre Wissens- und Bildungslücken zu schließen. Also reichten die Mütter ihre eigene mangelhafte Bildung an ihre Kinder weiter. Dazu kommt, dass sie selbst oft sehr schlecht Türkisch sprachen, ganz zu schweigen von ihren äußerst mangelhaften Deutschkenntnissen. Und, so viel weiß man inzwischen, Kinder und Jugendliche, die ihre »Muttersprache« weder in Wort noch Schrift gut beherrschen, sprechen in der Regel auch schlechtes Deutsch. Diese Kinder wachsen in unserer Gesellschaft von Anfang an als zweisprachige Analphabeten auf. Ich bin übrigens der Meinung, dass Deutsch die Verkehrssprache der hier geborenen Migranten sein sollte.

Die Durchschnittstürkin kümmert sich also nicht um die schulischen Belange ihrer Kinder. Sie ist auch nicht in der Lage, diese bei der Ausbildung zu unterstützen. Sie kennt die Lehrer ihrer Kinder nicht und betrachtet die Schule ohnehin als absolut unnötig. Selbst manche türkische Tochter, die hier in Deutschland geboren und aufgewachsen ist und die deutsche

Staatsbürgerschaft besitzt, erzieht ihre Kinder nicht anders als die jungen Mütter aus Anatolien.

Als Meryem in die Schule kam, war sie das einzige Mädchen mit Kopftuch, alle anderen Kinder waren normal angezogen. Dazu kam ein Kommunikationsproblem, denn weder das Kind noch die Eltern konnten richtig Deutsch. Außerdem kamen nicht alle Lehrer mit ihrer Kleiderordnung klar. Von den Lehrern wurde sie diskriminiert und von den Schülern gehänselt. Meryem mochte die Schule nicht. Mit der Zeit bekam sie immer mehr Probleme mit ihren Mitschülern, denn sie hatte ein fest gefügtes Weltbild: Sie war die »Ausländerin«, und die Deutschen wollten sie hier nicht haben, weil sie alle Nazis waren und noch dazu Christen. Das war ihre Meinung in der Grundschule, und das zeigte sie auch. Entsprechend schlecht ging es ihr dort. Als sie die Grundschule verließ, konnte sie immer noch nicht richtig Deutsch, aber immerhin schaffte sie es auf die Realschule.

Meryems Schulkarriere ist noch glimpflich abgelaufen. Das Mädchen, das in einer streng religiösen Familie aufwuchs, wachte irgendwann auf und konnte sich befreien. Nach harten Kämpfen verließ sie ihr Elternhaus. Sie zog in eine andere Stadt, machte auf dem zweiten Bildungsweg das Abitur nach und begann zu studieren. Für die meisten türkischen Kinder geht es nicht so gut aus – sie verlassen die Schule oft ohne Schulabschluss. Sie finden keinen Ausbildungsplatz und landen früher oder später in irgendeiner Fabrik auf einem Hilfsarbeiterposten – sie sind die Verlierer des deutschen Bildungssystems.

Dr. Ertekin Özcan von FÖTED – Föderation türkischer Elternvereine bringt es auf den Punkt: »Über 60 Prozent der Schülerinnen und Schüler türkischer Herkunft haben keine bzw. sehr geringe Berufsbildungschancen. Von den ca. 550000 Schülern türkischer Herkunft verlassen ca. 20 Prozent die Schule ohne Abschluss, über 40 Prozent mit einem einfachen Hauptschulabschluss. Gerade neun Prozent erreichen die Hochschulreife. Ihre Erziehungs-, Bildungs- und außerschulischen Schwierigkeiten gehören immer noch zu den größten Problemen der türkischen Minderheit in der Bundesrepublik.«

Die Benachteiligung von türkischen Kindern im deutschen Bildungswesen hat meiner Meinung nach aber kaum mit ihrem Migrationshintergrund zu tun. Es liegt eher an der Bildungsfeindlichkeit der Eltern. In vielen türkischen Elternhäusern ist die Botschaft immer noch nicht angekommen, dass Eltern ihre Kinder auf die Schule bzw. das Berufsleben vorbereiten, sie begleiten und ihnen immer wieder motivierend zur Seite stehen müssen. Stattdessen wird ein längerer Schulbesuch nicht gern gesehen und auch nicht gefördert. Immer noch gilt: Die Söhne müssen hart arbeiten, früh heiraten und eine Familie gründen. Die Töchter sollen im Haushalt helfen, weil sie schließlich irgendwann Mütter und Hausfrauen sein werden.

Die türkischen Eltern entziehen sich also ihren elterlichen Pflichten. Sie schieben die Schuld für die schlechte Bildung und die Sprachdefizite ihrer Kinder auf das deutsche Schulsystem. Dass sie selbst mit ihren fehlenden Deutschkenntnissen, der Unkenntnis eben jenes Schulsystems, ihrer Arbeitslosigkeit und sozial schwachen Stellung dafür verantwortlich sind bzw. erheblich dazu beitragen, sehen sie nicht. Dr. Ertekin Özcan bemerkt: »Vor zwanzig Jahren verließen etwa 50 Prozent der Schülerinnen und Schüler türkischer Herkunft die Schule ohne Abschluss. Sie sind inzwischen Eltern geworden. Etwa die Hälfte der Eltern türkischer Herkunft ist weder sprachlich noch sozial dazu in der Lage, sich um ihre Kinder zu kümmern. Sie können sich weder in Deutsch noch in Türkisch artikulieren.« Das heißt aber nicht, dass alle Türken bildungsfeindlich sind. Eine Minderheit schafft es immerhin auf die deutschen Hochschulen.

Ganz anders ist es in der Türkei. Dort ist das Bildungsbewusstsein stark ausgeprägt. Das betrifft allerdings oft nur die Söhne und da auch nur die ältesten. Selbst viele Bauern- und Arbeiterfamilien mit niedrigen Einkommen versuchen, ihren Söhnen so viel Bildung wie möglich angedeihen zu lassen. Auch wenn sie in den Armenvierteln der Großstädte, den so genannten *Gecekondus*, leben und oft für einen Hungerlohn arbeiten, sparen sie doch jeden Cent und investieren ihn in die Ausbildung ihrer Kinder. Denn im Gegensatz zu Deutschland, wo ein Großteil der Kosten vom Staat übernommen wird, ist die Schulausbildung in der Türkei sehr teuer.

Zwar ist der Schulbesuch in fast allen staatlichen Schulen ebenfalls kostenlos, aber die Eltern müssen Bücher und andere Schulmaterialien selbst bezahlen. Dazu kommen noch die Kosten für den täglichen Transport zur Schule und zurück sowie die Verpflegung und die vom Schulgesetz vorgeschriebene Uniform. Die Klassen sind hoffnungslos überfüllt, worunter die Qualität des Unterrichts leidet. Deshalb sind die Eltern, die Wert auf eine gute Ausbildung legen, gezwungen, zusätzlich zum Schulunterricht teuren Privatunterricht, den *Dershane*, zu bezahlen.

Bildung in der Türkei ist also immer auch eine Geldfrage. Um zu verdeutlichen, was ich meine, hier ein kleiner Exkurs in meine alte Heimat: Die Aufnahme- und Zugangsvoraussetzungen zum Studium ist neben dem *Lise Diploması* (allgemeine oder fachgebundene Hochschulreife) das Bestehen einer Hochschulaufnahmeprüfung. Diese wird von der zentralen Vergabestelle für Studienplätze (ÖSYM) durchgeführt und findet – landesweit – nur einmal im Jahr statt. Etwa 1,5 Millionen Schüler nehmen an der Prüfung teil, aber nur ca. 300 000 bestehen sie. Daraus lässt sich schließen, dass der reguläre Unterricht nicht genügt und die überwiegende Mehrheit das nötige Geld für eine Erfolg versprechende Prüfungsvorbereitung nicht aufbringen kann. Viele Eltern können es sich schlicht nicht leisten, ihren Kindern ein Hochschulstudium zu ermöglichen. So wird aus Kostengründen oft nur einem Kind, in der Regel dem ältesten Sohn, der Besuch einer staatlichen Hochschule finanziert. Die anderen Kinder werden mit 14 Jahren, nach der achtjährigen Schulpflicht, ins Arbeitsleben eingegliedert. Nicht selten arbeiten sie als Hilfsarbeiter, Lagerhelfer oder als Teeboy. Manche steigen in die traditionelle betriebliche Ausbildung auch ohne Schulbesuch ein und verdienen etwa sieben bis zehn Euro in der Woche. Mit anderen Worten: Das Recht auf Bildung bleibt in der Türkei auf der Strecke. Denn die Kinder, die das Abschlussdiplom der Sekundarschule *Lise Diploması* erwerben und die Hochschule besuchen möchten, sind – wieder – ausschließlich auf die Eltern angewiesen. Und gemessen am Durchschnittseinkommen eines Arbeiters oder gar Bauern ist dies oft unbezahlbar.

Türkische Kinder sind die Verlierer des deutschen Bildungssystems

Anders als in der Türkei unterstützt der deutsche Staat Jugendliche bei der Ausbildung bzw. beim Studium durch Zuschüsse, Darlehen oder Stipendien, sofern sie dies nicht aus eigener Kraft finanzieren können. Es macht mich daher einfach nur wütend, wenn in vielen türkischen Familien in Deutschland die Schulausbildung der Kinder nicht gefördert wird. Statt ihren Kindern den Zugang zur Bildung zu ermöglichen – die sie ja fast nichts kostet – werden diese auf eine Zukunft am Fließband in der Fabrik vorbereitet. Die Zahlen sprechen eine klare Sprache, wie die des Statistischen Landesamtes Baden-Württemberg für 2004/05 eindeutig belegen: Danach besuchten 60 % aller Schüler mit Migrationshintergrund Hauptschulen und Realschulen und nur 22 % Gymnasien (16 % sonstige

Schulen). Aufgeschlüsselt nach Nationalitäten zählen die türkischen Kinder eindeutig zu den Verlierern. Mit einem Anteil
von knapp 70 % bilden sie die größte Gruppe der Hauptschü-
ler ausländischer Herkunft. Ihr Anteil in den Gymnasien lag
bei 10 %, während 22 % die Realschule besuchten.

Besonders bedenklich finde ich in diesem Zusammenhang
auch, dass der Anteil der türkischen Schüler in deutschen Son-
der- und Förderschulen besonders hoch ist. In den Jahren
2001–2002 waren fast 15 Prozent der Sonderschüler türkischer
Herkunft. Es klingt fast paradox, aber selbst die bildungsfeind-
lichen Türken empfinden es hierzulande als Stigma, wenn das
eigene Kind in eine Sonderschule wechseln soll. Und die meisten türkischen Eltern fühlen sich diskriminiert. Sie vermuten
rassistische oder religiöse Motive für die schulische Degra-
dierung ihrer Kinder. Zwar erleben auch deutsche Eltern den
Förderschulstatus als beschämend, doch es sind vor allem türkische Eltern, die sich heftig zur Wehr setzten, wenn es ihnen
empfohlen wird, ihre Kinder in die Sonderschule zu schicken.
Nicht selten verhalten sich Mitglieder türkischer Familien gegenüber Lehrern und Schulleitern dann äußerst feindselig und
aggressiv. Sie befürchten den Verlust von Selbstachtung und
Status innerhalb ihrer Gesellschaft. Tatsächlich werden sie von
den eigenen Landsleuten deswegen häufig verspottet und diskriminiert. Gerade unter den Türken werden Kinder in Sonderschulen als »Behinderte« oder gar als »Geisteskranke« stigmatisiert. Demzufolge wird der Besuch einer Förderschule nicht
selten als Familiengeheimnis gehütet. Speziell für ihre Töchter
empfinden die türkischen Eltern den Förderschulstatus als ab-
träglich. Denn dadurch sinken ihre Heiratschancen im eigenen
kulturellen Umfeld beträchtlich.

Die Ursachen für den schulischen Abstieg aber sehen die Eltern
nicht in ihren eigenen Bildungsdefiziten, sondern machen allein
ihre Kinder dafür verantwortlich. Nicht selten werden diese

Kinder von ihren Eltern zu Hause bestraft oder beschimpft. Man wirft ihnen vor: »Du bist ein Nichts! Aus dir wird sowieso nichts!« Oder man bezeichnet sie ganz einfach als »dumm«. Oft werden diese Kinder dann von ihren Eltern unter dem Vorwand, sie müssten zu Hause mithelfen oder kleinere Geschwister betreuen, unregelmäßig oder gar nicht zur Schule geschickt. Um diesem angeblichen gesellschaftlichen Makel und der sozialen Stigmatisierung zu entgehen, schrecken manche Eltern nicht einmal davor zurück, die Kinder in den Schulferien zu nahen Verwandten in die Türkei zu bringen und dort zurückzulassen. Das gilt natürlich vor allem für die Töchter. Sie werden erst dann wieder interessant, wenn sie ins heiratsfähige Alter kommen.

KAPITEL 8

Die türkischen Söhne –
auf der Suche nach einer Identität

Mehr als 40 Prozent der hier lebenden Türkinnen und Türken betrachten Deutschland nicht als ihre Heimat, obwohl sie hier geboren und aufgewachsen sind. Danach gefragt, antworten sie fast unisono, ihre Heimat sei die Türkei und Türkisch ihre Muttersprache. Das sagen sie im Übrigen auch, wenn sie die Heimat ihrer Eltern nur aus dem Urlaub kennen.

Es war im Sommer 2004. Nach einem Spaziergang am Fluss saßen mein Mann und ich auf einer Bank und blickten aufs Wasser. Hier konnte ich mich am besten entspannen. Nach ein paar Minuten kamen zwei türkische Jungen im Alter von etwa zehn Jahren auf ihren Fahrrädern angefahren. Wir unterhielten uns bald alle vier angeregt über das Leben in Deutschland. Als es um die Zukunft ging, fragte ich einen der beiden: »Sag, hast du dir schon Gedanken darüber gemacht, in welchem Land du deinen Militärdienst leisten möchtest?«

»Natürlich in der Türkei, was hast du denn gedacht?«, antwortete er ohne zu zögern und fuhr fort: »Ich bin doch nicht blöd! Ich geh doch nicht zum Militär bei den Deutschen, um meine muslimischen Brüder zu erschießen.«

Ich erschrak über seine selbstbewusste Art und fragte, wie er auf die Idee käme, dass die Deutschen dies von ihm fordern könnten. »Das hat mein Vater gesagt, und der hat es im Fernsehen gehört«, antwortete er prompt.

Es war ganz klar für mich, dass der Junge die Meinung seines Vaters vertrat und diese nicht hinterfragte. Im weiteren Ge-

spräch erfuhr ich, dass er in Deutschland geboren wurde und
bisher zweimal in der Türkei war. Als ich ihn fragte, aus welcher Stadt seine Eltern nach Deutschland eingewandert waren,
konnte er mir keine Antwort geben. Dagegen kam die Antwort
auf die Frage nach der doppelten Staatsbürgerschaft wie aus
der Pistole geschossen: »Ne, ne – niemals!« Dann fuhr er fort:
»Ich bin ein stolzer Moslem und Türke, ich ehre und glaube
nur an Allah, *elhamdülillah**.«

Diese abweisende Einstellung gegenüber der deutschen
Staatsbürgerschaft rief mir ein anderes Gespräch in Erinnerung. Ich hatte es vor nicht allzu langer Zeit mit einem von
mir betreuten türkischen Mädchen, das von einer Heiratsver-
schleppung in die Türkei bedroht war, geführt. Bei einem persönlichen Beratungsgespräch fragte ich sie, ob sie die deutsche Staatsbürgerschaft habe. Sie war zusammengezuckt und
teilte mir mit, dass sie diese niemals beantragen werde, weil
sie mit einem deutschen Pass nicht mehr in die Türkei reisen
könne. Ich war verblüfft, wieso ein 17-jähriges Mädchen, das
in Deutschland aufgewachsen war, den Realschulabschluss in
der Tasche hatte und zu jener Zeit gerade eine Ausbildung als
Rechtsanwaltsgehilfin machte, so schlecht informiert war.

Ähnlich hatte der kleine Junge vom Fluss argumentiert. Auch
er erzählte mir, dass ein deutscher Pass ihn hindern würde,
»nach Hause«, in die Türkei, zu fahren. Als ich ihn fragte, woher er das wisse, antwortete er sehr bestimmt: »Das hat mir
mein Hoca in der Moschee erzählt.«

»Du gehst in den Korankurs?«, hakte ich nach.

»Ja, jedes Wochenende, von Freitag bis Sonntag. Meine Geschwister gehen auch hin.«

»Weißt du, was der Kurs kostet?«

»Mein Vater hat mal mit mir geschimpft, weil ich meine

---

* *Elhamdülillah* ist ein Ausdruck des Bekenntnisses zum Islam. Wort-
wörtlich übersetzt heißt das: »Allah sei Dank«.

Hausaufgaben nicht gemacht hatte. Daraufhin hatte sich der Hoca beim Freitaggebet bei meinem Vater beschwert. Er wurde wütend und sagte zu mir: ›Ich zahle 50 Euro pro Wochenende für jeden von euch, damit ihr unsere Religion kennenlernt und euch nicht von uns entfremdet, unsere Herkunft nicht vergesst, und was machst du? Du vagabundierst herum und kümmerst dich nicht um die Hausaufgaben.‹« Der Junge lachte verlegen, während er das erzählte.

»Schlägt der Hoca dich manchmal?« fragte ich schließlich.

»Ja, schon. Aber nicht nur mich! Er schlägt uns alle, wenn wir den Koran nicht richtig lesen. Wir können aber kein Arabisch und machen noch Fehler. Immer wenn wir ein arabisches Wort falsch vorlesen, bestraft er uns mit der *falaka**.«

»Hast du deinem Vater gesagt, dass ihr der Folter der *falaka* ausgesetzt seid?«

»Ja! Aber Vater gibt ihm Recht und sagt, ich solle ihm gehorchen. Ein Hoca sei ein Geistlicher, ein Lehrer und eine Respektsperson. Es wäre eine Sünde gegen Allah, wenn wir dem Hoca nicht mit Respekt begegneten.« Dabei lachte er wieder, diesmal fast ein wenig schelmisch.

»Willst du, dass ich mit deinem Vater darüber rede?«

»Nein, wieso? Er ist doch unser Hoca, er lehrt uns ja nur, dass wir als Muslime unseren Pflichten nachkommen.«

Der Junge konnte die helfende Hand, die ich ihm reichte, nicht ergreifen.

Die Kinder werden dazu erzogen, sich schuldig zu fühlen. Es wird ihnen eingeredet, dass sie selbst Schuld an der erfahrenen Gewalt hätten. Demütigen, Drohen, Angstmachen, Liebesentzug, Isolieren und Schlagen – das gehört zum Alltag vieler Migranten-Kinder. Und das alles nur, weil die Eltern – angeblich – immer nur das Beste für ihr Kind wollen. Diese repressive Erziehung basiert auf der Einstellung, dass alle

---

* Die *falaka* ist ein Knüppel, mit dem man auf die Fußsohlen schlägt.

Kinder von Grund auf schlecht sind und schon unartig und gefährlich zur Welt kommen. Dementsprechend muss man sie züchtigen und maßregeln. Das aber darf in der Familie nur einer – der Vater. Er ist allmächtig und steht für den in der türkischen und muslimischen Gesellschaft stark ausgeprägten Machismo.

Der türkische Vater ist der *Herrscher über Leben und Tod*. Und er, der Patriarch, macht die religiös-feudalen Strukturen zur erstrebenswerten Lebensart. Und so erzieht er auch seine Söhne. Sind sie aufsässig, werden sie – falls nötig – durch das väterliche Züchtigungsrecht auf Linie gebracht.

Beschneidung – die Aufnahme in die Männergesellschaft

Seit ihrer frühesten Kindheit erleben türkische Jungen am eigenen Leib eine Mischung aus liebloser, sadistischer Erziehung und militärischem Drill. Wie bei einer Gehirnwäsche wird ihnen suggeriert, dass sie harte, kompromisslose, unempfindliche Männer werden müssen. Die Aufnahme in die Männergesellschaft wird durch ein eigenes Ritual besiegelt – die Beschneidung. Obwohl nicht im Koran erwähnt, wurde die Beschneidung vom Propheten Mohammed in die islamische Tradition (Sunna) aufgenommen und hat sich als wichtiger islamischer Brauch etabliert. Die Mehrheit der Muslime betrachtet es als religiöses Gebot, und es gibt kaum einen muslimischen Vater, der sich dieser Pflicht entzieht. Obwohl für die Beschneidung weder ein bestimmtes Datum noch ein bestimmtes Alter vorgegeben ist, werden die meisten Jungen vor der Pubertät beschnitten. Der Eingriff erfolgt in der Regel ohne Narkose oder nur unter örtlicher Betäubung und wird meist durch den Barbier, den *sünnetçi* (Beschneider), manchmal auch von einem Arzt, durchgeführt. Die Mehrheit der türkischen Männer glaubt übrigens, dass die Beschneidung die sicherste Maßnahme zur Verhütung von Geschlechtskrankheiten bei Männern sei, gleichzeitig fördere die Beschneidung die männliche Fortpflanzungsfähigkeit und Dynamik während des Geschlechtsaktes. Außerdem sind viele Väter der Ansicht, dass ihre beschnittenen Söhne auch gegen Homosexualität und Bisexualität immun seien, die sie als Krankheit betrachten. Eine echte Sunna-Beschneidung (türkisch: *sünnet*) ist die Einführung des Jünglings in die Welt der Männer. Während der Zeremonie liest der Imam aus dem Koran und betet für das Glied des Jünglings, damit er zum Mann und vollständigen Muslim wird. Damit eifert er dem Propheten Mohammed nach.

Die Beschneidungszeremonie ist ein wichtiges gesellschaftliches Ereignis und wird in vielen Familien als großes Fest gefeiert. Alle Familienmitglieder, Freunde und Bekannte werden dazu eingeladen. Der Übergang in die Männerwelt wird so aufwändig wie eine Hochzeit gefeiert. Der Junge wird festlich gekleidet, in der Hand hält er einen Marschallstab, und auf dem Kopf trägt er eine Krone. Der kleine Prinz bekommt große Aufmerksamkeit und wird mit Süßigkeiten und Geschenken über den erlittenen Schmerz hinweggetröstet. Nach der Feier sehen die kleinen Muslime sehr glücklich und erleichtert aus, denn sie wissen, sie haben es geschafft und die erste Prüfung bestanden. Gleich beim Eintritt in die *Männerwelt* wird ihnen die erste Lektion erteilt: Echte Männer weinen nicht und empfinden keinen Schmerz. Ein Unbeschnittener würde Schande über sich und die Familie bringen.

Ein vergleichbares Ritual für Mädchen und ihren Eintritt ins Erwachsenenleben gibt es nicht. Dabei erlebt jedes Mädchen mit der ersten Menstruation eine ganz natürliche Initiation in die Welt der Frauen. Anstatt die erste Regelblutung als Kraftakt und Quelle weiblicher Stärke, Sexualität und Fruchtbarkeit zu feiern, bleibt den Mädchen Unwissenheit und Scham. Das Mädchen Ayşe zum Beispiel berichtet, wie sie von ihrer ersten Periode völlig unvorbereitet überrascht wurde. Sie war aufs Klo gegangen, als sie plötzlich feststellte, dass ihre Unterhose blutig war. Sie wusste nicht, was das war! Würde sie jetzt sterben? Viele verwirrende Gedanken schossen dem Mädchen durch den Kopf, aber es fand keine schlüssigen Antworten. An wen sollte sie sich wenden? Die Tante konnte sie nicht fragen, das wäre ihr peinlich gewesen. Ein Glück, dass sie bald nach Hause fahren würde. Aber das war keine große Hilfe, denn mit der Mutter konnte sie auch nicht darüber sprechen. Über solche Dinge reden Mütter und Töchter nicht! Ayşe fing also an zu überlegen, wie sie dieses Blut stoppen konnte. Bis sie schließlich in einer der Rumpelkammern ein paar Stofffetzen fand, sie in Stücke riss und in die Unterhose legte. Später, als sie voller Blut waren, wusch sie heimlich aus und hängte sie auf dem Dachboden zum Trocknen auf.

Während die jungen Mädchen mit Beginn der Pubertät sich am liebsten unsichtbar machen und in Sack und Asche kleiden würden, findet bei den Jungen genau das Gegenteil statt. Die heranwachsenden Paschas werden als führende und eigenständige Männer anerkannt. Auf den Straßen bewegen sie sich wie aufgeblasene (Macho-)Hähne, die sich selbst wie eine Art *orientalische Herrscher* wahrnehmen. Von den Erwachsenen werden sie zum Boxen, Ringen und anderen Kampfsportarten ermutigt und aufgefordert.

Hoch lebe unser Mehmetçik!

Jeder türkische Jüngling wartet sehnsüchtig auf den Tag, an dem er sein Mannsein unter Beweis stellen kann – die Einberufung zur Armee. Denn dann kann er – endlich – seine Pflicht vor Allah und dem Vaterland erfüllen. Mit 18, 19 Jahren werden sie zu *Mehmetçik*, kleinen Mehmets, so nennen die Türken ihre Soldaten. Die Türken verstehen den Militärdienst als Vorbereitung auf ein aktives, selbstbestimmtes, soziales Leben des jungen Mannes – die Armee sozusagen als *Schule der Männlichkeit*. Wer sich vor dem türkischen Militärdienst drückt, seiner Pflicht dem Vaterland gegenüber nicht nachkommt, gilt als gottloser Abtrünniger und Staatsfeind Nr. 1. Er gilt schnell als *Softie,* der sich hinter einem Frauenrock versteckt. Sein Wort hat in der Männergruppe kein Gewicht. Zur Strafe bekommt er weder Arbeit noch eine Braut.

Eine weit verbreitete Überzeugung lautet: Um ein richtiger Mann zu sein, müssen die kleinen Mehmets ihre produktivsten Jahre dem Vaterland opfern. Ohne monatelang jeden Morgen mit 30 Kilo Gepäck auf dem Rücken kilometerweit durch die dichtesten Wälder und die steilsten Hügel hinaufmarschiert zu sein und dabei die Parolen »Her Türk asker doğar, asker ölür!« (Jeder Türke wird als Soldat geboren und stirbt als Soldat), »Märtyrer sind unsterblich«, »Das Mutterland ist unteilbar« skandiert zu haben, werden sie nicht als vollwertige Mitglieder in die *Bruderschaft der wahren Männer* aufgenommen.

Für die Mehrheit der türkischen Mütter ist es beschämend, wenn ihre Söhne den Dienst an der Waffe verweigern. Die Mütter, deren Söhne für das Vaterland (das in der Türkei übrigens »Mutterland« heißt) kämpfen, sagen stolz: »Als ein türkischer Mann bist du verpflichtet, dem Mutterland zu dienen. Ich habe dich für das türkische Mutterland geboren.« Selbst die Gefahr, dass ihre Söhne getötet werden, veranlasst sie zu keiner anderen Aussage als »Allah büyüktür (Allah ist groß)«. Nach ihrer Rückkehr aus dem aktiven Militärdienst sollen die kleinen Mehmets eine gewisse Reife und Stabilität des Bewusstseins erreicht haben, die Grundlage für die sittliche Berechtigung jeder Autorität. Jetzt steht der Junge in seiner vollen Blüte, er wurde zum perfekten Mann geformt. Diese Ehre verdankt er der türkischen Armee und seinen Eltern.

So wachsen die Söhne langsam in die Rolle ihrer Väter hinein. Sie sind Patrioten und stolz darauf, Türke und Moslem zu sein. Mit ihrem Selbstbild mögen sie zu Hause, in der Türkei, gut zurecht kommen. Hier in Deutschland geraten sie damit allerdings schnell in Konflikte. Die türkische Armee ist weit weg, und das Machogehabe kommt bei den Deutschen nicht so gut an. Außerdem sind die wenigsten jungen Türken in der deutschen Gesellschaft wirklich angekommen. Sie fühlen sich als Außenseiter und viele von ihnen sogar als Versager. Kein Wunder also, dass viele türkische Jugendliche einen regelrechten Deutschenhass entwickeln.

Sie schließen sich zu Gangs zusammen, treiben sich herum und terrorisieren ihre Umwelt. Oft haben sie weder einen Schulabschluss noch einen Ausbildungsplatz und stehen am Rand der Gesellschaft. Sie sprechen ihre eigene Sprache, die Kanakensprache – eine Mischung aus Deutsch und Türkisch, und sie hassen die Deutschen. Ein trauriges Beispiel für die Außenseiterposition vieler ausländischer Jugendlicher sind die Vorkommnisse an der Rütli-Schule in Berlin im Frühjahr 2006. Sie ist zu einem Symbol dafür geworden, dass die Integration der in Deutschland geborenen türkischen und arabischen Kinder alles andere als reibungslos verläuft. Als sich das Lehrerkollegium wegen der sich häufenden Gewalttaten unter Schülern Hilfe suchend an die Schulaufsicht wandte, schlug das ein wie eine Bombe. Tagelang gingen der Aufschrei der Lehrer und die Hilflosigkeit der Behörde durch die Presse. Die Hauptschule, die im Problembezirk Neukölln liegt und zur überwiegenden Mehrheit von ausländischen Kindern besucht wird, sei nicht mehr sicher – weder für die Schüler noch für die Lehrer. Nun sollten Polizisten gewährleisten, dass die Schüler wenigstens keine Waffen in den Unterricht mitbrachten und dass es auf dem Schulhof keine Ausschreitungen mehr gab. Gleichzeitig kündigte der Berliner Bildungssenator Klaus Böger an, dass die Lehrer in Zukunft von Sozialarbeitern und Schulpsychologen unterstützt werden sollten. Das war schon seit langer Zeit eine Forderung des Kollegiums gewesen.

Der Brief der Schulleitung, der in der Presse veröffentlicht wurde, informierte auch über die Zusammensetzung der Schülerschaft, die sich in den letzten Jahren sehr verändert hatte. So war der Anteil der Schüler und Schülerinnen mit arabischem Migrationshintergrund auf inzwischen 34,9 Prozent angewachsen, dicht gefolgt von 26,1 Prozent Schülern mit türkischem Migrationshintergrund. Der Gesamtanteil der Jugendlichen nichtdeutscher Herkunft betrug 83,2 Prozent. Deutsche Schüler waren in dieser Schule eine Minderheit und wurden von den rivalisierenden ethnischen Gruppen verspottet.

Die Rütli-Schule war bzw. ist eine der wenigen Schulen, die ihre Probleme an die Öffentlichkeit trug. Gleiche oder ähnliche Vorgänge wie in Berlin passieren auch an anderen Schulen Deutschlands. Denn hinter der Fassade der Schein-Integration verbergen sich massive Probleme, die nicht selten in Gewaltausschreitungen zu Tage treten. Und die Schulen müssen die Folgen tragen. Lehrerinnen und Lehrer können – trotz höchsten Engagements – die an sie weitergereichten Probleme nicht lösen. Nicht weil sie nicht wollen, sondern weil die Probleme zu komplex und von der Institution *Schule* allein nicht zu lösen sind. Es wäre auch fatal, alles Heil von Schulen und Lehrern zu erwarten.

Sind türkische Jugendliche zwangsläufig gewalttätig?

Die Verhaltensauffälligkeit türkischer Jugendlicher war in der deutschen Öffentlichkeit lange kein Thema. Erst in jüngster Zeit hört man häufiger, dass die türkischen oder arabischen Kinder und Jugendlichen auffällig, gewaltbereit und aggressiv seien. Sie grenzen sich selber aus, haben Sprach- und Integrationsprobleme. Dennoch verschloss bzw. verschließt die Politik die Augen vor der seit Jahren bekannten Problematik.

Aber diese Jungen (und auch Mädchen) haben oft keine andere Wahl. Sie versuchen, die Gewalterfahrungen durch den Vater – die verbale wie die körperliche – als Teil seiner väterlichen Rechte und Pflichten zu verteidigen. Die erfahrene Gewalt endet aber nicht im Elternhaus, die älteren männlichen Familienmitglieder amtieren ebenfalls als Erzieher, deshalb sind auch sie verpflichtet, für die Entwicklung einer männlichen Identität bei den Söhnen in der Familie Sorge zu tragen. Viele dieser Jugendlichen kennen keine anderen Konfliktlösungsstrategien als Gewalt, weil ihre Väter und die übrigen männlichen Familienmitglieder unfähig sind, Streit und Konflikte friedlich zu lösen. Ihre ganze Kindheit und Jugend hindurch haben sie erfahren, dass fast jede Auseinandersetzung mit der Faust geregelt wird. Solche Erziehungspraktiken tragen natürlich nicht unerheblich zur Entstehung der Straßen- und Schlägerkarrieren vieler türkischer Jugendlicher bei.

Ende 2007 gerieten gewalttätige ausländische Jugendliche wieder in die Schlagzeilen. Einer der Schauplätze war München. Dort verprügelte eine Gruppe Jugendlicher zwei 22-jährige Männer, die mit Kopfverletzungen im Krankenhaus behandelt werden mussten. Drei mutmaßliche Täter – zwei Palästinenser und ein Iraker im Alter von 16 und 17 Jahren – wurden festgenommen. Gegen den 16-Jährigen erging Haftbefehl. Die beiden 17-Jährigen wurden wieder auf freien Fuß gesetzt. In den darauf folgenden Wochen kam es zu weiteren Gewalttaten im Münchner U- und S-Bahn-Bereich. Am 20. Dezember 2007 etwa wurde ein Pensionär von einem 20-jährigen Türken und einem 17-jährigen Griechen in einer U-Bahn-Station lebensgefährlich verletzt. Er hatte sie gebeten, in der U-Bahn nicht zu rauchen. Eine Woche später griffen Jugendliche mit Schlägen und Tritten zwei Passanten in einer U-Bahn-Station an und verletzten sie leicht. Gegen drei 16 und 17 Jahre alte Tatverdächtige aus Deutschland, Serbien und Kroatien wurde Haftbefehl erlassen. Nur zwei Tage danach verprügelten jugendliche Angreifer drei Männer, die sich über zu laute Musik beschwert hatten. Gegen zwei der drei mutmaßlichen Täter – zwei Türken – erging Haftbefehl.

Warum sind es immer wieder Jugendliche mit Migrationshintergrund, die im Zusammenhang mit Gewalt auffallen? Was ist schief gelaufen? Das liegt meiner Meinung nach daran, dass sie in der deutschen Gesellschaft nicht wirklich angekommen sind, sich nicht integriert haben. Die Gründe hierfür sind vielschichtig. Einmal sind da die türkischen Eltern, die an den Werten und Traditionen der Heimat festhalten und ihre Kinder genauso erziehen, wie sie selbst erzogen wurden. Sie pochen auf Strenge, Gehorsam und Konsequenz, was – aus meiner Sicht – eine ständige Feindseligkeit zwischen Kindern und Eltern schafft. Wenn Eltern ihre Kinder lieblos erziehen, sie zum Gehorsam zwingen und verängstigen, führt das zwangsläufig dazu, dass die Kinder sich und ihr Erleben verleugnen. Dadurch, dass sie sich ständig den Erwachsenen unterordnen müssen, trauen sie sich nicht, ihren eigenen Willen zu formulieren. So wird dem Kind – nonverbal – die Botschaft vermittelt, dass es selbst nichts wert ist.

Individualität ist in vielen türkischen Familien nicht erwünscht, und eigenständiges Denken wird nicht gefördert. Im Gegenteil, von den Kindern werden Anpassung und Unterwerfung verlangt. Die meisten Eltern lehnen es ab, dass ihre Kinder Fragen stellen und ihre Meinung äußern. Auch sind sie nicht bereit, die eigenen Erziehungsmethoden zu hinterfragen. Die Interessen der Kinder werden nicht berücksichtigt. Sie können weder mitreden noch mitgestalten, geschweige denn mitbestimmen. In die Jugend wird kein Vertrauen gesetzt, Kinder werden nicht als Partner angesehen.

Die Botschaft der Eltern ist klar: Nur wer sich an die vorgegebenen Regeln hält und sich anpasst, wer die ihm zugewiesene religiöse und traditionelle Geschlechterrolle annimmt, kann und darf auf Respekt hoffen. Das Leben in den geteilten Welten der Geschlechter – die Männer in der Männerwelt, die Frauen in der Frauenwelt – ist streng reglementiert. Wer aus der ihm zugedachten Rolle fällt bzw. sich weigert, sie zu übernehmen, wird streng bestraft. Viele türkische und arabische Jugendliche haben extreme Identitätsprobleme und Hemmnisse bei der Selbstfindung. Dieses Konfliktpotential kann zu Verhaltensstörungen, Schulversagen, Gewalt, aggressivem Verhalten, Suchtproblemen, sozialer Isolation bis hin zum Abgleiten in die Kriminalität oder zum Suizid führen.

KAPITEL 9

Das Kopftuch ist mehr als ein Stück Stoff

Zurück zu den Mädchen und Frauen. Das weibliche Geschlecht soll in Schach gehalten werden, das ist das wichtigste Ziel in der patriachalisch geprägten islamischen Gesellschaft. Ein geeignetes Mittel dazu ist – ohne Zweifel – das Kopftuch! Es ist das wohl umstrittenste Stück Stoff unserer Zeit, auch hierzulande. Seit Jahren erhitzen sich die Gemüter über das Für und Wider der muslimischen Kopfbedeckung von Frauen. Dieser Streit wurde auch in der Türkei entfacht. Anfang 2008 hatte der türkische Premierminister Recep Tayyip Erdoğan mit seiner islamischen Partei für Gerechtigkeit und Entwicklung einen Gesetzesantrag über die Aufhebung des Kopftuchsverbots eingebracht. Nach dem Willen des Premierministers sollte es auch Kopftuch tragenden Frauen erlaubt sein, an den Universitäten des Landes zu studieren. Die Gesetzesänderung wurde im Februar 2008 mit einer Zwei-Drittel-Mehrheit im Parlament verabschiedet. Kurz darauf hatte die Opposition beim Verfassungsgericht eine Klage eingereicht, die Anfang Juni bestätigt wurde – das Kopftuchverbot wurde in der Türkei wieder eingeführt. Ein Rückschlag für Erdoğan. Aber es war vermutlich nicht der letzte pro-islamische Verstoß, der von der AKP in der (noch) laizistisch geprägten Republik Türkei gemacht wurde.

Ein kleiner Rückblick: Der Begründer der türkischen Republik Mustafa Kemal Atatürk wandte sich nach dem türkischen Unabhängigkeitskrieg im Jahr 1923 an die türkische Nation und stellte provokante Fragen: »Ist es möglich, dass sich die gesamte Gesellschaft weiterentwickelt, wenn wir nur den einen Teil fördern, den anderen aber vernachlässigen? Ist es möglich, dass in einer Gesellschaft, deren eine Hälfte an den Boden gekettet ist, sich die andere Hälfte in den Himmel erheben kann?« Mit der Forderung, die Frauen gleichberechtigt zu behandeln, stellte er alle Traditionen auf den Kopf. Aber Atatürk ließ sich nicht beirren und setzte seine laizistischen Reformen durch. 1934 schließlich führte er unter anderem eine säkulare Kleiderordnung ein, verbot die Verschleierung der Frau und den Turban des Mannes. Für Kemal Pascha war der Islam mit kultureller Rückständigkeit und wirtschaftlicher Unterentwicklung verbunden. Deshalb lehnte er auch die traditionelle Kleidung ab.

Die Bedeckung der Frau im Koran

Aber der Wind hat sich gedreht in der Türkei, und es ist eindeutig, dass die von Atatürk durchgeführte Modernisierung der türkischen Gesellschaft in Teilen zurückgenommen wird. Seitdem Recep Tayyip Erdoğan an der Macht ist, ist eine schleichende Islamisierung zu beobachten. Erdoğan und seine Parteifreunde lehnen die kemalistischen Reformen, die Modernisierung des Landes und die Gleichstellung der Frau ab und streben nach der Verwirklichung eines politischen, das heißt eines traditionellen Islam. Ein weiterer Erfolg auf diesem Weg war die Installierung seines Parteifreundes Abdullah Gül als Staatspräsident. Nach mehreren gescheiterten Wahlen und großen Protesten im ganzen Land hatte es im Herbst 2007 doch noch geklappt – Gül wurde Präsident.

Während Gül sich weitgehend zurückhält, arbeiten die Ehefrauen und Töchter der beiden Parteifreunde auf ihre Art weiter an der gemeinsamen Sache – der Islamisierung der Türkei. Immer und überall treten sie verhüllt auf. Als religiöse Musliminnen sind sie und ihr Kleidungsstil Vorbild für viele Frauen in der Türkei und der Diaspora. Selbst bei Auslandsreisen tragen sie demonstrativ ihren Turban und bodenlange Gewänder und repräsentieren in diesem Aufzug die laizistische Republik Kemal Atatürks.

Eine ähnliche Entwicklung ist im türkischen Parlament zu beobachten. So sitzen 235 Abgeordnete in der TBMM (großer Nationalrat der Türkei), von denen bekannt ist, dass ihre Ehefrauen einen Turban, also das streng gebundene Kopftuch der tugendhaften Muslimin tragen, und nicht wenige leben in polygamen Beziehungen. Die meisten dieser Abgeordneten gehören der Regierungspartei AKP (Partei für Gerechtigkeit und Entwicklung) an. Ich frage mich, woher die Herren Erdoğan und Gül die Rechtfertigung für die Aufhebung des Kopftuchverbots nehmen. Schreibt doch der Koran nirgendwo die Bedeckung der Frau als religiöse Pflicht vor.

Die Pflichten der Muslime sind in den fünf Säulen des Islam klar festgelegt. Es sind:

- Das Aufsagen des Glaubensbekenntnisses: »Es gibt keinen Gott außer Gott, und Mohammed ist sein Prophet.«
- Die Verrichtung der fünf täglichen Gebete.
- Das Fasten im Monat Ramadan.
- Das Zahlen der Almosensteuer.
- Die Teilnahme an einer großen Pilgerfahrt nach Mekka (Hadsch), wenigstens einmal im Leben.

Das Tragen einer Kopfbedeckung gehört demnach nicht zu den Pflichten einer muslimischen Frau, es gehört lediglich zu den Verhaltensregeln. Ich bin zwar keine Islam-Expertin, aber ich bin Expertin zum Thema Gewalt und Diskriminierung. Ich selbst bin Opfer von Unfreiheit geworden und weiß von vielen unterdrückten muslimischen Frauen, die gezwungen wurden, sich zu verhüllen bzw. zumindest ein Kopftuch umzubinden. Für mich ist das Kopftuch ein Symbol für das Frauenleben im Islam, das Leben im Schatten, für das tägliche Sterben auf Raten.

Selbst islamische Religionsführer, Theologen und Wissenschaftler sind sich uneins über die Auslegung entsprechender Stellen im Koran. Nur die Fundamentalisten, die radikalen Islamisten (ihre Gruppierungen sind männlich dominiert) pochen auf eine wörtliche Interpretation des Koran. Frauen haben danach nichts zu sagen, man verbietet ihnen den Mund, denn sie sind – in ihren Augen – Menschen zweiter Klasse. Diese fundamentalistischen Ideologen versuchen unter der Berufung auf Religionsfreiheit und Toleranz alle demokratischen Rechte des aufgeklärten Westens außer Kraft zu setzen. Wenn vom Kopftuch der Musliminnen in Deutschland (und in Europa) die Rede ist, handelt es sich in der Regel nicht um ein Tuch, das über den Kopf gelegt und unter dem Kinn oder im Nacken zusammengebunden ist, das vor Sonne, Sand oder Staub schützt. Nein, es handelt sich um ein streng gebundenes Tuch, das alle Haare verdeckt. Wenn es um die Kopftuch-Frage geht, spricht man gemeinhin über jene Frauen, die es freiwillig tragen. Aber viel interessanter wäre doch die Frage, was mit jenen ist, die gezwungen werden, es zu tragen.

Nilgün ist eine junge Frau, die ihr Leid über die muslimische Kleiderordnung klagt. Seit der fünften Klasse musste sie das Kopftuch tragen, sich traditionell kleiden und fünfmal am Tag beten – das war ein ungeschriebenes Gesetz in ihrer Familie, dem sich alle Frauen beugten. Als sie älter wurde, verspürte sie immer wieder den Wunsch, sich westlich zu kleiden. Aber sich gegen ihre Eltern aufzulehnen, traute sie sich nicht. Auch als sie nach der zehnten Klasse eine berufliche Ausbildung begann, änderte sich diese Kleiderordnung nicht. Aber irgendwann war es soweit, sie hatte genug. Sie konnte nicht einmal sagen, woher der Impuls kam. Sie hörte auf zu beten, legte das Kopftuch ab und veränderte ihr Aussehen. Anstatt den langen Mantel, die altmodischen Hosen und Röcke zu tragen, fing sie an, sich wie ihre deutschen Altersgenossen modisch zu kleiden. Aber ihre Veränderung hatte Folgen. Nach etwa einer Woche stellte sich ihr der älteste Bruder in den Weg und fragte sie, warum sie wie eine Hure herumlaufe. Nilgün antwortete, dass die Kleidung doch völlig normal, weil knielang, sei und sie nichts Unkeusches daran fände. Daraufhin schlug der Bruder auf sie ein und drohte schließlich, sie umzubringen, wenn sie sich nicht wieder nach den religiösen Vorschriften kleide.

Natürlich war das nicht die einzige Einschränkung. Sie durfte nicht mehr ausgehen, musste sofort nach der Arbeit nach Hause kommen. Nur der Besuch in der Moschee war erlaubt. Durch die Drohungen des Bruders und die Missbilligung der Eltern wuchs der psychische Druck so sehr, dass Nilgün nach nur neun Monaten ihre Ausbildung abbrechen musste. Seither führt sie ein Leben auf dem Abstellgleis. Sie verlässt kaum noch das Haus, und sobald der Bruder erscheint, flüchtet sie in ihr Zimmer und verriegelt die Tür. Die Eltern halten den Bruder über ihren Lebenswandel auf dem Laufenden, informieren ihn, was die Tochter wann und vor allem mit wem macht. Er droht ihr immer noch und scheint nur auf eine Gelegenheit zu warten, diese Drohungen wahr zu machen. Nilgün lebt in ständiger Angst und hat massive gesundheitliche Probleme – Migräneanfälle, Kreislaufstörungen, Magenschmerzen, Konzentrationsschwierigkeiten und Schlafstörungen.

Gibt es eine schleichende Islamisierung in Deutschland?

Muslimische Mädchen sind in der Familie, in der Schule und in der Gesellschaft einem enormen Druck ausgesetzt. In der islamistischen Parallelgesellschaft sind sie Menschen zweiter Klasse.

Das Kopftuch ist für sie verpflichtend. Meistens werden diese Mädchen aus sittlichen Gründen von ihren Vätern oder Brüdern dazu angehalten. In Koranschulen wird ihnen erzählt, dass sie in der Hölle schmoren werden, wenn sie die Regeln brechen. Ihre Brüder oder andere männliche Familienmitglieder werden beauftragt, den Mädchen hinterherzuspionieren und darüber zu berichten, wie sie sich bewegen, wie sie lachen, was sie machen. Ob sie das Kopftuch ablegen, mit Jungen sprechen oder Make-up benutzen. All das wird als Sünde angesehen und hart bestraft. Wenn die Mädchen keinen Schleier tragen wollen, werden sie als ungläubige Huren beschimpft. Die Männer kontrollieren nicht nur das Verhalten der Mädchen, sondern auch ihre Gedanken. Das islamische Kopftuch ist Ausdruck der minderen Stellung der Frau, ein Symbol religiöser Unterdrückung und eine bewusste Abgrenzung gegenüber westlichen Werten.

Immer häufiger sehe ich muslimische Mädchen und Frauen in bodenlangen Mänteln und mit Kopftuch, ein Auftritt, der wie eine Vermummung wirkt. Manche sind sogar völlig verschleiert. Anstatt des Gesichtes sieht man nur ein schwarzes Tuch mit Schlitz, aus dem dunkle Augen blicken. Der männliche Begleiter neben ihr geht mit erhobenem Kopf, aufrecht und selbstbewusst. Es ist ein Zeichen der Islamisierung und mangelnden Integrationsbereitschaft in die Mehrheitsgesellschaft. Das islamische Kopftuch ebenso wie die Ganzkörperschleier sind und bleiben eine klare Absage an die westliche Gesellschaft und deren freiheitliche und demokratische Werte. Ich behaupte sogar, dass auch bei uns in Deutschland eine schleichende Islamisierung stattfindet. Manchmal wird dies auch erkannt.

Eine nicht unwesentliche Rolle in diesem Zusammenhang spielt die islamische Organisation Milli Görüş. So war Ende 2007 in der deutschen Presse zu lesen, dass die islamische Organisation Milli Görüş ihr Netz an deutschen Universitäten ausbaut und gezielt strengreligiöse Frauen fördert. Sie, die wegen des Kopftuchverbots an türkischen Universitäten nicht studieren dürfen, werden zum Studieren nach Deutschland geholt. Die Organisation Milli Görüş vergibt europaweit jährlich rund 250 Studienstipendien, etwa 150 davon an Kopftuch tragende Frauen. Sie erhalten in der Regel eine Unterstützung von 300 bis 400 Euro monatlich, und wie ich herausfinden konnte, wächst die Anzahl der unterstützten Studentinnen stetig. Milli Görüş hat in Deutschland etwa 26 500 Mitglieder und steht wegen islamistischer Tendenzen unter Beobachtung des Verfassungsschutzes – die Organisation setzt sich für eine islamische Gesellschaftsordnung in Deutschland ein.

Deutschlands Koranschulen

Die islamische Gesellschaftsordnung, das heißt die Scharia, wird auch in den Moscheen gepredigt. Aber aufgrund der im Grundgesetz verankerten Religionsfreiheit hat der deutsche Staat dort keinen Zugriff. Das gilt übrigens auch für die Koranschulen in Deutschland. Aber das Misstrauen in der deutschen Bevölkerung ist groß.

Im letzten Sommer trafen mein Mann und ich im Schwimmbad einen Jugendlichen, der lange bei uns die Zeitung ausgetragen hatte. Er war ein freundlicher, sehr höflicher Junge gewesen, der innerlich irgendwie strahlte. Inzwischen musste er 16 oder 17 Jahre alt gewesen sein. Als er uns erkannte, begrüßte er meinen Mann Ali freundlich: »*Assalaam Aleikum*, Friede sei mit dir, Bruder Ali«, während er sich mir gegenüber sehr distanziert benahm. Meine Fragen beantwortete er entweder ungern oder mit gesenktem Blick. Eigentlich sprach er nur mit meinem Mann und stand nur mit ihm in Blickkontakt. Fast jeden zweiten Satz beendete er mit »so Allah es will«.

Während des Gesprächs äußerte er seine Überzeugung, dass die Deutschen die muslimischen Kinder von ihren kulturell-religiösen Wurzeln entfremden wollten. Ja, dass sie die türkischen Jugendlichen gezielt mit Drogen vergiften würden. Er selbst sah sich berufen, die gläubigen, muslimischen Jugendlichen davor zu bewahren und zu schützen. Dafür würde er sogar so weit gehen, deutsche Vergnügungsstätten in die Luft zu sprengen!

Es war nicht schwer zu erraten, wer ihn derartig indoktriniert hatte. Beiläufig hatte er einfließen lassen, dass er schon seit Jahren einen Korankurs in der hiesigen Moschee besuchte. Dort hatte ihn der Imam, so seine Worte, über die wahren Beweggründe der Deutschen aufgeklärt, über die Gefahren freundschaftlicher Beziehungen mit Deutschen. »Dass sie unsere Schwestern vergewaltigen und entehren und sie danach im Stich lassen. Aber ich werde dies zu verhindern wissen.« Er wirkte so überzeugt von dem, was er uns erzählte, dass mir angst und bange wurde.

Eine solche Gewaltbereitschaft und einen solchen Hass hatte ich selten erlebt. Dieser Junge lebte in einer Welt voller Vorurteile und Feindschaft gegenüber allem, was fremd ist. Sein Hass gegenüber dem Westen kam natürlich nicht von ungefähr. Er und viele andere türkische und muslimische Jugendliche trafen sich regelmäßig in der Moschee, aber nicht nur, um den Koran zu studieren. Schon des Öfteren war ich Zeugin geworden, wie sich türkischstämmige Migranten-Kinder zu Erzfeinden der Deutschen entwickeln. Ich spreche hier von muslimischen Jugendlichen, die in der Moschee, im muslimischen Umfeld und von der eigenen Familie indoktriniert und manipuliert werden. Über diese Praktiken wurde auch schon von der deutschen Presse berichtet. So stand bei Spiegel-Online am 29.9.2003 zu lesen: »In den Hinterzimmern der Moscheen müssen die Kinder meist stumpf den Koran büffeln, oft ohne dass man ihnen ein Wort erklärt. Sie lernen

Arabisch, und trainiert wird allzu oft vermeintliches streng muslimisches Benehmen – etwa dass Mädchen die Koranschule besser durch den Hintereingang betreten. Die Methoden sind wenig
spektakulär, aber wirksam. So verbringen manche der kleinen
Kinder ganze Nachmittage in den Koranschulen – da bleibt
kaum eine Stunde übrig, in der sie mit Nichtmuslimen spielen
könnten. Und weil der Koranunterricht in der Regel auf Türkisch oder Arabisch gehalten wird, können sie ihren deutschen
Klassenkameraden wenig darüber erzählen, was sie dort lernen.
So entfernen sie sich über die Jahre immer weiter von ihren Altersgenossen – das wahre Problem mit dem Koran.«

Experten schätzen, dass mehr als 70 000 Kinder zurzeit
Koranschulen in Deutschland besuchen. Unbehelligt von der
deutschen Öffentlichkeit vermitteln Imame in den islamischen
Gebets- und Jugendzentren ihre eigene Ideologie, ihre eigene
radikale Interpretation des Islam und pflanzen diese in die jungen Köpfe und Herzen.

Wenn ich über den fundamentalistischen Islam spreche, so
spreche ich nicht über die Attentate der Islamisten auf die Zwil-
lingstürme des World Trade Center in New York oder das At-
tentat in Madrid. Nein, ich spreche über die zerstörerischen
Taten von islamischen Vätern, die in ihren Traditionen gefangen sind, die Gewalt bei ihren Töchtern anwenden, nur weil
diese sich weigern, den Mann zu heiraten, den ihr Vater für sie
gewählt hat, weil sie fünf Minuten zu spät von der Schule nach
Hause gekommen sind, weil sie nicht folgsam, ergeben und an-
gepasst sind, so wie es den moralischen Vorstellungen ihrer Väter entspricht, weil sie sich und ihren Verstand nicht knechten
lassen, damit der Vater sie für seine eigenen Zwecke missbrauchen kann. Ich spreche über die traditionell denkenden Brüder,
die ihren ungehorsamen Schwestern nach dem Leben trachten,
nur weil sie einen deutschen Freund haben oder eine Beziehung
vor der Ehe eingehen, die nach islamischen Vorstellungen nicht
erlaubt ist.

Ich rede über die scheinbar gottesfürchtigen und sittsamen Mütter, die mit ihren Töchtern, um deren Jungfräulichkeit bestätigen zu lassen, einen Gynäkologen aufsuchen, nur weil das Mädchen auf der Straße allein mit einem Jungen gesehen wurde. Ich spreche über den Terror jenes Teils der muslimischen Gesellschaft, deren Väter, Söhne oder männliche Verwandte ihre weiblichen Angehörigen »im Namen der verletzten Männerehre« ermorden – erschießen, erschlagen, verbrennen oder zu Tode foltern. Ich spreche für uns, »die Gefangenen des islamischen Fundamentalismus«, die gezwungen werden, auszusehen und ein Leben zu führen wie im 14. Jahrhundert.

Im Zweifelsfall werden sie auch mit mittelalterlichen Methoden bestraft, wie die 13-jährige Serpil. Das in Deutschland geborene Mädchen lebt mit ihrer Mutter und dem Stiefvater zusammen, den sie als Vater betrachtet. Zu ihrem leiblichen Vater hat sie seit der frühen Scheidung ihrer Eltern keinen Kontakt mehr. Ihre Kindheit verläuft ereignislos. Aber als sie mit zwölf Jahren in die Pubertät kommt, soll sie nach dem Willen ihres Stiefvaters einen Mann aus der alten Heimat heiraten. Serpil wehrt sich, sie will erst ihren Schulabschluss machen. Aber bald kommen Gerüchte auf. Man will gesehen haben, wie das Mädchen mit einem türkischen Jungen Händchen hielt. Anstatt dem Gerede auf den Grund zu gehen, verschleppt der Stiefvater Serpil in die Türkei, holt sie aber bald wieder zurück, weil sie ja »versprochen« ist. Auch nach ihrer Rückkehr wehrt Serpil sich, den viel älteren Mann zu heiraten. Da steht für den Stiefvater fest: Das Mädchen muss hart bestraft werden.

Eines Morgens, die Mutter hat das Haus gerade verlassen, weckt er die Kleine. Es ist fünf Uhr früh. Der Stiefvater legt sich zu dem Mädchen ins Bett und versucht, sie zu vergewaltigen. Aber Serpil wehrt sich so heftig, dass er beschließt, sie umzubringen. Er fesselt sie an Händen und Füßen und übergießt sie mit Spiritus. Als er sie mit einem Streichholz anzün-

det und beobachtet, wie die Flammen von Serpils Oberkörper
Besitz ergreifen, wendet er sich ab, verlässt das Haus, um zur
Arbeit zu fahren. Als man Serpil fand, waren zwei Drittel ihrer Hautoberfläche verbrannt. Man musste alle Finger ampu-
tieren, weil sie bereits verkohlt waren. Sie hatte eine Überle-
benschance von 30 Prozent. Dass sie überhaupt überlebt hat,
ist nur dem beherzten Eingreifen der Nachbarn und der ärztlichen Kunst zu verdanken. Aber Serpil wird ihr Leben lang ver-
krüppelt und geschunden bleiben. Bei lebendigem Leib hat sie
45 Minuten lang gebrannt wie eine Fackel – für die Ehre eines
Ehrenmannes. Im Prozess kam ihm kein Wort der Reue oder
der Anteilnahme über die Lippen.

KAPITEL 10

Die Töchter zwischen Familienehre und Selbstbehauptung

Seit ich vor mehr als zehn Jahren anfing, junge Frauen in Not zu beraten, habe ich viele Frauen kennengelernt und viele Geschichten gehört. Trotz aller Unterschiede teilten sie alle ein gemeinsames Schicksal: unendliches Leid, unendliche Not. In den vorangegangenen Kapiteln habe ich die verschiedenen Facetten des Lebens und Leidens türkischer bzw. muslimischer Frauen aufgezeigt. Ich habe ihre Wege beschrieben als muslimische Töchter, als muslimische Ehefrauen und wie sie von ihren patriarchalisch-fundamentalistisch geprägten Vätern, Onkeln, Brüdern oder Ehemännern geknechtet und versklavt werden.

Eine Gruppe von Mädchen und Frauen wurde bis jetzt ausgespart, diejenigen, die entweder hier geboren und aufgewachsen sind oder in sehr jungen Jahren nach Deutschland kamen und deren Eltern – vermeintlich – integriert sind. Sie haben in aller Regel einen höheren Schulabschluss, manche von ihnen haben sogar studiert, und alle sind gut situiert. Doch schaut man hinter die Kulissen, stellt sich nicht selten heraus, dass viele von ihnen auch Sklavinnen der muslimischen Tradition sind.

Junge Deutsch-Türkinnen berichten über ihr Leben

Müge entspricht nicht dem Klischee des eingeschüchterten Kopftuchmädchens. Ihre Eltern kommen auch nicht aus einem anatolischen Dorf, nein, sie stammen aus Ankara. 1970 wird

Müge dort geboren. Kurze Zeit später geht die Familie nach Deutschland. Müges Eltern finden beide rasch einen festen Arbeitsplatz, sie haben Kontakte zu Deutschen und lernen die deutsche Sprache schnell. Man würde sie also als integriert bezeichnen. Für die Anhänger der AKP, Partei für Gerechtigkeit und Entwicklung, die islamische Partei des türkischen Ministerpräsidenten Erdoğan, sind solche Migranten die bösen Laizisten, die Ungläubigen. Bei Müge zu Hause werden sowohl islamische Feiertage als auch Weihnachten gefeiert. Kopftuch als Zwang, das war nie ein Thema in dieser Familie.

Müge wächst sowohl mit der türkischen als auch der deutschen Kultur auf. Der Vater lässt sie sich relativ frei entfalten und ermöglicht ihr eine höhere Schulbildung. Müge nutzt ihre Chance und studiert Sprachen. Aber als es ans Heiraten geht, werden die Eltern doch traditionell. Sie bestehen auf einer Ehe mit einem Türken aus der Heimat und räumen ihr die – vermeintliche – Freiheit ein, wählen zu können, nämlich zwischen zwei möglichen Kandidaten. Eine Brautwerberin übermittelt Lebensläufe und Fotos, die wenig aussagekräftig sind, außer dass beide Männer sehr viel älter sind. Müge lässt sich trotzdem darauf ein. Auch ihre Freundinnen raten ihr zu, immerhin habe sie ja eine Wahl. Aber die letzten Zweifel kann sie nicht ausräumen. Ihre deutsche Seite agiert wie eine Souffleuse: *Hat eine Ehe nicht auch etwas mit Liebe, Vertrauen und gegenseitiger Wertschätzung zu tun?* Auch der Gedanke an die Sexualität schreckt die junge Frau. Wie soll sie mit einem fremden Mann ins Bett gehen? Sie weiß, dass es bei den Deutschen anders geht. Man lernt sich kennen und lieben, zieht zusammen, und irgendwann schließlich heiratet man und bekommt Kinder. Müge ist hin und her gerissen, gibt aber schließlich dem Drängen der Eltern nach und heiratet einen fremden Mann.

Fünf Jahre später ist sie wieder geschieden. Die Ehe blieb kinderlos. Das ist Müges Glück. Heute ist sie 38 Jahre alt, ist im Beruf erfolgreich und arbeitet als selbständige Übersetzerin und Dolmetscherin. Aber Müge fühlt sich nicht frei. Sie sieht sich als Gefangene von religiösem Brauchtum und patriarchalischer Mentalität. Sie weiß, dass die überkommenen Traditionen Teil ihrer Kultur sind, sieht aber keinen Sinn darin. Sieht sich als Individuum in ihrer Weiterentwicklung behindert und will sich deshalb davon lösen. Denn die uralten religiösen Überlieferungen, die der Religionsstifter gelehrt und vorgelebt hat, passen ihrer Meinung nach nicht mehr in die moderne Zeit.

Doch die Traditionen holen die junge moderne Frau immer wieder ein. Seit einem Jahr ist sie – heimlich – mit einem türkischen Kurden zusammen. Als sie schwanger wird, platzt ihr Traum vom neuen Glück. Der Kurde will weder sie noch das Kind und sagt, er denke nicht daran, sie zu heiraten. Er werde doch wegen ihr nicht seine Familie opfern. Denn seine Mutter erwartet eine Jungfrau als Schwiegertochter. Aber auch Müges Eltern würden einer Heirat mit einem Kurden niemals zustimmen. Die junge Frau ist verzweifelt und wütend. Sie möchte das Kind behalten, will aber auch ihren Freund nicht verlieren. So ist auch Müge in die Falle der Tradition geraten.

Die modernen jungen Musliminnen haben viele Probleme. Sie, die mit den Traditionen der Eltern aufgewachsen sind, schaffen es oft nicht oder nur mühsam, sich aus dem Gefängnis der Sitten und Gebräuche zu befreien. Manche resignieren, andere führen ein Doppelleben, und wieder andere werden krank. So wie Tuba, die irgendwo in Süddeutschland lebt. Tuba ist Türkin und 26 Jahre alt. Sie arbeitet als Sekretärin in einem Krankenhaus. Seit zwei Jahren ist sie mit einem Griechen zusammen, aber nur heimlich, weil ihre Familie ihn niemals akzeptieren würde. Als die Beziehung bekannt wird, fängt sie der ältere Bruder auf dem Weg von der Arbeit ab, bringt sie in die Wohnung ihrer Schwester, verprügelt sie und sperrt sie ein. Danach nimmt er ihr das Handy und das Auto weg und versucht sogar, ihre Arbeitsstelle zu kündigen! Doch das ist ihm nicht gelungen. Seitdem ist sie in der Wohnung eingesperrt und wird gehalten wie ein Tier im Käfig. Schließlich gelingt es Tuba, ihren Arzt aufzusuchen. Der weist sie – mit ihrem Einverständnis – in die geschlossene Abteilung einer psychiatrischen Klinik ein. Dort fühlt sie sich sicher.

Manche Frauen müssen sich offenbar in eine psychiatrische Anstalt begeben, um ihr Leben zu retten. Ich bekomme fast täglich Briefe von Frauen, die in der Falle stecken. Die trotz einer höheren Schulbildung nicht in der Lage sind, ein freies und selbstbestimmtes Leben zu führen. Oya zum Beispiel schrieb mir, wie sie seit Jahren versucht, sich aus ihrer Familie zu lösen, um endlich ihr eigenes Leben zu beginnen. Sie ist 34 Jahre alt, Akademikerin und alleinstehend. Beruflich ist sie erfolgreich, arbeitet aber weit unter ihrer Qualifikation und sucht eigentlich eine neue Aufgabe, am liebsten in einer anderen Stadt. Aber wann immer sie ein Angebot hat, lehnt sie es in letzter Minute ab, weil sie es nicht geschafft hat, mit ihrem Vater darüber zu sprechen. Ihre Eltern haben kein Verständnis dafür, dass sie arbeitet. Sie habe doch alles, ein schönes Heim, eine nette Familie, und genügend Geld habe man schließlich auch. Sie weiß, dass sie in einem goldenen Käfig sitzt, kann sich aber nicht befreien. Wenn sie – wieder einmal – vor ihrem Vater steht, verliert sie jede Kraft, bekommt keinen Ton heraus und gibt auf, bevor sie überhaupt angefangen hat, ihre Wünsche zu artikulieren.

Nach außen wirkt sie wie eine sehr moderne, gebildete und aufgeschlossene Frau, die zielstrebig und fleißig ist. Doch zu Hause ist sie ein kleines, eingeschüchtertes, ängstliches Mädchen. Sie sieht nur zwei Möglichkeiten: Entweder spricht sie mit dem Vater und sagt ihm, was los ist, oder sie sagt nichts, kündigt heimlich ihren Job und geht eines Morgens – so wie immer – aus dem Haus und kommt nicht mehr zurück!

Geschichten wie diese bekomme ich fast jeden Tag zu hören oder zu lesen. Die meisten sind in höchster Verzweiflung und Not geschrieben, und sie berühren mich sehr. Oft bedrückt mich das große Leid der Hilfesuchenden, und ich brauche Tage, bis ich antworten kann. Aber ich beantworte alle Anfragen, versuche, allen zu helfen. Niemand außer mir scheint ihre Hilferufe zu hören.

KAPITEL 11

Die deutschen Konvertitinnen

Wer sich mit dem Schicksal muslimischer Frauen auseinandersetzt, stößt irgendwann unweigerlich auch auf die Konvertiten, also Menschen, die zum Islam übergetreten sind. Spätestens seit den vereitelten Terroranschlägen deutschstämmiger Islamisten im September 2007 ist diese Gruppe – zumindest kurzfristig – in den Blickpunkt der deutschen Öffentlichkeit gerückt. Unter den im Sauerland verhafteten Terrorverdächtigen waren auch zwei deutschstämmige Muslime, und man begann sich zu fragen, warum Menschen sich für den Islam entscheiden und ob sie besonders fanatisch sind. Was die Zahl der Konvertiten angeht, so ist vom Islam-Archiv in Soest zu erfahren, dass seit dem Ende des Zweiten Weltkriegs rund 18 000 Deutsche zum Islam übergetreten sind. Die Gründe für diesen Schritt seien meist persönlicher Natur, wie etwa eine Partnerschaft zwischen Muslimen und Christen. Im traditionellen Milieu darf eine Ehe nur dann geschlossen werden, wenn beide Partner Muslime sind. Wenn also ein Christ eine Muslimin heiraten möchte, ist die Konversion zwingend notwendig. Umgekehrt ist das nicht der Fall. Aber auch deutschstämmige Frauen folgen häufig – vor oder nach der Hochzeit – ihrem Partner in dessen Religion. Die Mehrheit der deutschstämmigen Konvertiten sind übrigens Frauen.

Seit Beginn der Arbeitsmigration ist die Zahl der binationalen Ehen in Deutschland stetig gestiegen. Waren ausländische Ehepartner in den 70er Jahren eine verschwindend kleine Minderheit, ist heute (2006) jede achte geschlossene Ehe binational. Wobei statistisch belegt ist, dass deutsche Frauen vor allem türkische Partner bevorzugen.

In den Fängen
der muslimischen Großfamilie

Die Liebe ist bei Frauen sicher das häufigste Motiv, den Glauben zu wechseln. Wobei mich besonders interessiert, weshalb sich ein freiheitlich erzogenes deutsches Mädchen ausgerechnet von einem muslimischen Patriarchen angezogen fühlt. Ist es die andere Kultur, die andere Sprache, die sie so fasziniert? Oder ist es die Exotik der türkischen bzw. arabischen Großfamilie, die sie bezaubert? Und ist die Faszination deshalb so groß, weil die Großfamilie im Westen ein Auslaufmodell ist? Begeben sich viele deutsche Frauen deshalb in die feudal-muslimische Großfamilie, weil sie in deren – angeblich – behütendem Schoß Nestwärme und Geborgenheit finden, die sie in der klassischen europäischen Kleinfamilie zunehmend vermissen? Diese Großfamilien sind von großer Kinderzahl geprägt, die als Arbeitskräfte, soziale Sicherung und private Altersvorsorge der Eltern betrachtet werden. In den festgefügten Hierarchien gibt es kaum eine Privatsphäre, denn interne Kontroll- und Überwachungssysteme sind weit verbreitet. Ältere Mitglieder der Gemeinschaft haben Vorrang vor den jüngeren. Das Familienoberhaupt entscheidet über alle wichtigen Belange in der Familie. Sein Wort ist Gesetz. Als Befehlshaber muss er seiner Fürsorgepflicht nachkommen. Aber als Gegenleistung erwartet er Treue und Unterwerfung seiner Untertanen. Er bleibt Herrscher bis ins hohe Alter. Danach übergibt er die Verantwortung für die Familie an seinen ältesten Sohn.

Diese Großfamilien leben am Rande der deutschen Mehrheitsgesellschaft. Sie haben ein eigenes Rechtssystem und pflegen Selbstjustiz. Bei Konflikten innerhalb der Familie wird nicht die Polizei gerufen, die deutschen Gesetze und Rechtsverordnungen bleiben draußen vor der Tür. Frauen, die sich freiwillig diesem strengen Kontrollsystem fügen, lassen sich meiner Meinung nach das Denken abnehmen. Sie trennen sich von ihrer bürgerlichen Familien und unterwerfen sich dem System des patriarchalen Clanswesens. Mit anderen Worten: Hier findet eine Umkehr vom Individualrecht der modernen Ehe und Familie zum archaischen, patriarchalischen Familiensystem statt.

Wenn sich eine Deutsche in einen Türken oder Araber verliebt, ist sie nicht selten bereit, viel oder alles für diesen Mann aufzugeben – die Eltern, die Freunde, den Beruf. Und die Argumente sind immer gleich: »Er ist ein toller Mann, so süß und gut aussehend, charmant und so fürsorglich. Ich bin so verliebt in ihn.« Der Goldschmuck, den die Braut als Geschenk bekommt, raubt ihr offensichtlich den letzten Verstand. Sie hört auch nicht auf die Freunde oder die Familie, die sich ihrerseits Sorgen machen. So werden meine Vorträge nicht selten von deutschen Vätern besucht, die Rat und Unterstützung suchen. Sie wollen und können nicht länger zusehen, wie ihre Töchter von ihren arabischen oder türkischen Ehemännern misshandelt werden. Aber das Schlimmste ist, dass die Töchter alles rechtfertigen. All die Demütigungen, all die Gewalttaten, die ihnen in diesen Verbindungen widerfahren, werden verharmlost, verleugnet.

Eines Tages erzählte mir eine Konvertitin – sie war eine Zweitfrau –, dass der muslimische Ehemann das gemeinsame Kind weder akzeptiert noch ihm seinen Namen gegeben hat. Das Kind trägt den Mädchennamen der Mutter und wuchs bei den deutschen Großeltern auf. Alle Kinder seiner muslimischen Erstfrau (standesamtlich getraut) dagegen lebten beim Vater. Diese Ungerechtigkeit wurde durch den muslimischen Mann mit folgenden Argumenten gerechtfertigt: »Ich habe keine Jungfrau geheiratet. Wer weiß, mit wie vielen Männern du vor mir rumgehurt hast. Bei den deutschen Frauen gibt es keine Garantie, dass sie keinen Ehebruch begehen.« Auf ihre Frage, wieso er sie – trotz seines Misstrauens – in der Moschee geheiratet (Imam-Ehe) und die religiöse Bindung vor Allah bejaht habe, antwortete er: »Wir brauchen die deutschen Frauen für die Behördengänge, fürs Dolmetschen und zum Formulareausfüllen.« Er betrieb ein türkisches Kaffeehaus (nur für Männer) und hatte seine deutsche Zweitfrau als Eigentümerin ins Grundbuch eintragen lassen. Das Kaffeehaus lief schlecht, und der Ehemann nahm ständig neue Bankkredite auf ihren Namen auf, bis er bzw. seine Frau schließlich hoffnungslos verschuldet waren. Am Anfang hatte sie mehrmals versucht, sich von ihm zu trennen. Aber er holte sie immer wieder zurück. Und immer musste sie um ihr Leben fürchten. Er drohte mit vorgehaltener Schusswaffe, sie und ihre ganze Herkunftsfamilie auszulöschen. Gleichzeitig untersagte er ihr jeglichen Kontakt zu ihren Eltern und zu ihrem Kind. Mittlerweile ist sie Anfang 50. Ihre Situation ist zwar nach wie vor unerträglich, doch sie hat sich mit ihrer Ohnmacht und ihrer Opferrolle abgefunden. Sie hat Angst, ihren Mann zu verlassen. Angst davor, dass er seine Drohungen wahr macht. Selbst zu Hause spioniert er ihr hinterher, bewacht und kontrolliert sie auf Schritt und Tritt.

Dies ist leider kein Einzelfall. Nicht selten leben deutsche Konvertitinnen als Zweit- oder gar Drittfrau in polygamen Ehen. Wenn nach einiger Zeit die Maske fällt, gestehen sich manche Frauen die Wahrheit ein. Aber dann ist es oft schon zu spät.

Wenn die deutsche Mutter zur größten Feindin wird

In ihrer Not wenden sich die Konvertitinnen dann auch an mich. Sie schreiben mir und bitten mich um Hilfe. Oft sind sie völlig verzweifelt und suchen nach Fluchtwegen, um ihrem Martyrium zu entkommen. Manche fürchten um ihr Leben und kontaktieren mich heimlich. Stundenlang telefonieren wir dann per Handy, das sie für Notfälle bereithalten. Manche führen die Telefongespräche sogar im Keller oder auf dem Dachboden ihres Hauses, damit der arabische oder türkische Ehemann unsere Gespräche nicht mitbekommt. Aber auch mir sind oft die Hände gebunden. Ich kann den Frauen nicht helfen, wenn sie sich ihrem Schicksal gefügt haben und alle Unterdrückung und Misshandlungen über sich ergehen lassen. Diese Frauen haben ihr Selbstwertgefühl verloren, sind kraftlos, mutlos und eingeschüchtert. Wenn sie mich kontaktieren, suchen sie jemanden, bei dem sie sich aussprechen können. Sie wollen endlich über ihren Schmerz, ihren Kummer, ihre Enttäuschung reden. Diese Hilflosigkeit der deutschen Frauen ängstigt mich sehr.

Mona wird 1986 in Nordrhein-Westfalen geboren. Sie ist die Tochter einer Deutschen und eines saudiarabischen Mannes. Als sie geheiratet hat, ist die Mutter zum Islam konvertiert. Sie hat sich darüber mit ihrer Familie überworfen und seither keinen Kontakt mehr zu ihren Angehörigen. Monas Vater ist ein angesehener Geschäftsmann. Die Familie lebt abseits vom deutschen Alltag in einer Parallelgesellschaft, lange bevor der Begriff in der Öffentlichkeit diskutiert wird. Man bewegt sich ausschließlich in der muslimischen *Umma* (Gemeinschaft der Muslime), die von selbst ernannten *Mutawwas* (die Religionspolizei, die die Scharia-Vorschriften durchsetzt und ihre Einhaltung überwacht) kontrolliert wird. Die *Mutawwas* befehlen ihren Mitgliedern, was sie für gut, und untersagen ihnen, was sie für schlecht halten. Die Gemeinde besteht aus strenggläubigen und islamisch-konservativen Mitgliedern. Wer die *Umma* verlassen will, gilt als Islam-Abtrünniger. Er wird aus der Gemeinschaft ausgestoßen, weil er angeblich auf die Seite der Ungläubigen, der Feinde wechselt.

Mona wird von Anfang an unterdrückt. Sie muss ein Kopftuch tragen, während die Mutter die *Niqab* (Schleier) trägt. Jeden Tag wird die Mutter vom Vater eingesperrt und geschlagen. Er prügelt auch noch auf sie ein, wenn sie bereits am Boden liegt. Als Mona 13 Jahre alt ist, verheiratet man sie mit einem 20 Jahre älteren Mann, einem Muslim und Geschäftspartner des Vaters. Nach der Hochzeit lebt sie weiterhin bei den Eltern. Gut getarnt und unbemerkt von ihrer Umgebung führt das Kind das Leben einer erwachsenen Frau. Mit 14, kurz nach der Hochzeit, wird sie zum ersten Mal schwanger. Mit 17 bekommt sie ihr zweites Kind. In der Schule interessiert das niemanden. Niemand findet es befremdlich, dass ein so junges Mädchen schon zweimal Mutter geworden ist. Niemandem scheint aufzufallen, dass hier ein Straftatbestand vorliegt.

Als Mona 19 Jahre alt ist, verlässt sie mit ihrem Mann Deutschland. Er will zurück in seine Heimat. Inzwischen lebt sie seit fast zwei Jahren in Saudi-Arabien und erwartet ihr drittes Kind. Sie hofft inständig, dass es dieses Mal ein Junge wird. Denn das ist es, was ihr Mann von ihr erwartet und verlangt. Vor kurzem hat er ihr angedroht, sie so oft zu schwängern, bis sie ihm endlich einen Sohn gebiert. Auch die Schwiegermutter übt Druck aus und macht ihr immer wieder klar, dass sie als Mutter von Töchtern nichts wert ist. Die neue Schwangerschaft verläuft gut, aber der Mann und die Schwiegermutter gestatten keinerlei medizinische Untersuchungen. Sie haben auch entschieden, dass die Entbindung traditionsgemäß und ohne jegliche Behandlung zu Hause stattfinden wird.

Monas Tagesablauf ist recht eintönig. Sie steht vor ihrem

Mann auf, bereitet die Mahlzeiten, kümmert sich um die Kinder und den Haushalt. Ab und zu wird sie mit den anderen Frauen der Familie hinaus auf die Felder – die Familie besitzt große Plantagen – gefahren, dort müssen sie dann den ganzen Tag arbeiten. Abends heißt es wieder Essen kochen, Kinder waschen und ins Bett bringen. Essen dürfen die Frauen immer erst, nachdem die Männer gegessen haben. Mona gibt das meiste an ihre Töchter ab. Zum krönenden Abschluss darf sie dann noch mit ihrem Mann schlafen. Zu ihren Kindern hat die junge Deutsche ein gespaltenes Verhältnis. Einerseits liebt sie ihre Töchter sehr, andererseits erinnern sie sie täglich an ihr Unglück. Erinnern sie daran, dass sie nicht mitentscheiden darf, wann und wie oft sie schwanger wird.

Bis jetzt hat sich Mona geweigert, die arabische Sprache zu lernen. Sie versteht einiges, aber sprechen will sie sie nicht. Sie hat das Gefühl, total zu kapitulieren, wenn sie auch noch ihre Sprache aufgeben würde. Es ist wichtig für sie, ihre Muttersprache zu behalten, obwohl sie dafür schon häufig Schläge bekommen hat. Sie hat keinerlei Kontakt außerhalb des Hauses und der Familie. Sie trägt die Niqab und besitzt weder einen Personalausweis noch ein Handy, mit dem sie Kontakt zur Außenwelt pflegen könnte. Mit ihrer deutschen Mutter hat Mona seit Jahren nicht mehr gesprochen! Im Januar 2008 hat sie ihr drittes Kind geboren, wieder eine Tochter, und wieder bekam sie Prügel dafür.

Diese oder ähnliche Schicksale gehen mir – wie gesagt – sehr nah und machen mich gleichzeitig fürchterlich wütend. Ich kann und will einfach nicht verstehen, warum sich Frauen aus dem aufgeklärten Europa derart unterwerfen. Immer wieder spreche ich über die Unterdrückung muslimischer Frauen. Bei Vorträgen, auf Schulungen, in Interviews prangere ich das menschenunwürdige Verhalten muslimischer Männer gegenüber ihren Frauen an. Denn bis heute sind Musliminnen körperlich, finanziell und juristisch von ihren Männern abhängig, ja müssen sich ihnen unterwerfen. Bis heute dürfen muslimische Männer ihre Ehefrau töten, wenn sie sie der Untreue verdächtigen. Und ein Ende des muslimischen Patriarchats ist nicht in Sicht.

Aber es bewegt sich etwas. Die muslimischen Frauen sind dabei aufzuwachen und fangen an, für die Gleichberechtigung der Frau im Islam zu kämpfen. Sie müssen um ein bisschen Demokratie und Chancengleichheit betteln. Und sie müssen fortwährend beweisen, dass sie diese auch verdienen. Aber viele Musliminnen haben genug von ihrer Opferrolle und melden sich lautstark zu Wort. Sie kämpfen für das Recht auf Leben und körperliche Unversehrtheit. Sie fordern das Ende der religiösen und traditionellen Unterdrückung.

Umso erstaunlicher finde ich es, dass sich gerade deutsche und europäische Frauen vom Islam so blenden lassen. Trotz (oder gerade wegen?) der Errungenschaften des westlichen Feminismus gibt es hier in Deutschland, aber auch anderswo in Europa, immer wieder Frauen, die sich magisch zum Islam hingezogen fühlen. Sie wenden sich von der demokratischen Gesellschaft ab und suchen ihr Seelenheil in einer autoritär und patriarchalisch strukturierten Gesellschaft. Für mich als Frau mit muslimisch-türkischem Migrationshintergrund ist es besonders entmutigend, wenn ich E-Mails von Töchtern deutscher Konvertitinnen lese. Als eine Frau, die gegen die Ungerechtigkeit in türkisch-muslimischen Familien zu Felde zieht, gegen jede Form von Unrecht und Unterdrückung der Musliminnen kämpft, will oder kann ich diese deutschen Frauen nicht verstehen. Indem sie zum Islam konvertieren, begehen sie meiner Meinung nach Verrat an der Frauenbewegung.

Während ich die Musliminnen, denen die Opferhaltung in der muslimischen *Umma* in Fleisch und Blut übergegangen ist, immer wieder ermutige, diese Haltung endlich abzustreifen, übernehmen diese Europäerinnen die Opferrolle freiwillig. Sie sind bereit, täglich für den Islam zu sterben. Bereitwillig ertragen sie Diskriminierung und Schmach. Begegnen den Beleidigungen durch ihren männlichen Herrscher mit Liebe und verzeihen ihm von ganzem Herzen, sogar dann, wenn er Gewalt androht oder ausübt. Diese Frauen negieren die Errungenschaften der westlichen Emanzipation. Obwohl sie es besser wissen müssten, halten sie ein veraltetes Frauenbild hoch. Sie wirken an der Aufrechterhaltung der Männerherrschaft mit, und sie verraten ihre eigenen Kinder, indem sie sie zwingen, sich dem überholten System anzupassen. Wann wollen wir endlich anfangen, die Probleme der Konvertitinnen zu erkennen, zu untersuchen und Lösungen zu finden? Hat die Frauenbewegung in Deutschland nichts erreicht? Wo bleibt die schwesterliche Solidarität der westlichen Frauenrechtsorganisationen?

KAPITEL 12

Brief einer deutschen Schwiegermutter

Solidarität mit den türkischen Mädchen und Frauen kommt hingegen von anderer Seite. Oft wenden sich deutsche Mütter, deren Söhne mit jungen Türkinnen liiert sind, in ihrer Not an mich. Auch sie sind verzweifelt und wissen nicht weiter. Obwohl sie unter Umständen seit Jahren Tür an Tür mit türkischen oder muslimischen Nachbarn leben, haben sie keine Ahnung, was hinter deren Haustür vorgeht. Erst wenn ihr Sohn sich in eine der Töchter des Nachbarn verliebt, müssen sie sich mit der *Unterdrückung der Frau durch den Islam* auseinandersetzen. Sie erfahren von einem Leben in Unfreiheit, einem Kontroll- und Überwachungssystem, in dem es keine Freiräume gibt. Sie erleben hautnah, wie der eigene Sohn (und damit auch die Familie) abgelehnt, ja oft sogar bedroht wird. Eine dieser deutschen Mütter hat vor einigen Jahren Kontakt mit mir aufgenommen und in einem eindringlichen Brief über das Schicksal ihres Sohnes und dessen türkischer Freundin berichtet.

Liebe Serap Çileli,

ich habe ein Jahr lang überlegt, ob ich meine Geschichte der Öffentlichkeit preisgeben soll. Letztlich habe ich mich dafür entschieden, weil die freie Partnerwahl und die voreheliche Partnerschaft in der islamischen Gemeinschaft fast grundsätzlich auf Ablehnung stößt – und ich nicht stillschweigend dulden will, dass junge Frauen stigmatisiert, bedroht oder getötet werden, nur weil sie einen Deutschen lieben, der ihrer Familie nicht passt. Gleichermaßen liegen mir jene Frauen, Männer und deren Kinder am Herzen, die durch eine erzwungene Ehe an ihrer Selbstbestimmung gehindert werden, kein freies Leben führen können, diskriminiert werden und brutale Gewalt erfahren. Bis dato hat die Liste der in Deutschland lebenden, misshandelten, bedrohten und getöteten Frauen und Männer in unserem Umfeld den zweistelligen Bereich schon weit überschritten.

Als mein Sohn sich in ein junges türkisches Mädchen verliebte, hat er eine lebenslange Verantwortung übernommen. Er war erst 20 Jahre alt, als er sich entschieden hat, seine Freiheit und seine berufliche Zukunft für diese Liebe zu opfern. Beide wurden einer unbeschwerten Jugend beraubt, und ihre gemeinsame Zukunft wurde belastet. Beide riskierten ihr Leben, entwickelten einen ungeheuren Mut und stellten sich der Übermacht des türkischen Clans, um über ihr Leben selbst bestimmen zu können.

Alles begann im Juli 2004. Mein Sohn nennt seine neue Freundin *Gülüm*, das bedeutet »meine Rose«, und sie nennt meinen Sohn *Canım*, was »mein Leben – meine Seele« bedeutet. Er war glücklich mit seiner »Gülüm«, machte sich noch keine Gedanken darüber, als sie ihm einschärfte, dass ihre Eltern auf keinen Fall etwas von ihrer Liebe wissen dürften. Doch mit der Zeit wurde ihm bewusst, dass sich Gülüm mit dieser Beziehung in große Gefahr brachte. Denn, so mein Sohn: »Dort, wo sie herkommt, werden die Töchter dafür manchmal sogar ermordet!« Ich riet ihm, doch einmal offen mit den Eltern zu sprechen. Das lehnte Canım rundweg ab: »Mit den Eltern kann man nicht reden«, sagte er. »Die Mutter spricht kaum Deutsch, der Vater zu wenig.« Er erzählte uns, dass im Kulturkreis seiner Freundin die Ehen normalerweise arrangiert werden und auch schon Bewerber für Gülüm vorgesprochen hatten. Doch sie versicherte ihm, dass sie sich nicht zur Heirat zwingen lasse. Doch dann war Gülüm plötzlich nicht mehr auf dem Handy erreichbar. Was wäre, wenn die Eltern doch etwas erfahren hätten?

Canım verließ nachts wütend das Haus. Fuhr mit dem Auto ziellos durch die Gegend, war unerreichbar und kam erst in den frühen Morgenstunden zurück.

Canıms Sorgen um Gülüm erfüllten nach wenigen Monaten jeden einzelnen Tag. Unzählige Male versuchte er sie übers Handy anzurufen, wo sie oft unerreichbar blieb. Dadurch wurde er von Panik überfallen und fuhr gestresst in die Nähe der Siedlung, wo ihre Familie wohnt. Dort konnte er von einem angrenzenden Parkplatz aus ihr Zimmer sehen. Er hupte, und sie antwortete ihm durch An- und Ausschalten der Zimmerlampe. Es gab häufig Momente, in denen er in seiner Verzweiflung zwischen Opferbereitschaft und Hass hin und her gerissen wurde. Der Stress und seine Aggression führten oft zu Spannungen in unserer Familie und verlangten von uns Eltern ein Übermaß an Beherrschung und Toleranz.

Nicht nur Verständnis für die ganze Situation war notwendig, sondern auch Kraft und Sensibilität für die dunkelsten Gedanken eines Verzweifelten. Er wurde ständig mit der Möglichkeit konfrontiert, dass man ihm seine Liebe entreißen, ihr Leid zufügen oder gar das Leben nehmen würde.

Damals hatte ich absolut keine Ahnung von den Abläufen in der muslimischen Gesellschaft in Bezug auf Partnerschaften. Ich war also wie eine Blinde ohne Stock, die sich auf Zuruf ihres Sohnes orientieren musste. Besuche bei Freundinnen wurden vorgetäuscht oder Freistunden in der Schule genutzt, um sich heimlich bei uns treffen zu können. Ich wollte nicht glauben, dass diese Beziehung den Eltern verborgen bleiben würde. Aber später lernte ich umzudenken. Meine stille Hoffnung, dass beide rechtzeitig mögliche Unstimmigkeiten erkennen würden, wich sehr schnell der Einsicht, dass sie unzertrennlich waren.

Canım hatte die Hauptschule besucht und dort seine Gülüm kennen gelernt. Die türkischen Schulkameradinnen wussten alle von der Beziehung. Aber sie hielten dicht, waren es gewohnt, dass sich alles im Verborgenen abspielt. Außerdem weiß jeder, welche Folgen ein Verrat nach sich ziehen würde. Canım war damals schon mutig, ging eher in die Offensive, als dass er sich einschüchtern ließ, und beteiligte sich auch ab und an mit der Faust an Konflikten. Seine Loyalität machte er von der Schwäche einzelner und nicht von deren Nationalität abhängig. Er solidarisierte und identifizierte sich lieber mit den Zuwanderern als mit den zurückhaltenden Deutschen.

Nachdem sich die beiden verliebt hatten, glaubten sie, ihre Liebe so lange geheim halten zu können, bis Gülüm ihre Schule und Ausbildung beendet hatte. Danach wollten sie Gülüms Eltern mit einer Heirat konfrontieren. Ende 2004 haben sie sich in aller Heimlichkeit verlobt. Gülüm ist sehr gläubig, sie betet, fastet und zieht ihre Kraft aus den positiven Lehren des Islam. Sie machte Canım früh mit dem Koran vertraut, so dass bei ihm bald der Wunsch aufkam zu konvertieren. Ohne abzuwägen zwischen Notwendigkeit und wahrer Überzeugung, unterstützten wir auch hier unseren Sohn. Was nicht bedeutet, dem vorurteilsfrei gegenübergestanden zu haben. Doch seine Argumente über die positiven Werte des Islam akzeptierten wir schließlich!

Die beiden Liebenden genossen jeden Moment des Zusammenseins. Sie wählten verborgene Orte oder die Betriebsamkeit einer Stadt, um ein wenig Freiheit und Normalität genießen zu können – natürlich immer auf der Hut! Als sie schließlich doch entdeckt wurden und Gülüm die ersten Drohungen von ihrer Familie erhielt, bekamen meine Sorgen plötzlich eine andere Dimension.

Anfang 2005 musste Canım aus beruflichen Gründen in ein anderes Bundesland ziehen. Die gemeinsame Zeit verringerte sich, und das gegenseitige Verlangen wuchs. Canım nutzte jede Gelegenheit, um an den freien Wochenenden nach Hause zu kommen, und hoffte auf kurze Momente, Gülüm zu sehen. Ich telefonierte täglich mit ihr. Sie ging damals auf eine weiterführende Schule, und ich holte Gülüm so oft wie möglich zu uns. Die Eltern hatten mich gesehen und wurden im Glauben gelassen, dass ich die Mutter einer »Freundin« sei.

Ich kann und will mir nicht anmaßen zu beschreiben, wie Gülüm zu Hause gelebt hat. Doch die vielen Tabus lehnte sie mehr und mehr ab und rebellierte dagegen. Sie wurde immer mutiger und selbstbewusster und begann innerhalb der Familie und Verwandtschaft ihre Position klarzumachen, dass man den Menschen zum Partner wählen sollte, den man liebt.

Am 13. Juni 2005 wurde Gönül Karabey ermordet. Erst nach ihrem gewaltsamen Tod und der Tatsache, dass sie mit einem Deutschen zusammen gewesen war, wurde mir bewusst, wie real die Bedrohung war. Gönüls Foto zog mich magnetisch an. So ein freundlicher, liebreizender junger Mensch, brutal vom Bruder erschossen. Warum? Die Frage, wie nah oder wie weit entfernt sich Gülüm von einer derartigen Gefahr befand, und die ohnmächtige Angst, ein solches Verbrechen nicht verhindern zu können, nahmen mich in Beschlag. Gab es Unterschiede bei den konservativen Muslimen?

Gülüm spürte die Liebe ihres Vaters und vertraute ihm. Er umarmte sie, scherzte mit ihr und freute sich an ihren Geburtstagen über ihr Dasein. Einmal hatte sie ihn gefragt, was er von »Ehrenmord« hielte, worauf er zur Antwort gab, so etwas niemals begehen zu können. *(Das Motiv dafür stellte er allerdings nicht in Frage!)* Gülüm wurde immer zielstrebiger und mutiger. Ihrer Mutter gegenüber verteidigte sie ihren Wunsch auf freie Partnerwahl und diskutierte mit ihr die negativen Beispiele aus dem eigenen Umfeld. Gleichzeitig versuchte sie Vorurteile gegenüber Fremden abzubauen und berief sich dabei auf die Grundwerte des Islam.

Die Eltern fühlten sich überfordert, wurden misstrauisch und sprachen ein Ausgehverbot aus. Gülüm war sehr deprimiert, respektierte jedoch das Verbot der Eltern, vermied die Konfrontation und lebte im Zwiespalt mit der großen Sehnsucht nach ihrer Liebe. Oft beschrieb Gülüm ausdrucksstark ihre Gefühle für die Familie. Diese wünschens- und beneidenswerte tiefe soziale Verbundenheit mit Schwestern, Brüdern, Cousinen, Tanten, Onkeln und den Eltern stand in einem undefinierbaren Widerspruch zu Gülüms auffälligen Zweifeln und Ängsten.

Hilflos beobachtete ich im Sommer 2005, wie Wut und notbedingte Rücksichtnahme an Canım zerrten und er innerlich zwischen Vernunft und Rebellion kämpfte. Der Tag X rückte spürbar näher. Verzweifelt suchte ich Hilfe. Ich recherchierte im Internet, stieß auf Experten und stellte Kontakt her. Einigen schilderte ich das Problem und bat um Ratschläge. Sie lieferten mir behutsam Einblick in die muslimische Weltordnung, aber außer zur Vorsicht mahnenden Worten und dem stärker werdenden Gefühl, über ein großes Tabu und etwas Bedrohliches zu reden, nahm ich nichts Hilfreiches davon mit. Gleichzeitig versuchte ich mehr über den Islam zu erfahren und suchte gezielt Seiten im Internet, die von Muslimen gestaltet wurden.

Irgendwann stieß ich auf die Homepage von Serap Çileli. Endlich öffnete sich ein Tor für mich, hinter dem ich kompetente Hilfe vermutete. Oft hatte ich mit Canım über mögliche Gefahren und Konsequenzen gesprochen, und natürlich hatte er auch mit Gülüm darüber geredet. Aber sie waren zu dem Schluss gekommen, dass sie, wenn überhaupt, nur gemeinsam flüchten würden.

Gülüm wurde immer trotziger. Einmal erzählte sie mir

von einem Streit mit der Mutter, aus dem klar hervorging, dass sich deren Verdacht auf einen deutschen Freund erhärtet hatte. Gülüm hatte ihr dabei zu verstehen gegeben, dass sie ihre Nöte zwar respektiere, aber dennoch darauf bestehe, den Mann, den sie liebe, zu wählen und auch über ihre Heirat allein entscheiden zu wollen.

Ich legte Gülüm nahe, ein aufrichtiges Gespräch zu führen. Doch sie wehrte ab und begründete es damit, ihre Mutter langsam vorbereiten zu wollen. Gülüm machte sich große Sorgen um die *Schockauswirkungen* auf ihre Eltern und befürchtete sogar lebensbedrohliche gesundheitliche Folgen für diese. Ich mahnte, dass es schlimmer sei, wenn sie es von anderen erführen, und erklärte ihr, dass Eltern oft denken, ihre Kinder seien unfähig, die richtige Entscheidung fürs Leben treffen zu können, und dann häufig überreagierten, sich aber auch in den meisten Fällen wieder beruhigen würden. Gülüm weinte. Der Gedanke, ihren Eltern die Wahrheit zu sagen, verunsicherte, verwirrte und verängstigte sie massiv.

Das Verlangen, sich der Mutter anzuvertrauen, und gleichzeitig die Angst, Canım zu verlieren, machten die Situation ausweglos und ließen Gülüm schwermütig werden. Als ich sie in einem dieser depressiven Momente anrief, war sie kaum in der Lage zu sprechen. Besorgt erkundigte ich mich nach ihren Schwestern und fragte, ob die Eltern ihren seelischen Zustand nicht wahrnahmen? Gülüm seufzte nur als Antwort. Ärgerlich versuchte ich mir vorzustellen, was in der Mutter vorging. An diesem Abend schrieb ich die erste E-Mail an Sie, Frau Serap Çileli.

Es folgte eine Zeit, in der Canım längere Zeit ins Ausland musste und schlecht erreichbar war. Ich rief Gülüm an. Sie war mit der Hausarbeit fertig und langweilte sich in ihrem Zimmer. Niedergeschlagen erklärte sie mir, wenn sie Canım nicht bald sehen könnte, wüsste sie nicht mehr weiter. Ich fand keinen Weg, sie zu trösten. Bedrückt und hilflos legte ich auf.

Dann kam die Antwort von Ihnen, Serap Çileli. Ihre E-Mail gab mir endlich wieder Mut und Hoffnung! Und zwar schon mit dem ersten Satz, in dem Sie schrieben, dass nur Gülüm allein wirklich wisse, was es zu tun galt. Sie schrieben weiter: »Es gibt leider kein Patentrezept für die familiären Konflikte türkischer Mädchen. Die Sache muss sehr behutsam angegangen werden. Ich kenne zwar die Familie des Mädchens nicht, doch ich ahne, dass es nicht leicht wird. Warum? Aus Ihren Schilderungen erkenne ich, dass das Mädchen die Freundschaft mit ihrem Sohn noch geheim halten möchte und sich vor der Konfrontation mit den Eltern scheut. Mit Recht! Denn sie allein weiß, wie ihre Familie reagieren wird, wenn sie von dieser ›entehrenden Beziehung‹ (aus Sicht der Familie des Mädchens ist es so) erfahren. Nicht umsonst schiebt sie – wie Sie sagen – den Tag ›X‹ auf.«

Als das Telefon am Montagmorgen klingelte, ahnte ich nichts Gutes. Mit zitternder Stimme flüsterte Gülüm: »Ich habe es gesagt!«, und verzweifelt fügte sie an: »Mein Vater ist durchgedreht und hat gedroht, uns beide umzubringen!« Obwohl ich diesen Moment erwartet und gefürchtet hatte, war ich erst mal geschockt und nicht handlungsfähig. In meinem Kopf überschlug sich alles. Zum ersten Mal wurde mir bewusst, dass mein Sohn in Gefahr war.

Gülüms Brüder waren noch zu klein, aber die Überreaktion des Vaters machte mir große Sorgen. Bestimmt sagte ich: »Dann holen wir dich!« Sie verneinte und erwiderte: »Ich gehe erst zur Arbeit!« Am Nachmittag rief sie wieder an und sagte, dass ihre Schwester da gewesen sei und sie gebeten habe, doch noch einmal nach Hause zu kommen, um über alles zu reden. Sie entschied sich dafür und versuchte, sich und mich zu beruhigen. Ich fühlte mich – wie später noch öfter – als totale Versagerin, überließ ich doch Gülüm wehrlos ihrem Schicksal – nicht ahnend, wozu ihr Vater fähig sein würde.

Gülüm meldete sich am nächsten Morgen und erklärte, dass sie heute zu uns komme. Die Nacht sei schrecklich gewesen, und sie wolle nur noch weg. Doch erst ginge sie, wie gewohnt, zur Arbeit. Um 12.00 Uhr rief sie an und erklärte, dass sie sich frei genommen habe und ich sie abholen könne. Als sie ins Auto stieg, stand ihr die Not ins Gesicht geschrieben. Zu Hause angekommen, saßen wir eine Ewigkeit in der Küche, ich ließ sie reden und weinen. Schockiert beschrieb sie mir ihre Erlebnisse und die Angst, die sie dabei ausgestanden hatte. Verzweiflung, Ziel- und Hoffnungslosigkeit erfassten sie.

Nachmittags fuhr mein Mann in den Ort und kam nach einigen Minuten zurück. Er habe zwei von Gülüms Schwestern in unsere Richtung laufen sehen. Wenig später sahen wir die zwei ratlos an unserem Haus vorbeigehen. Gülüm bat mich, sie nicht ins Haus zu holen. Sie hatte einen Schritt gewagt, der sie durch eine verfrühte Gegenüberstellung mit ihren geliebten Schwestern ins Wanken gebracht hätte.

Mein Mann blieb bei Gülüm. Ich lief zum Auto und fuhr den Schwestern hinterher. Wir hatten eine gute Beziehung zueinander, denn sie waren oft bei uns gewesen und hatten die Schwester gedeckt und mit Alibis versorgt. Sie stiegen ins Auto, und ich fuhr an einen ungestörten Ort. Die Ältere wurde von Weinkrämpfen geschüttelt und jammerte laut: »Gülüm hat unsere Familie zerstört! Sie hat alles kaputt gemacht! Meine Schwester ist für mich gestorben!« Ich wusste, dass sie ihre Schwester über alles liebte, den Ernst und die tiefe Verbundenheit zwischen Gülüm und Canım begriffen hatte und ihre Flüche schon beim Aussprechen bereute.

Am Abend hielt ein Auto vor unserem Haus. Es waren die Eltern mit Gülüms ältester Schwester. Gülüm überkam Panik, fluchtartig verließ sie den Raum und hastete die Treppen hinauf. Ich versteckte ihre Tasche und Schuhe und prüfte sekundenschnell, ob auch nichts mehr auf sie hinwies. Erstaunlicherweise ging es den Eltern an diesem Abend nicht um die Beziehung zu meinem Sohn. Ihr Problem war vielmehr, dass ihrer Tochter außer Haus übernachtete. Damals hatte ich jedoch keine Ahnung, wie immens die Panik vor dem Gerede der Verwandtschaft und der türkischen Gemeinde war – und der Klatsch das Verhalten der Eltern mit beeinflusste.

Die älteste Schwester hatte am Nachmittag beherzt und mutig versucht, den Eltern ein positives Bild von Canım zu vermitteln. Dabei hatte sie einen erheblichen Beitrag geleistet, um eine Annäherung zu ermöglichen. Auf die Frage nach Gülüm erklärte ich, dass sie in ihrem Versteck bleiben werde und wir uns um sie kümmern würden. Behutsam versuchte ich, das vergangene Jahr aufzuarbeiten, wie und wo sich die beiden kennen gelernt hatten. Damit sie den Inhalt meiner Worte verstanden, achtete ich auf Pausen, so dass die Schwester übersetzen konnte. Sie hörten zu, begriffen, aber schüttelten immer wieder den Kopf. Der Vater klagte: »Lieben ja, aber heiraten nein!« Mehr und mehr wurde mir bewusst, dass sie die natürlich entstandene Liebe nachvollziehen konnten und ihnen die Bedeutung des Wortes in diesem Zusammenhang sehr wohl bekannt war. Doch der Mantel der Tradition blieb fest verschlossen und ließ keine eigenen Emotionen zu.

Ich stellte mich demonstrativ vor ihre Tochter und erklärte, dass niemand außer uns wisse, dass wir Gülüm versteckten. Wir betonten, dass es uns um ein friedliches Miteinander ginge, dass wir Gülüm mit ihrer Herkunft und ihrer Kultur als Bereicherung empfänden und alles Erdenkliche in Kauf nehmen wollten, damit sie den Bezug zu ihren Eltern behalte. Doch der Vater brachte nur seine Ausweglosigkeit zum Ausdruck und drohte, sich gemeinsam mit seiner Frau das Leben zu nehmen.

Am nächsten Morgen klingelte es. Es war die jüngere Schwester, sie war die ganze Strecke gerannt, und völlig außer Atem fragte sie nach Gülüm. Ich sagte ihr, Gülüm sei nicht da. Sie stampfte auf, begann zu weinen und schrie, sie wisse, dass Gülüm im Haus sei. Mitleidig führte ich sie zu ihrer Schwester. Weinend umarmten und küssten sich die beiden. Hastig unterhielten sie sich auf Türkisch. Ihre Mimik versprach nichts Gutes. Dann übersetzte Gülüm fassungslos, dass der Vater für sie und ihre Mutter zwei Tickets in die Türkei kaufen wolle. Die jüngere Schwester warnte, dass die Eltern schon bald auf dem Weg hierher seien.

Schnell rafften wir Geld und Handy zusammen und sprangen ins Auto. Ohne ein genaues Ziel fuhr ich auf die Autobahn. An einer Raststätte hielt ich an. Wir gingen hinein, holten uns etwas zu essen und setzten uns an einen Tisch. Gülüm hatte seit zwei Tagen kaum mehr gegessen. Auch jetzt bekam sie keinen Bissen herunter. Wir starrten schweigend aus dem Fenster. Das Rasen der Autos, das klappernde Geschirr und die Menschen um uns herum wirkten surreal. Die Zeit hatte keine Bedeutung mehr. Es war, als sei etwas gestorben. Ich befand mich keine 100 Kilometer von zu Hause entfernt, auf vertrautem, aber instabil werdendem Boden, nach einer Alternative suchend, zwischen Heimat und Flucht, um einen Menschen zu schützen, für den ich mich unendlich verantwortlich fühlte.

Schließlich entschied ich mich, Gülüm bei Bekannten, die mitten im Wald lebten, unterzubringen. Dort würde sie sicher sein. Als ich wieder nach Hause kam, stand das Auto der Eltern vor unserem Haus. Sie saßen mit meinem Mann im Wohnzimmer. Auf meine Frage, wie es ihnen ginge, winkten sie ab und seufzten schwer. Ihre Frage nach dem Verbleib ihrer Tochter wies ich konsequent zurück und erklärte, dass sie vor Canıms Rückkehr niemanden aus der Familie sprechen wolle.

Donnerstagmorgens rief ich in der Gemeindeverwaltung an und bat um ein vertrauliches Gespräch mit dem Standesbeamten. Ich erklärte ihm die Situation, und er beriet mich über die zu erfüllenden Voraussetzungen zur standesamtlichen Heirat einer Nichtdeutschen. Wenn diese erfüllt seien, wäre er bereit, eine Trauung zu vollziehen. Danach holte ich Gülüm ab und fuhr mit ihr zu einer Schutzeinrichtung in der Stadt. Als sich die türkische Mitarbeiterin dort mit Gülüm unterhielt, hatte ich sofort das Gefühl, dass sie einander verstanden und von Dingen sprachen, die mir noch fremd waren. Gülüm erklärte, dass sie sich am Sonntag mit Canım von einem Imam trauen lassen wolle, und hegte die Hoffnung, dass sich damit alles beruhigen würde. Die Mitarbeiterin bestätigte verallgemeinernd diesen Gedanken. Auch ich klammerte mich nur zu gern an diese Hoffnung.

Abends standen wieder die Eltern vor der Tür. Sie wollten reden. Der Vater brachte Bedingungen für eine mögliche Eheschließung ins Gespräch. Er wollte Bürgschaften von Canım, die er bei einer Trennung zu zahlen hätte. Spontan erwiderte ich, dass Canım sicher unterschreiben würde, weil dies ein kleineres Übel für seine überzeugte Liebe sei. Die Bedingungen wurden immer wieder verändert, bis wir Canım schließlich als Mitgift unser gesamtes Eigentum überschreiben sollten. Wir waren gleichermaßen schockiert und empört über den scheinbaren Kuhhandel. Für mich war es ein verzweifelter Versuch, die Beziehung so schnell wie möglich zu beenden.

Endlich war das Wochenende da. Ich hätte Canım beinahe nicht erkannt, auch er war sehr abgemagert. Gülüm strahlte ihn jedoch überglücklich an, und Canım starrte ungläubig zurück (Wir hatten ihn über die jüngste Entwicklung im Ungewissen lassen müssen!). Fragen, Antworten und Erklärungen überschlugen sich. Mal ruhiger, mal hektischer bekam Canım eine grobe Übersicht der Vorfälle. Spät in der Nacht brachte ich die beiden zu ihrem Hotel.

Morgens rief der Vater an und fragte, ob er Gülüm sehen könne. Ich übermittelte ihm, dass beide sich erst einmal in Ruhe aussprechen und dann bei ihm melden würden. Nervös fragte er, wo Gülüm sei, und ich merkte, dass ihm der Gedanke, Gülüm könne mit Canım allein sein, fast den Verstand raubte. Nachmittags meldete sich Canım und erklärte, wenn der Vater seine Zustimmung gäbe, würden er und Gülüm nicht fliehen. Sie würden am Ort bleiben, bis die Papiere vorlägen und sie standesamtlich und nach islamischer Tradition in einer Moschee heiraten könnten. Sie betonten, dass sie nichts Unrechtes getan hätten und es keinen Grund zur Flucht gäbe. Beide wollten sich nicht einschüchtern lassen.

Um Mitternacht fuhr dann tatsächlich wieder ein Auto vor. Unsere Nerven lagen blank. Ich wollte zunächst nicht öffnen, aber nach wiederholtem Klingeln machten wir schließlich doch auf. Die Eltern kamen mit den Geschwistern herein und forderten, Gülüms Aufenthaltsort zu erfahren. Ich bat sie, ihrer Tochter zu vertrauen, außerdem würden wir nichts sagen und bräuchten dringend Schlaf. Die Mutter glaubte, dass beide im Haus wären, und ich ermunterte sie, die Wohnung zu durchsuchen. Sie öffnete ein paar Türen, gab dann aber auf. Entmutigt fuhren sie wieder nach Hause.

Am nächsten Vormittag trafen Gülüm und Canım ein. Nach einer Stunde stand Gülüms Mutter mit den Geschwistern vor der Tür, der Vater blieb im Auto sitzen. Ich bat die Mutter, im Wohnzimmer Platz zu nehmen. Dann holten wir Gülüm und brachten sie zu ihr. Doch sie konnte nicht auf die Mutter zugehen, sondern setzte sich auf einen Stuhl und weinte. Die Mutter seufzte häufig und wartete ab. Als Gülüm nicht kam, ergriff sie schließlich die Initiative. Die beiden umarmten sich, und Gülüm brach weinend zusammen. Ihre Mutter redete unaufhörlich auf sie ein. Ich beobachtete Gülüms Gesichtszüge und ihr Verhalten. Auf Canıms Frage, ob sie ihrer Mutter vertraue, bejahte Gülüm. Die Mutter ihrerseits versprach, die Tochter nicht zu schlagen oder gar in die Türkei zu schicken. Sie versprach weiter, dass wir den Pass erhalten sollten und Canım mehrmals zum »Wünschen« (Werben) kommen solle und dann die Zustimmung zur Heirat erhalten würde. Gülüm vertraute ihr, nickte zustimmend auf Canıms fragende Blicke. Jetzt war sie bereit, mit nach Hause zu gehen. Dann brachte Canım beide zum Auto des Vaters.

Als wir am Abend die Familie besuchten, unterhielten wir uns, als hätte nie eine Bedrohung stattgefunden. Wir wuschen unsere Hände mit parfümiertem Wasser, sahen türkisches Fernsehen, tranken Tee, und die Eltern schlugen Canım vor, wie er vorgehen solle. Gegenseitig bestätigten wir uns, dass es uns allen jetzt besser ginge. Sie versicherten uns, dass das Versteckspiel vorbei sei, Gülüm am Montag arbeiten gehen würde und sich – endlich – wieder frei bewegen dürfte. Gülüms Schwestern freuten sich und waren sehr glücklich. Der Vater beteuerte uns, dass Canım ein guter Junge sei und wir Menschen alle gleich seien. In der Nacht fuhren wir zufrieden nach Hause und mein Sohn wieder zu seinem Arbeitsplatz. Die Ausweispapiere hatte er – gutgläubigerweise – nicht mehr verlangt.

Doch am nächsten Morgen war wieder alles anders – das Festhalten an der Tradition war wieder da. Aber Gülüm verschwieg mir die jüngste Entwicklung und gab vor, meine Freude über die glückliche Wende zu teilen. Am Abend erreichte ich sie nicht mehr auf ihrem Handy. Als ich sie über das Festnetz anrief, sagte mir ihr Vater, dass Gülüm schon schlafe. In seiner Stimme erkannte ich die Ablehnung der vergangenen Woche wieder. Weitere Versuche, sie über ihr Handy zu erreichen, blieben erfolglos. Ich wurde panisch und fuhr zusammen mit meinem Mann in die Siedlung. In einem Zimmer brannte noch Licht. Wir warteten ab und beobachteten den Eingang des Gebäudes. Erst als es in der Wohnung dunkel wurde, fuhren wir nach Hause. Düsteres Unbehagen begleitete mich in dieser nicht enden wollenden Nacht.

Tatsächlich befand sich Gülüm mitten im Psychoterror. Die Eltern, aber auch Verwandte und Nachbarn redeten von morgens bis abends auf sie ein. Sie sei krank, von Canım und uns beeinflusst. Sie beluden Gülüm mit einer unvorstellbaren Last und betonten immer wieder, dass sie viele Menschen mit dieser Schande unglücklich machen würde. Selbst ein Imam in der Türkei betrachte ihre Liebe zu Canım als Schande und habe angeblich den Vater gebeten, diese Beziehung auf jeden Fall zu verhindern. Doch Gülüms Liebe zu Canım war unerschütterlich. Vehement widersetzte sie sich dem Druck und demonstrierte ihre Willenskraft. Zögerlich vertraute sie sich mir an und erzählte von den Vorgängen. Auch Canım weihte sie ein, und wir begannen wieder im Dreieck zu kommunizieren.

Da Canım eine mögliche Entführung verhindern wollte, handelte er sehr schnell. Er nahm sich Urlaub, kam zurück und begab sich mit seinem Bruder in die Siedlung, um den Eingang des Wohnblocks zu beobachten. Er wollte dringend mit Gülüms Vater sprechen, doch der weigerte sich. Im Gegenteil, er drohte, Gülüm wieder einzusperren, wenn sie Canım nicht verlassen würde.

Die Ereignisse überschlugen sich, und ich rief die Polizei. Zwischenzeitlich war es Gülüm gelungen, die elterliche Wohnung zu verlassen. Die ganze Familie befand sich im Treppenhaus. Gülüm und ihre Schwestern waren kreidebleich. Canım forderte Gülüm auf, mit ihm zu gehen. Doch sie blieb wie angewurzelt stehen. Ihre Mutter redete unaufhörlich auf sie ein. Gülüm war sehr aufgeregt und stieg mit roboterhaften Bewegungen wieder einige Stufen hinauf. Schockiert beobachteten wir die Situation, und Canım bat Gülüm, zu ihm zu kommen. Irritiert machte er einige Schritte auf sie zu, aber Gülüm wich zurück – unfähig, eine Entscheidung zu treffen.

Der entscheidende Impuls kam von einem der eintreffenden Polizeibeamten: »Sie leben in Deutschland und sind ein freier Mensch! Wenn Sie jetzt wieder da hoch gehen, kann alles vorbei sein!« Gülüms Atem wurde schneller, und ich fürchtete, sie werde kollabieren. Plötzlich hielt sie sich die Ohren zu und rannte an allen vorbei nach draußen. Canım folgte ihr. Es war, als löste sich ein kleiner Tropfen von einer zähfließenden Flüssigkeit. Schweigend begaben sich alle Beteiligten nach draußen, blieben vor dem Eingang stehen und schauten den beiden hinterher.

Besorgt beobachtete ich die Geschwister und suchte Blickkontakt zu den Eltern. Sie beobachteten schweigend, wie ihre Tochter fortging. Erschüttert wandte ich mich ab und verließ das Gelände. Die Beamten verweilten noch einen Moment und fuhren dann langsam an uns vorbei. Als sie mich erreichten, fragten sie nach Gülüms Namen. Auf meine Frage, was die beiden machen sollten, sagte der fürsorgliche Beamte bestimmt: »Weg von hier!«

Nachdem Gülüm eine Woche bei uns war, begann sie – unter Sicherheitsvorkehrungen – wieder zu arbeiten. Viele Monate lebte sie isoliert von der Außenwelt. Einkäufe, Spaziergänge oder Kinobesuche unterließ sie. Auch Canım bewegte sich aus Rücksicht auf ihren Vater nur sehr unauffällig durch unseren Ort, er wollte ihn nicht provozieren. Eines Tages erfuhr er von einem Bekannten, Gülüms Vater wolle sich eine Waffe besorgen. Gülüm nahm ihren Vater in Schutz und deutete dies nur als Drohgebärde.

Canım hatte seinen Beruf aufgegeben, um Gülüm zu schützen und bei ihr sein zu können. Es verstrichen viele Monate, bis die erforderlichen Papiere vorlagen und die standesamtliche Trauung vollzogen werden konnte. Bis dahin erlebte Gülüm weitere Drohungen, Erpressungsversuche, Demütigungen, Verleumdungen und jede Menge Voodoozauber. Und wir alle lebten in ständiger Angst um ihr Leben. Ihre jüngeren Geschwister erfuhren Verachtung und Gewalt für die Unterstützung und ungebrochene Loyalität zu ihrer Schwester.

Jetzt ist das Schlimmste überstanden. Selbstbewusst gehen Gülüm und Canım durch ihr Leben und nehmen die gegenseitige Verantwortung sehr ernst. Beide lieben sich über alles und haben sich damit nicht schuldig gemacht! Gülüm ist ein Mensch und hat es wie alle anderen verdient, Zuneigung in Form von Vertrauen und Respekt zu erhalten! Ich liebe sie sehr! Vertrauen ist das Elixier, welches uns stärkt, zusammenhält und selbst größte Hindernisse bewältigen lässt!

Gülüms Eltern konnten die »Schande« nicht ertragen und haben den Ort verlassen. Noch heute weisen sie ihrer Tochter die Schuld zu und lehnen meinen Sohn ab. Aber die Situation hat sich beruhigt, und ich habe nicht mehr so schreckliche Angst um die beiden. Es ist, als sei ich durch zwei Welten gegangen, aus einer hellen bunten in eine düstere schwarzweiße und wieder hinaus.

Das Trauma verfolgt mich bis heute wie ein langer Schatten. Denn mit Eintauchen in diese Gesellschaft habe ich Menschen kennengelernt, die ein ähnliches Schicksal, ähnlich dramatisch und gewalttätig, erfahren haben wie meine Schwiegertochter und mein Sohn. Bis heute fühle ich mich mitschuldig, weil ich eine von jenen war, die es aus Sorge vor Fremdenfeindlichkeit nicht wagte, den Kulturvorhang zu öffnen, um die dahinter verborgenen eklatanten Menschenrechtsverletzungen anzuprangern! Ebenso empfinde ich tiefe Scham über die Beamten der Kommunen und Bundesländer, die Lehrer und Ärzte, die sich mir als eine Gruppe präsentierten, die über ein erstaunliches Wissen aus diesem Milieu verfügte. Ich frage mich, wie unserem Staat – trotz dieser Erkenntnisse – das Ausmaß dieser Schicksale entgangen sein kann. Ich fühle mich von unseren Politikern im Stich gelassen. Aber auch von den muslimischen Verbänden, denen es meiner Erfahrung nach noch immer schwer fällt, sich für mehr Toleranz einzusetzen.

Aus einer moralischen Verpflichtung leiste ich hiermit meinen Beitrag, um vielen jungen Menschen zu helfen. Aber ich möchte auch jenen Eltern, deren Söhne sich in muslimische Frauen verlieben und die sich vor Entdeckung fürchten, Mut machen. Besinnen Sie sich auf die freiheitlichen Werte unserer Gesellschaft und lassen Sie sich nicht einschüchtern. Jede Gefahr wird bedrohlicher, wenn man sich vor ihr fürchtet! Den deutschen Staat bitte ich darum, Kinder aus Einwandererfamilien zu schützen, sie gleich zu behandeln und ihnen einen Einstieg in unsere Gesellschaft zu ermöglichen. Ihnen ihr Recht auf Freiheit nicht vorzuenthalten und couragiert zu reagieren, wenn sie Gewalt – auch aus den eigenen Reihen – erfahren. Sich aus Rücksicht auf die *andere Kultur* nicht einzumischen oder sich aus *Gleichgültigkeit* herauszuhalten ist in meinen Augen Apartheid!

Uns hat nur geholfen, dass wir Menschen wie Sie gefunden haben, Frau Çileli. Menschen wie Sie verändern die Welt. Ihr aufopferndes Engagement war uns eine große Hilfe. Das, was Gülüms Eltern taten, war der Sturm, der vom Flügelschlag einer hetzenden Gesellschaft produziert wird.

Morgen ist ihre religiöse Trauung, und wir sind überglücklich, dass Canım und Gülüm es endlich geschafft haben. Bald werde ich Ihnen Bilder von der Hochzeit zuschicken. Ich danke Ihnen ganz herzlich und wünsche Ihnen alles Gute für die Zukunft.

Ihre Franziska

KAPITEL 13

Oft bleibt nur die Flucht

Wenn sich die Situation in der Familie zuspitzt, bleibt oft nur die Flucht. Wie viele muslimische Mädchen und Frauen jährlich um Leib und Leben fürchten und von zu Hause fliehen müssen, wird statistisch nirgendwo erhoben. Aber die, die fliehen müssen, finden Zuflucht in Frauenhäusern oder speziellen Kriseneinrichtungen. Papatya in Berlin ist eine von insgesamt fünf Einrichtungen speziell für muslimische Mädchen. Papatya-Mitarbeiterinnen schätzen, dass seit Gründung der Einrichtung vor über 20 Jahren weit über 1000 Mädchen aufgenommen werden konnten.

Als ich selbst vor 15 Jahren Hilfe brauchte und fliehen musste, hatte ich keine Ahnung, wo ich mich hinwenden sollte. Die Situation mit meinen Eltern spitzte sich im Herbst 1992 immer mehr zu. Meine Eltern hatten nie akzeptiert, dass ich mit meinen beiden Kindern allein lebte. Seit meiner Rückkehr nach Deutschland suchten sie nach einem passenden Mann für mich. Und tatsächlich war der Heiratsvermittler meiner allerersten Verlobung wieder aktiv geworden. Und ich wusste, dass ich so schnell wie möglich weg musste, bevor neues Unglück über mich hereinbrach. Als mein Entschluss zu gehen feststand, rief ich als Erstes beim zuständigen Jugendamt an, aber die teilten mir mit, dass ich, inzwischen 26 Jahre, zu alt und das Jugendamt demzufolge nicht zuständig sei. Ich solle mich an die Polizei wenden. Dort wurde mir gesagt, ich möge mit meinen beiden Kindern vorbeikommen, dann würde sie mich ins nächste Frauenhaus bringen. Ich traute meinen Ohren nicht! Hatten die verstanden, was ich sagte? Aber selbst als ich meine Situation ausführlicher schilderte, blieben sie dabei. Handeln und eingreifen könnten sie erst, wenn etwas passiert sei. Überspitzt formuliert bedeutete das, dass erst ein Verbrechen geschehen muss, bevor die Polizei sich einschaltet. Ich war fassungslos!

In meiner Verzweiflung erinnerte ich mich an eine Sozialarbeiterin, die ich in einem anderen Zusammenhang kennengelernt hatte. Ich rief sie an und erzählte ihr meine Geschichte. Sie war ziemlich alarmiert und handelte sehr schnell. Innerhalb weniger Tage hatte sie in einem anderen Bundesland einen Platz in einem Frauenhaus organisiert und zehn Menschen (acht Frauen und zwei Männer) gefunden, die bei meiner Flucht helfen würden. Am 24. September war es dann soweit.

Ich hatte die Kinder wie immer gegen acht Uhr ins Bett gebracht. Sie schliefen tief und fest, als ich hektisch ein paar Habseligkeiten zusammensuchte und in zwei Koffer stopfte. Als ich fertig war, weckte ich die Kleinen und zog sie an. Inzwischen war es fast Mitternacht, und ich wusste, sobald ein Taxi draußen vorfuhr, konnte es losgehen. Ich drückte Hayati und Selda ihre Kuscheltiere in die Hände und erzählte ihnen, dass wir ein bisschen verreisen würden.

So kam es, dass ich in jener Nacht gegen 24 Uhr mit zwei Kindern an einer Hand und einem Koffer in der anderen durch die Tiefgarage auf die Straße kam. Dort wartete bereits das Taxi, dessen Kofferraum wie verabredet offen stand. Um unseren Block herum hatten sich die Frauen, alle mit Kopftüchern und langen Mänteln bekleidet, postiert, um die Straße zu beobachten und mich zu schützen. Die beiden Männer hatte man eingeteilt, um eventuelle männliche Mitglieder meiner Familie abzuwehren. Während ich die Kinder ins Taxi setzte, holte eine der Frauen den zweiten Koffer und verstaute ihn im Kofferraum. Nach fünf Minuten waren wir startklar. Als ich mich auf den Beifahrersitz setzte, nach hinten zu den Kinder sah, dachte ich nur: Nichts wie weg von hier! Mein Herz klopfte wie wild, als wir die Siedlung verließen. Aber erst nachdem wir die Stadt hinter uns gelassen hatten, konnte ich aufatmen. Wir hatten es geschafft und waren unentdeckt entkommen.

Um ganz sicher zu gehen, dass uns niemand folgte und keine Gefahr mehr drohte, begleiteten uns die Fluchthelfer in zwei Autos noch 30 Kilometer. Mit einem Lichthupenkonzert verabschiedete sich unsere Eskorte schließlich und fuhr zurück. Jetzt war ich allein auf mich gestellt, aber ich war viel zu erschöpft, um die Angst zu spüren. Die Fahrt nach Hessen dauerte etwa zweieinhalb Stunden. Gegen halb drei Uhr nachts trafen wir an unserem Bestimmungsort ein. Im Frauenhaus erwartete man uns bereits. Nach einem kurzen Gespräch zeigte mir die Sozialarbeiterin unser Zimmer und das Bad, das wir mit ein paar anderen Frauen würden teilen müssen. Ich brachte die Kinder ins Bett und legte mich dann auch hin. Obwohl ich total erschöpft war, lag ich noch lange wach. Ich konnte es immer noch nicht fassen, ich hatte es tatsächlich geschafft, meinen Eltern, meinen Peinigern, zu entkommen. Ich weiß nicht, wie oft ich damals dem Herrgott gedankt habe, dass er mir diese Frau geschickt hatte. Ohne sie wären wir verloren gewesen.

Ende der 8oer, Anfang der 9oer Jahre des letzten Jahrhunderts konnten Frauen wie ich kaum auf Hilfe hoffen. Die Polizei schritt damals (ebenso wie heute) nur ein, wenn unmittelbare Gefahr für Leib und Leben bestand. Frauenhäuser gab es zwar schon, zumindest in den Großstädten, und auch spezielle Kriseneinrichtungen waren im Entstehen, aber sie leisteten und leisten keine nachgehende Hilfe. Das heißt, die Sozialarbeiter kommen nicht zu Betroffenen nach Hause. Diese müssen aus freien Stücken zu ihnen kommen, so ist das Prinzip. Aber das ist für viele Mädchen und junge Frauen mit Migrationshintergrund oft sehr schwierig oder gar unmöglich. Sie sind mit ihrer Familie tief verbunden und haben selbst in Extremsituationen viel zu große Angst, den endgültigen Schritt zu tun.

Ich hatte den Schritt gewagt. Als ich im Odenwälder Frauenhaus unterkam und versuchte, mein Leben neu zu ordnen, hatte ich viel Kontakt zu anderen türkischen Leidensgenossinnen. Viele waren Importbräute und sprachen kaum ein Wort Deutsch. So wurde ich bald gebeten, bei verschiedenen Gelegenheiten zu dolmetschen. Plötzlich hatte ich eine Aufgabe, und gleichzeitig sah ich, dass es Frauen gab, die ein ähnliches Schicksal hatten wie ich. Das hat mir damals sehr geholfen.

Wie ich zur Fluchthelferin wurde

Damals habe ich natürlich nicht im Traum daran gedacht, dass die Auseinandersetzung mit muslimischen Frauen und ihrem Schicksal mein Beruf oder eher meine Berufung werden würde. Auch nach Erscheinen meines ersten Buches und der Ausstrahlung des Films im ZDF war ich der festen Überzeugung, dass ich damit meinen Anteil geleistet hätte und mich jetzt wieder meinem eigenen Leben zuwenden könne. Aber schon eine Woche später bekam ich den Anruf von Narmin. Die 17-jährige Kurdin war höchst alarmiert, ihr Vater hatte sie gegen Kopfgeld an einen irakischen Kurden – im wahrsten Sinne des Wortes – verkauft, und die Hochzeit mit dem 40-jährigen Iraker stand kurz bevor. Sie kannte ihren Zukünftigen nicht und wollte ihn auf gar keinen Fall heiraten. Nach einem langen Telefongespräch wurde mir klar, dass ich ihr helfen musste. Ihre Situation hatte sich innerhalb kürzester Zeit dramatisch zugespitzt. Seitdem sie sich weigerte, war sie nicht nur von Zwangsheirat, sondern auch von Ehrenmord bedroht. Nach einem neuerlichen Streit mit ihrem Vater hatte er sie halb totgeschlagen. Sie rief mich an und flüsterte erstickt durchs Telefon: »Du musst mich hier rausholen, sonst bringt er mich um!« Ich habe mich sofort mit meinem Mann Ali besprochen, und wir waren uns bald einig, dass wir dem Mädchen helfen mussten. So planten wir also ihre Flucht.

Ich telefonierte zunächst mit verschiedenen Frauenhäusern und versuchte, einen Platz für sie zu finden. Dabei lernte ich schnell, dass eine Minderjährige in einem Frauenhaus keinen Schutz finden würde. Aber die Sozialarbeiterinnen waren sehr kooperativ und klärten mich auf, dass es für Unter-18-Jährige eigene Zufluchtsstätten gäbe. Nach einer Weile gelang es mir tatsächlich, für sie einen Platz zu finden. Nun mussten wir sie nur noch dorthin schaffen. Sie wohnte bei uns in der Nähe, und die Einrichtung war in Nürnberg. Ich wusste aus eigener Erfahrung, dass die Distanz wichtig war. Sie musste möglichst weit weg von zu Hause, sonst würde der Familienclan sie aufspüren und ihr Schreckliches antun.

Eines Tages war es dann so weit. Mitten in der Nacht holten wir Narmin an einem verabredeten Ort ab. Als der Rest der Familie schlief, hatte sie sich mit einem kleinen Rucksack aus dem Haus geschlichen und ganz in der Nähe auf uns gewartet. Sie legte sich auf den Rücksitz, und ich deckte sie mit einer Wolldecke zu. Wenig später holten wir ihren Freund ab. Er wollte sie in dieser Situation auf keinen Fall allein lassen und hatte sich entschieden, mit ihr zu fliehen. Beide lagen nun versteckt unter der Decke auf dem Rücksitz, bis wir die Stadt verließen. Erst auf der Autobahn wagten sie es, sich wieder aufrecht hinzusetzen. Mir fiel unwillkürlich meine eigene Flucht ein und wie viel Glück ich damals gehabt hatte. Nach zwei Stunden hatten wir unser Ziel erreicht und brachten zuerst Narmin in die Einrichtung und danach ihren Freund in eine nahe gelegene Pension.

Auf der Rückfahrt waren Ali und ich ganz euphorisch. Wir hatten es tatsächlich getan! Wir hatten ein Mädchen aus ihrer Not befreit und in Sicherheit gebracht. Ich werde Narmins dankbaren Blick beim Abschied nie vergessen! Geholfen zu haben war ein gutes Gefühl. Als wir im frühen Morgengrauen wieder zu Hause waren, habe ich mich gefragt, wie Narmins Familie wohl reagieren würde, wenn sie am Morgen feststellte, dass ihre Tochter verschwunden war. Aber die Freude darüber, dass das Mädchen jetzt in Sicherheit war, überwog bald, und ich konnte endlich einschlafen.

Narmin war kein Einzelfall. Wenig später meldete sich die nächste Muslimin, die in Not war. Und mir wurde klar, dass ich durch mein eigenes Schicksal für diese Frauen so eine Art Rettungsanker war. Ich war inzwischen oft im Fernsehen aufgetreten, und die Menschen verbanden meinen Namen mit dem Thema Zwangsheirat. Betroffene sahen mich in Interviews und Talkshows und schöpften neue Hoffnung. Als ich im Jahr 2000 eine eigene Homepage einrichtete, ging es richtig los. Über die E-Mail-Adresse konnten mich die Frauen anonym kontaktieren. Tag für Tag erreichten mich Hilferufe aus ganz Deutschland und dem benachbarten Ausland. Ich war von der Flut von Anfragen völlig überwältigt. Mit jeder Anfrage und jedem Schicksal wurde ich professioneller. Schon bald kannte ich viele Frauenhäuser, und die Mitarbeiterinnen kannten mich. Und wenn ich wieder eine Frau in Not hatte, kontaktierte ich die zuständigen Sozial- bzw. Jugendämter, um das Finanzielle zu klären. Das ist mühsam und birgt gewisse Gefahren in sich. Denn Sozialämter kontaktieren sofort nachdem ein Antrag auf Sozialhilfe gestellt wird, die Familie der Hilfesuchenden.

Als ich floh, hatte ich 400 Mark in der Tasche. Das Geld reichte eine Weile, aber bald war klar, dass ich zum Überleben Sozialhilfe brauchte. Also stellte ich beim zuständigen Amt einen Antrag. Das Amt hat dann – routinemäßig – meine Familie angeschrieben und sie darüber informiert und gleichzeitig aufgefordert, das ausgelegte Geld zurückzuzahlen. Damit wussten meine Eltern, wo ich mich aufhielt. Prompt sind mein Vater und mein Bruder in den Odenwald gefahren. Obwohl die Adresse der Frauenhäuser geheim ist, haben sie nicht lange gebraucht, um mich zu finden. Ich stand mit klopfendem Herzen an einem Fenster im ersten Stock und habe sie beobachtet. Gott sei Dank hat sie niemand ins Haus gelassen. Zwei Wochen später bekam ich wieder Besuch, diesmal von meinem jüngsten und meinem zweitältesten Bruder. Sie hatten einen Brief meines Vaters dabei, darin schrieb er: »Tochter, Du hast mich entehrt. Du lebst jetzt als Mätresse von diesem Hurensohn. Rette meine Ehre und heirate ihn, sonst bringe ich Dich um! Für mich bist Du trotz Heirat gestorben. Ich habe keine Tochter mehr!«

Diese Praxis der Sozialämter hat sich bis heute nicht geändert. Noch immer werden Eltern oder Ehemänner von geflüchteten Mädchen und Frauen angeschrieben, sobald sie einen Antrag auf Sozialhilfe stellen. In einigen Bundesländern hat man inzwischen die Gefahr erkannt, und es ist möglich, einen Anwalt dazwischenzuschalten, so dass dessen Adresse angegeben wird und nicht die der Schutzeinrichtung. Aber das ist nicht überall so.

Das Zeugenschutzprogramm

In manchen Fällen reicht auch der Schutz eines Frauenhauses nicht aus. Die Bedrohung ist so groß, dass die Frauen untertauchen müssen. Ihnen hilft nur noch das Zeugenschutz-Programm bzw. der Personenschutz. Damit werden die gefährdeten Frauen – im wahrsten Sinne des Wortes – aus dem Schussfeld genommen. Ich hatte bisher mit einer jungen Frau zu tun, die Personenschutz bekam. Um die Anonymität und den Schutz der Betroffenen zu wahren, habe ich den Fall rekonstruiert. Er hat sich so oder so ähnlich irgendwo in Deutschland abgespielt.

Sevgi war fünf Jahre alt, als sie mit ihren Eltern nach Deutschland kam. Im Gegensatz zu ihnen hatte sie die Sprache sehr schnell gelernt und sich gut eingelebt. Aber die Eltern fühlten sich hier nie wirklich wohl. Sie fanden zwar Arbeit in einer Fabrik und auch bald eine nette kleine Wohnung, aber Kontakt zu Deutschen hatten sie nicht. Bis heute sprechen sie sehr schlecht Deutsch. Nach Sevgi wurden noch zwei Schwestern und ein Bruder geboren. Das Mädchen kam in der Schule gut voran, und als der Schulwechsel anstand, bat eine Lehrerin die Eltern zum Gespräch. Sie empfahl Sevgi fürs Gymnasium. Aber das sahen die Eltern ganz anders. Die Tochter sollte so schnell wie möglich die Schule fertig machen, eine Arbeit finden und endlich Geld verdienen. Studieren würde sie sowieso nicht, weil sie ja irgendwann heiraten würde. Die Lehrerin konnte nach einem langen, mühsamen Gespräch wenigstens den Wechsel in die Realschule durchsetzen.

Die Mittlere Reife schaffte Sevgi mühelos, aber um des lieben Friedens willen suchte sie sich danach einen Ausbildungsplatz. Dort lernte sie einen Jungen kennen und verliebte sich in ihn. Sevgi wusste, dass es schwierig werden würde. Die Eltern waren strenggläubige Muslime und würden nie einen deutschen Freund akzeptieren. Also trafen sich die beiden jungen Leute heimlich, in der Mittagspause, oder sie täuschte Überstunden vor, bis sie eines Tages aufflogen. Freunde der Eltern hatten sie gesehen und sofort Bericht erstattet. Als Sevgi dann abends nichts ahnend nach Hause kam, stand der Vater schon in der Tür, packte sie am Arm und zerrte sie in ihr Zimmer. Er schleuderte sie aufs Bett und schlug mit den Fäusten auf sie ein, während die Mutter in der Tür stand und zuschaute. Der Vater verprügelte Sevgi so lange, bis sie das Bewusstsein verlor. Am nächsten Tag wurde sie von der Mutter mit der Begründung krank gemeldet, sie sei gestürzt und könne eine Weile nicht kommen. Sevgis Freund wusste sofort, dass etwas nicht stimmte, und versuchte sie auf dem geheimen Handy anzurufen. Aber das hatte sie vor lauter Angst gleich ausgeschaltet, als sie wieder zu sich gekommen war. Tagelang lag Sevgi im Bett, den Körper übersät mit Blutergüssen. Sie war kaum in der Lage zu sprechen, geschweige denn zu essen. Jeden Abend kam der Vater ins Zimmer gestürmt, baute sich vor ihr auf und schrie: »Nenn mir seinen Namen, sag mir, wo er wohnt. Wenn ich ihn finde, bringe ich ihn um.« Aber Sevgi schwieg. Sie hätte sich lieber totschlagen lassen, als zu reden. Ihre Sturheit machte den Vater noch wütender, aber er schlug sie nicht mehr. Stattdessen sperrte er sie ein – tagelang, ohne Kontakt nach draußen, ohne etwas zu essen. Irgendwann schaltete sich die Mutter ein. Sie versprach zu helfen, wenn Sevgi kooperierte. Dann erzählte sie von dem Plan, die Tochter mit einem Cousin zu verheiraten. In der Heimat würden die Vorbereitungen schon getroffen, und im Sommer sollte Hochzeit sein. In Sevgis Kopf überschlugen sich die Gedanken. Sie wollte diesen Cousin auf gar keinen Fall heiraten. Allein den Gedanken fand sie widerlich. Aber um endlich rauszukommen, hätte sie alles getan, also versprach sie mitzumachen. Die Mutter war sehr zufrieden, als sie dem Vater die Entscheidung der Tochter mitteilte.

Am nächsten Tag ging sie wieder zur Arbeit. Obwohl der Vorfall schon ein paar Wochen zurücklag, hatte sie immer noch sichtbare Blessuren. Als ihr Freund sie so sah und ihre Geschichte hörte, wurde er kreidebleich und sagte: »Du musst da sofort weg!« Dann ging er zum Chef. Zusammen entwarfen sie einen Schlachtplan. Sevgi sollte fürs Erste in ein Frauenhaus gebracht werden, und dann würde man weitersehen. Inzwischen sind zwei Jahre vergangen. Sevgi ist an jenem Abend nicht mehr nach Hause gegangen. Sie lebt jetzt weit weg in einer anderen Stadt, trägt einen anderen Namen und hat inzwischen das Abitur nachgemacht. Die Beziehung zu ihrem Freund ist daran zerbrochen. Sie sagt: »Ich musste mich entscheiden, entweder bei ihm zu bleiben und um mein Leben zu fürchten oder mich von ihm zu trennen.« Sie hat sich für das Leben entschieden. Ihre Familie weiß nicht, wo sie ist, ja nicht einmal, ob sie noch lebt.

Wer von einem Ehrverbrechen bedroht ist, kann mit Hilfe der Behörden seine Identität ändern. Sie helfen der Betroffenen, ein neues Leben aufzubauen. Die gefährdete Person wird in eine andere Stadt gebracht, bekommt einen neuen Namen und lebt dort in völliger Anonymität – ihre Vergangenheit ist ausgelöscht. Finanzielle Unterstützung erhalten die jungen Frauen entweder von Vereinen oder von Stiftungen, die deren Lebensunterhalt in der ersten Zeit sichern. Mit Hilfe eines Psychologen schaffen es die Betroffenen vielleicht, ihr Trauma zu überwinden.

Einziger Knackpunkt – zumindest offiziell: Die betroffene Person muss als Zeugin in einem Prozess aussagen. Nur dann kann im Rahmen des Zeugenschutzprogramms Hilfe und Unterstützung angeboten werden. Bei dem von mir geschilderten Fall war das anders. Aber offiziell bestätigt hat das niemand. Denn die Informationen diesbezüglich sind – aus verständlichen Gründen – nicht leicht zugänglich. Bestätigt wurde lediglich, dass jeder, egal ob In- oder Ausländer, der wertvolle Informationen in einem Strafverfahren durch besondere Nähe zum Täter liefern kann, ins Zeugenschutzprogramm aufgenommen werden kann. Einzige Voraussetzung: Sein Leben ist in höchster Gefahr.

Wenn die Hilfe zu spät kommt

Wenn türkisch-muslimische Frauen vom Tod bedroht sind, geht es fast immer um Ehrenmord. Morde im Namen der Ehre sind ein Phänomen archaisch-patriarchalischer muslimischer Gesellschaftsordnungen. Wenn sich eine Frau in den Augen der

Männer falsch verhält, muss die Ehre (der Männer) wiederhergestellt werden, im Zweifelsfall durch Mord. Ein Ehrenmord passiert dann, wenn eine Frau ihren Ehemann verlässt
bzw. mit einem anderen Mann flüchtet; wenn sie schwanger
wird und außerehelich ein Kind zur Welt bringt; wenn ein
Mädchen vor der Ehe ihre Jungfräulichkeit verliert, weil sie
vergewaltigt wurde oder ein Inzestopfer ist. Aber auch das
Mädchen, das sich vor der Ehe verliebt, mit dem Jungen flüchtet und ohne Einverständnis der Eltern heiratet, läuft Gefahr,
Opfer eines Ehrverbrechens zu werden.

Diese Frauen werden als ein beschmutzter Gegenstand angesehen. Sie müssen sich dem Gesetz der Gewalt unterwerfen. Die Familienmitglieder oder Ehemänner nehmen sich das
Recht heraus, über den Körper, die Gefühle und Gedanken
der Frau bestimmen zu können. Sie glauben an Selbstjustiz als
legitimes Instrument der Rache und nehmen sich das Recht
heraus, über das Fehlverhalten der Frau selbst zu urteilen. Sie
sind der festen Überzeugung, durch die vorsätzliche Tötung
der »unehrenhaften« Frau die Familienehre wiederherzustellen. Dazu kommt der gesellschaftliche Druck, den der in seiner Ehre verletzte Mann von seinem familiären und sozialen
Umfeld erfährt. Die Frau muss bestraft werden, es gibt keine
andere Möglichkeit. »Verbrechen im Namen der Ehre« werden oftmals vom Familienrat beschlossen. Die Täter sind die
Väter, Brüder, (Ex-)Ehemänner, Söhne, Verlobten oder andere
männliche Verwandte, ja manchmal sogar Bekannte. Nicht
selten sind auch Frauen beteiligt. Bevorzugt werden Minderjährige von der Familie dazu auserkoren, um im Falle der
Aufklärung ein geringeres Strafmaß für den Täter zu erzie-
len. Um die erwachsenen Angehörigen nicht zu belasten, behaupten die Täter deshalb stets, den Beschluss zu töten allein gefasst zu haben. In diesem Kontext sei an den Fall von
Hatun Sürücü erinnert, die von ihrem jüngeren Bruder an einer
Bushaltestelle in Berlin erschossen wurde. Nicht selten han-

delt der Täter auch spontan oder im Affekt, um seine Ehre wiederherzustellen.

Ehrenmord – Eifersuchts- oder Familiendrama?

Jedes Mal, wenn eine Türkin ermordet wird, lauten die typischen Erklärungsversuche der Polizeisprecher gleich: »Es handelt sich um ein Familiendrama, eine dramatische emotionale Beziehungstat, die sich jederzeit und überall ereignen kann. Wir gehen nicht von einem Ehrenmord aus.« Solche Erklärungsversuche sehe ich als Verleugnung der Realität, aber sie geschehen auch aus Unwissenheit und Hilflosigkeit. Denn kein Grund dieser Welt rechtfertigt die Gewalt gegen Frauen. Und jede ermordete Frau ist eine zuviel.

Hierzulande wird oft behauptet, ein »Ehrenmord« sei nichts anderes als ein »Familiendrama«. Ich halte das für falsch, denn »Ehrenmorde« haben ihren Ursprung in religiös-patriarchalischen Familienstrukturen. Sie werden nicht selten geplant und von der Familie sowie der Gesellschaft gebilligt. Ein »Ehrenmord« gilt in der muslimisch-türkischen Gesellschaft meist nicht als Verbrechen, sondern als eine Art Wiedergutmachung. Insofern handelt ein »Ehren«-Mörder mit Billigung seiner Familie und eines Großteils der Gesellschaft. Er hat die Ehre der Familie wiederhergestellt. Also wird er als Held gefeiert, anstatt als Mörder verdammt.

Und bei den polizeilichen Ermittlungen wird geschwiegen. Die Mitwisser vertuschen den »Ehrenmord« aus Angst, Befangenheit oder aus Überzeugung. Sie schweigen erst recht, wenn Täter und Opfer verwandt sind. Was bei den vielen Verwandtenehen, die in der Türkei und in den türkischen Communitys geschlossen werden, nicht selten ist. Oft kommt es deshalb nach einem Ehrenmord zu Vergeltungsaktionen. Der eine Clan rächt sich an den Mitgliedern des anderen, etwa durch die Entführung eines Mädchens. Da das Mädchen nach einer Entführung als Ehepartnerin für andere nicht mehr in Frage kommt, wird sie mit ihrem Entführer zwangsverheiratet. Sie dient als Tauschobjekt für gekränkte Männer.

Die bestraften, ausgestoßenen oder getöteten Frauen dienen auch als Abschreckung für andere Frauen. Ehrverbrechen sollen klarmachen, dass Frauen und ein freies und selbstbestimmtes Leben nicht zusammenpassen. So werden Frauen, die Gewalt erfahren bzw. im Namen der Ehre umgebracht wurden, in der türkischen Presse oft verhöhnt und verspottet. Diese Frauen diskriminierende Berichterstattung in den türkischen Medien verletzt systematisch die Würde der Frauen, unterstreicht die religiös-traditionelle Sicht auf die Rolle der Frau und impft den Frauen Schuldgefühle ein, wenn sie versuchen aus dem Rahmen zu fallen.

KAPITEL 14

Es gibt noch viel zu tun

Seitdem ich mich auf verschiedenen Ebenen für die Rechte der muslimischen Mädchen und Frauen einsetze, haben mich unzählige Hilferufe erreicht. Insgesamt wurde ich in den letzten zehn Jahren von mehr als 300 Betroffenen* – schriftlich oder telefonisch – kontaktiert. Ich habe ihnen zugehört, Rat gegeben und gemeinsam mit ihnen nach Lösungen gesucht, manchen habe ich auch zur Flucht verholfen. Es war und ist meine tiefste Überzeugung, dass ich damit das Richtige getan habe. Viele meiner (ehemaligen) Landsleute sehen das anders. Sie sehen mich als Nestbeschmutzerin und Vaterlandsverräterin. Bei Lesungen und Diskussionen werde ich nicht selten öffentlich angegriffen. Sie machen mir Vorwürfe, beschimpfen mich, und manchmal werde ich auch bedroht.

Beschimpft werde ich übrigens nicht nur von Männern, sondern auch von türkischen Frauen. Sie sind einfache Arbeiterinnen und Hausfrauen oder auch Sozialpädagoginnen und Lehrerinnen. Der Unmut über mich geht nicht nur quer durch alle Schichten, sondern auch durch alle Altersgruppen. Auch junge türkische Mädchen und Jungen aus der zweiten und dritten Generation gehören zu meinen Kritikern. Es sind genau die

---

* Über 300 Frauen und Mädchen (90 % Türkinnen der 3. Generation) im Alter von zwölf bis 49 Jahren und 28 junge türkische Männer im Alter von 16 bis 48 Jahren. Das Durchschnittsalter der Frauen liegt zwischen 16 und 21 Jahren. Die Mehrzahl der von mir betreuten Fälle berührte die Themen Zwangsheirat und »Wiederherstellung der Jungfräulichkeit«, aber es wendeten sich auch etwa 40 Inzestopfer an mich. Mehr als die Hälfte der Hilfesuchenden hatte bereits einmal einen Suizidversuch unternommen.

Migrantenkinder, für die ich mich einsetze, für deren Selbstbestimmung und Freiheit ich kämpfe.

Meine Lesungen werden zu 90 Prozent von Deutschen besucht, die restlichen zehn Prozent sind Türken. Die Hälfte von ihnen kommt, um mir zuzuhören, die andere, um mich zu kritisieren und zu beschimpfen. Der Tenor ist immer gleich: Durch mein Buch »Wir sind eure Töchter, nicht eure Ehre!« hätte ich die muslimischen Töchter vergiftet, sie ermutigt, gegen die traditionelle Haltung ihrer Eltern aufzubegehren, würde mit meinem Leben ein schlechtes Vorbild geben. Meine türkischen Landsleute regen sich über meine Einstellung und meinen Lebenswandel auf. Ganz anders die Deutschen, sie unterstützen mich und erkennen meine Arbeit an. Während mir die meisten Deutschen zuhören und sich mit meinen Thesen auseinandersetzen, erfahre ich von meinen türkischen Landsleuten nur Unversöhnlichkeit und Feindseligkeit. Aber es gibt auch Deutsche, die mich bei meinen Vorträgen heftig kritisieren: »Wenn du nicht rassistisch eingestellt bist, dann unterlass in Zukunft deine Hetzbeiträge gegen deine eigene Kultur und Gesellschaft! Es lebe die multikulturelle Gesellschaft!« Ein anderes Argument, das ich häufig höre, ist: »Die deutsche Gesellschaft muss lernen, tolerant zu sein, und die Verschiedenheit akzeptieren. Wir müssen die Bereitschaft zeigen, andere so leben zu lassen, wie sie es für richtig halten oder gewohnt sind. Andere Bräuche, Traditionen und Gewohnheiten sind eine gegenseitige kulturelle Bereicherung.«

Das macht mich wütend! Diese Träumer blenden die Realität einfach aus, erkennen nicht, was sich in vielen türkisch-muslimischen Familien abspielt. Sie wollen die Not und das Leid der muslimischen Mädchen und Frauen auf dem Altar der Multi-Kulti-Illusion opfern. Aber das ist mit mir nicht zu machen! Ich werde die Dinge weiterhin beim Namen nennen und die Missstände anprangern. Denn die Unterdrückung muslimischer Frauen öffentlich zu machen ist keine Ausländerfeindlichkeit und darf auch nicht als solche angesehen werden. Zwangsehe und Ehrverbrechen sind keine folkloristische Eigenheit der Zuwanderer, sondern eklatante Menschenrechtsverletzungen.

Halten wir es einmal fest:
– Zwangsheirat ist sexuelle Nötigung;
– Zwangsheirat ist Menschenhandel;
– Zwangsheirat ist oft schwerer Kindesmissbrauch;
– Zwangsheirat kommt nicht selten durch Gewalt zustande.
– Und wer sich ihr verweigert, wird nicht selten aus der Familie ausgeschlossen und im Extremfall sogar ermordet.

Es ist also für viele Frauen absolut lebensnotwendig, diese barbarischen Bräuche öffentlich anzuprangern. Denn nur so können wir diesen Unterdrückungsmechanismen ein Ende bereiten – ein für alle Mal! Aber um Veränderungen zu bewirken, müssen Gesellschaft und Politik für die Probleme der moslemisch-türkischen Frauen und Mädchen sensibilisiert werden. Nur durch gemeinsames und koordiniertes Handeln aller gesellschaftlichen Institutionen haben wir die Chance, die Gewalt gegen muslimische Frauen wirkungsvoll zu bekämpfen.

Die Politik muss eingreifen

Gefordert sind zuvorderst die Politiker. Denn nur sie können gesetzliche Voraussetzungen schaffen, um diese Missstände zu beenden. Priorität hat in diesem Zusammenhang die Zwangsverheiratung. *Zwangsehe* wird bislang nur als schwere Nötigung eingestuft. Aber das ist nicht genug! Nein, Zwangsehe muss ein eigener Straftatbestand werden. Ferner muss sichergestellt werden, dass die ins Ausland verheirateten Frauen auch nach Ablauf der sechs Monate (bei Nicht-Deutschen verfällt das Aufenthaltsrecht, wenn sie sich länger als sechs Monate im Ausland aufhalten) eine Rückkehroption haben. Im Gegenzug müssen die Importbräute ein eigenständiges Aufenthaltsrecht erhalten. Denn nur so haben diese Frauen eine Chance auf ein selbstbestimmtes Leben. Dazu gehört auch, dass *geschlechtsspezifische Verfolgung* und *Zwangsheirat* als Asylgrund anerkannt werden.

Andererseits müssen auch Maßnahmen ergriffen werden, um die Mädchen und die jungen Frauen, die hier von einer Zwangsheirat betroffen sind, besser zu schützen. Sie müssen juristische, materielle und moralische Unterstützung erhalten, die es ihnen ermöglicht, sich der drohenden Gefahr zu entziehen. Dazu gehört unter anderem die Schaffung von mehr anonymen Schutzeinrichtungen. Die Schutzhäuser für muslimische Mädchen, *Papatya* in Berlin, *Rosa* in Stuttgart und *Saadet* in Nürnberg, sind bei weitem nicht ausreichend. Ferner muss die Finanzierung in diesem Zusammenhang überprüft und erleichtert werden. So ist vor der Aufnahme in eine Kriseneinrichtung die Kostenübernahme durch das Jugendamt notwendig. Aber immer mehr Jugendämter lehnen dies ab.

Manchmal müssen sich die Mädchen monatelang durch den Behördendschungel kämpfen, bis sie in einem Schutzhaus aufgenommen werden können. Dies ist in meinen Augen ein untragbarer Zustand!

Wichtig erscheint mir auch, dass spezielle Schutzprogramme eingerichtet werden. Denn das derzeit gültige Zeugenschutzprogramm ist oftmals unzureichend. Dort werden, wie der Name schon sagt, nur besonders gefährdete Personen, die als *Zeugen* in einem Prozess aussagen, geschützt. Aber für diejenigen, die sich vor einem drohenden Verbrechen in Sicherheit bringen wollen, gibt es bislang nur unzureichende oder gar keine Schutzmaßnahmen. Auch das muss geändert werden. Denn es kann nicht sein, dass erst ein Verbrechen geschehen muss, damit die Behörden eingreifen.

Um *Verbrechen im Namen der Ehre* wirksam bekämpfen zu können, müssen sie erfasst werden. Das geschieht bislang nicht! Nirgendwo in diesem Land gibt es eine zentrale Datenbank, in der bereits geschehene Ehrverbrechen registriert sind. In einer solchen Datenbank müssten auch jene Straftaten erfasst werden, bei denen die *Ehre der Frau* oder *der Familie* als Motiv genannt werden.

Auch im Ausländerrecht müssen Korrekturen vorgenommen werden. So ist das neue Ausländerrecht an manchen Stellen völlig unzureichend. Danach dürfen zum Beispiel Kinder bis zum 16. Lebensjahr im Rahmen einer Familienzusammenführung nach Deutschland geholt werden. Verfügen die Minderjährigen über gute Deutschkenntnisse, können sie sogar bis zum Alter von 17 Jahren einreisen. Das halte ich in puncto Integration allerdings für sehr problematisch. Denn es ist nach wie vor üblich, die Kinder mit Eintritt der Schulpflicht, also mit sechs Jahren zu den Großeltern in die Türkei zu schicken, und sie kurz vor Vollendung des 16. Lebensjahres wieder nach Deutschland zu holen. Damit schlagen türkische Eltern zwei Fliegen mit einer Klappe: Ihre Kinder wachsen in der Tradition der alten Heimat auf und können gleichzeitig türkische Schulen besuchen, wo ihnen auch die Werte der muslimischen Gesellschaft vermittelt werden. Nicht selten wechseln sie danach in eine Koranschule bzw. Imam-Hatip-Schule (Predigerschule). Dazu muss man wissen, dass genau diese Predigerschulen der Islamisierung in der Türkei Tür und Tor geöffnet haben. Deshalb fordere ich, das Nachzugsalter für ausländische Kinder auf sechs bzw. maximal zehn Jahre zu begrenzen.

Wenn die Kinder erst hier sind, muss man sich ganz dringend um ihre Integration kümmern. Dazu gehören meiner Meinung nach:

– die Einschulung vom Bestehen eines Sprachtests abhängig zu machen (wie etwa in Hessen). Kindern, die den Test nicht

bestehen, müssen Vorlaufkurse angeboten werden, damit sie bis zur Einschulung ausreichende Deutschkenntnisse erwerben können;
- kleine Klassen mit einem ausgewogenen Mischungsverhältnis zwischen Migranten und Deutschen;
- der Ausbau von Förderunterricht sowie die Einführung von Deutschunterricht im Kindergarten;
- Deutschförderklassen in allen Schulen: Grund-, Haupt-, Real-, Gesamt-, Sonderschulen und Gymnasien.

Außerdem plädiere ich für die Einführung von Ganztagsschulen. Denn nicht erst seit Pisa wissen wir, dass vor allem Kinder aus Migrantenfamilien zu den Verlierern des deutschen Bildungswesens gehören. In Ganztagsschulen könnten die türkisch-muslimischen Kinder aus bildungsfernen Familien gezielter gefördert werden. Diese Kinder müssen insgesamt besser in unser Schulsystem integriert werden. Dazu gehört die Bereitschaft muslimischer Eltern, ihre Kinder an Klassenveranstaltungen teilnehmen zu lassen. Denn eine nicht zu unterschätzende Zahl muslimischer Eltern verweigert ihren Töchtern aus religiösen Gründen regelmäßig die Teilnahme daran. Für mein Dafürhalten hat der staatliche Bildungsauftrag Vorrang vor der Religionsfreiheit und dem elterlichen Erziehungsrecht. Ich würde mir wünschen, dass der Staat auch die Rechte der Migrantenkinder verteidigt und sie vor jeglichen Manipulationen seitens religiöser Institutionen schützt.

Elternerziehung

Erwiesenermaßen stammt die Mehrzahl der türkischen Eltern aus einem bildungsfernen Milieu. Sie kennen und verstehen

das deutsche Schulsystem nicht und haben oft massive Sprach-
probleme. Das ist sicher auch ein Grund, warum türkische Eltern so selten an Elternabenden teilnehmen. Hier sind also
Schulen und Lehrer gefordert. Im Moment findet ein Dialog
zwischen türkischen Eltern und Schule nicht oder nur sehr
eingeschränkt statt. Um die Kluft zwischen Elternhaus und
Schule zu überwinden, halte ich deshalb Fortbildungsmaß-
nahmen für unerlässlich. In Regionen, wo viele türkische Migranten leben, müssen Lehrer (aller Schularten) über türkische
Kultur und Traditionen informiert werden. Um auf ihre türkischen Schüler eingehen, ja sie besser verstehen zu können,
müssen deutsche Lehrer wissen, wie türkische Familien funktionieren.

Gleichzeitig muss es gelingen, türkische Eltern für die deutschen Schulen ihrer Kinder zu interessieren. Ein Weg, die Eltern
in die Schulen ihrer Kinder zu bekommen, sind Elternbriefe in
türkischer Sprache und spezielle türkische Elternabende. Das
dabei auftretende Sprachproblem (welcher deutsche Lehrer
spricht schon Türkisch?) ließe sich mit Hilfe türkisch-deutscher
Studenten lösen. Sie, die integriert sind und an einer deutschen
Hochschule studieren, sind hervorragend geeignet, um türkische Schüler, aber auch ihre Eltern über das deutsche Schulsystem, Ausbildungsberufe und Studium zu informieren. Dass
das funktionieren kann, haben Modellprojekte, die seit einigen
Jahren in verschiedenen Bundesländern durchgeführt werden,
gezeigt.

Die *Ağabey-Abla-Modell-Projekte* sind nur ein Beispiel. Sie
basieren auf den Erkenntnissen des Lernens am Modell. Gym-
nasiasten und Studenten, die das deutsche Bildungssystem erfolgreich absolviert haben, übernehmen eine zentrale Rolle in
diesem Projekt. Sie sind die Vorbilder und Betreuer der Schüler und gleichzeitig Vermittler zwischen Elternhaus und Schule.
Die Schüler werden bei der Bewältigung des Lernstoffes und
der Hausaufgaben von ihren älteren »Brüdern« und »Schwes-

tern« betreut. Aber die kümmern sich nicht nur um schulische Belange, sondern auch um die Freizeitgestaltung. Gemeinsam nehmen sie teil an sozialen und kulturellen Aktivitäten, wie zum Beispiel Theater- oder Museumsbesuchen, Ausflügen oder Kinobesuchen.

Die Ergebnisse dieser Modell-Projekte sind durchweg positiv. Nicht zuletzt deshalb, weil die türkischen Studenten den Kindern und Jugendlichen endlich positive Rollenbilder vermitteln, die sonst weitgehend fehlen. Um die Erkenntnisse der Ağabey-Abla-Projekte auf eine breite Basis zu heben, ist ein Kraftakt vieler gesellschaftlicher Gruppen nötig. Es müssen Gelder bereitgestellt werden, türkische Elternvereine angesprochen, Freiwillige rekrutiert werden, und die beteiligten Lehrer, Erzieher und Sozialarbeiter müssen in Fortbildungen geschult werden! Eine schwierige Aufgabe, aber es gibt keine Alternative.

Deutscher Islamunterricht

Die Orientierungslosigkeit türkischer Jugendlicher ist eine tickende Zeitbombe. Kinder, die keinen Schulabschluss, keine Ausbildung, keine Perspektive haben, werden früher oder später auffällig. Schon heute kann man Gewaltexzesse bzw. eine Affinität für den islamistischen Fundamentalismus bei türkischen Jugendlichen beobachten. Dieser Trend muss gestoppt werden. Um zu verhindern, dass immer mehr junge Türken in den Hinterhöfen der Moscheen radikalisiert werden, muss es meines Erachtens auch endlich Islamunterricht an staatlichen Schulen geben. Obwohl dessen Einführung seit den 8oer Jahren des letzten Jahrhunderts immer wieder diskutiert wird, ist die Einführung des islamischen Religionsunterrichts bisher nur ansatzweise umgesetzt werden.

Das liegt einmal am politischen Willen, aber auch an der fehlenden Infrastruktur. So gibt es weder deutschsprachige Religionslehrer noch entsprechende Lehrstühle an unseren Universitäten. Immer noch werden Imame aus der Türkei, aus Ägypten, dem Irak und dem Iran geholt, Deutsch sprechen sie nicht. Die gängige Unterrichtssprache in den Korankursen ist Arabisch. Was genau unterrichtet wird, kann von außen ganz schlecht beurteilt werden. Es ist deshalb höchste Zeit, das Monopol der muslimischen Vereine in diesem Land, Islamunterricht zu geben, aufzubrechen.

Zu einem ordnungsgemäßen Religionsunterricht für muslimische Schülerinnen und Schüler gehören also hinreichend qualifizierte, staatlich anerkannte muslimische Lehrerinnen und Lehrer oder Geistliche. Langfristig sollen Imame und türkische Lehrer in Deutschland ausgebildet werden. Nötig sind deshalb islamische Lehrangebote an deutschen Universitäten und die Einführung einer regulären Lehramtsausbildung. Der Religionsunterricht muss von staatlich examinierten Lehrern in deutscher Sprache durchgeführt werden. Alles andere ist meiner Meinung nach völlig unakzeptabel.

Kopftuchverbot

Das bringt mich zu einem weiteren wichtigen Punkt im Umgang mit den muslimischen Migranten – dem Kopftuch. Von verschiedenen Gruppen und Vereinen wird das Tragen des Kopftuchs als Zeichen der muslimischen Identität hochgehalten. Aber das ist eine Lüge. Nirgendwo im Koran wird das Tragen des Kopftuchs als religiöse Pflicht vorgeschrieben. Ich lehne das Kopftuch als Symbol eines indiskutablen Frauenbildes ab. Jedes Entgegenkommen gegenüber dem politischen Fundamentalismus ist ein Verrat an uns, den muslimischen Mädchen und

Frauen. Deshalb fordere ich ein bundesweites Kopftuchverbot bei Lehrerinnen, Erzieherinnen und Schülerinnen.

Die Muslime müssen endlich ankommen in diesem Land. Ein Schritt in diese Richtung sind meiner Meinung nach auch so genannte Integrationskurse. Hier lernen die Ausländer die Sprache, und gleichzeitig werden sie an die Rechtsordnung, die Kultur und die Geschichte Deutschlands herangeführt. Diese Kurse müssen für alle Zuwanderer durch ein migrationsspezifisches Beratungsangebot in der Muttersprache ergänzt werden. Wichtig sind in diesem Zusammenhang auch Alphabetisierungskurse bzw. Kurse in Elternbildung, Familienplanung und Kindererziehung.

Ich werde weiterhin dafür kämpfen und mich einsetzen, dass das Leben für die muslimischen Frauen lebenswert wird. Dass sie nicht länger um ihr Leben fürchten müssen, wenn sie das Grundrecht der Freiheit für sich in Anspruch nehmen. Und dafür werde ich vermutlich weiterhin beschimpft und geschmäht werden. Aber dieser Preis ist mir nicht zu hoch. Denn es ist kein Verbrechen, wenn sich muslimisch-türkische Frauen und Mädchen gegen diese menschenunwürdige Behandlung zur Wehr setzen, wenn wir Praktiken wie Folter, Isolierung, Gewalt und Mord anprangern!

Ist mein Beistand für die betroffenen Frauen und Mädchen ein Verbrechen? Wie viele Opfer des Patriarchats sollen wir noch bringen? Wie lange sollen wir noch über uns herrschen lassen? Wie lange müssen wir noch kämpfen? Wie viele von unseren Töchtern müssen noch sterben? Wie viel Blut muss noch fließen? Wie lange müssen unsere Mütter noch weinen?

»peri e.V.« –
mein Verein für Menschenrechte
und Integration

Nein, niemand kann mir befehlen, still zu sein, meine Vergangenheit zu verleugnen oder zu vergessen, dass es mich gibt. Man darf nicht schweigen. Denn wer Unrecht schweigend hinnimmt, macht sich mitschuldig. Deshalb habe ich vor einiger Zeit beschlossen, meine Arbeit mit muslimischen Migrantinnen in einen Verein einzubinden. Ziel des Ende 2007 gegründeten Vereins *peri e.V. Verein für Menschenrechte und Integration* ist es, Frauen in Konflikt- und Notsituationen unbürokratisch zu helfen. Diese Hilfe reicht von individueller Beratung bis zur konkreten Fluchthilfe. Denn aus meiner langjährigen Erfahrung weiß ich, dass dies oft die einzige Möglichkeit ist, Frauen von den täglichen Demütigungen und der häuslichen Gewalt zu befreien. Mit Hilfe des Vereins werde ich in den nächsten Jahren versuchen, eine Kriseneinrichtung in Hessen zu schaffen, so dass es auch in der Mitte Deutschlands eine Anlaufstelle für Mädchen und Frauen in Not gibt.

Ich werde mich auch dafür einsetzen, dass eine bundesweite Vernetzung der Beratungs- und Unterstützungsangebote stattfindet. Auch die Online-Beratungsangebote müssen weiter ausgebaut und vernetzt werden. Denn aus meiner langjährigen Erfahrung weiß ich, dass das Aufsuchen einer kostenlosen und anonymen Online-Beratung oft die einzige Möglichkeit ist, Mädchen auf unkomplizierte, unbürokratische Weise »erste Hilfe« anzubieten.

Ich bin mir bewusst, dass auch dieses Engagement wieder bei einigen meiner Kritiker heftige Reaktionen hervorrufen wird, aber ich kann mich nur wiederholen: Ich bin ich, und anders kann ich nicht sein! Oder, es ist besser, dafür gehasst zu werden, was man ist, als dafür geliebt zu werden, was man nicht ist.

KAPITEL 15

Die Opfer

Seit ich mich mit den Themen Zwangsehe und Ehrenmord beschäftige, stoße ich natürlich immer wieder auf die Opfer. Über die Jahre habe ich ein persönliches Archiv der ermordeten Mädchen und Frauen in Deutschland, aber auch in der Türkei angelegt. Es schien mir wichtig, beide Länder zu berücksichtigen, weil vor allem auf dem Heiratsmarkt ein reger Austausch zwischen der Türkei und Deutschland besteht. So werden Töchter, die hier geboren sind, in die Türkei verheiratet und umgekehrt. Weigern sie sich, droht ihnen – hier wie dort – ein Ehrverbrechen. Ein Zentralregister ist auch deshalb wichtig, weil es einmal mehr deutlich macht, dass Ehrenmorde in der türkischen bzw. muslimischen Community schon seit vielen Jahren eine traurige Tradition haben. Ich erhoffe mir auch, dass die deutschen Behörden wachgerüttelt werden und sie – endlich – anfangen, das Thema »Ehrenmord« ernster zu nehmen. Und dass in Zukunft Verbrechen, die im Migrantenmilieu stattfinden und möglicherweise als Haushaltsunfälle, Suizide oder Beziehungstaten getarnt werden, genauer untersucht werden.

1983
Tatzeit: 22. März 1983 – Andernach
   Tat/Hintergrund: Am 22. März 1983 tötet ein türkischer Vater seine 20-jährige Tochter Perihan durch Erdrosseln und Hammerschläge auf den Kopf. Die Tochter hatte schon einige Zeit unverheiratet mit ihrem deutschen Freund zusammengelebt. Der um seinen guten Ruf besorgte Vater versuchte sie zur Rückkehr ins Elternhaus zu bewegen, vergeblich. Als sie sich auch noch weigerte, ihr unmoralisches Verhältnis durch eine

Heirat zu legalisieren, schritt der Vater zur Tat und ermordete seine widerspenstige Tochter.

1993
Tatzeit: 6. September 1993 – Dortmund

Tat/Hintergrund: Die 21-jährige Hatun wird von ihrem 17-jährigen Bruder niedergestochen. Die Studentin hatte sich verliebt und wollte ihren Freund, einen Alawiten, heiraten. Doch die sunnitische Familie Hatuns war gegen diese Verbindung. Als Hatun sich weigerte, sich von ihrem Freund zu trennen, musste sie das mit ihrem Leben bezahlen.

1995
Tatzeit: April 1995 – Eitorf

Tat/Hintergrund: Zwei junge türkische Frauen werden mitten auf der Straße niedergestreckt. Die beiden Schwestern, die schon seit Jahren aus dem Elternhaus ausgezogen waren, waren dem älteren Bruder durch ihren westlichen Lebensstil ein Dorn im Auge. Er erwartete sie mit gezogener Pistole vor ihrem Haus und führte eine regelrechte Hinrichtung durch.

Tatzeit: 27. Dezember 1995 – Berlin

Tat/Hintergrund: Eine 27-jährige Türkin wird in einem Lokal auf dem Kurfürstendamm erschossen. Um die Familienehre wiederherzustellen, war ein 16-Jähriger in das Lokal gestürmt und hatte die Frau getötet. Sein Motiv: Die junge Frau hatte sich vor kurzem von seinem Cousin scheiden lassen.

1996
Tatzeit: 28. Dezember 1996 – Urfa (Südostanatolien)

Tat/Hintergrund: Die 13-jährige Selda geht mit einer Cousine ins Kino. Kurze Zeit später stürmt ihr Ehemann den Kinosaal. Er zerrt sie auf einen belebten Platz, beschimpft sie als

Prostituierte und schneidet ihr mit einem Messer die Kehle durch. Er erhält nur eine kurze Gefängnisstrafe.

1997
Tatzeit: 16. Oktober 1997 – Viernheim
Tat/Hintergrund: In einem Waldstück wird die Leiche eines Mädchens gefunden. Sie war mit einer Axt zerstückelt worden. Die polizeilichen Ermittlungen ergaben: Die junge Jordanierin hatte sich in einen Italiener verliebt, und als das Gerücht von einer Schwangerschaft kursierte, trat das Familiengericht zusammen. Das Urteil war schnell gefällt: Die junge Frau habe die Ehre der Familie beschmutzt und müsse sterben. Ausgeführt wurde die Tat schließlich vom Vater und den beiden größeren Brüdern, die sie zunächst zusammenschlugen und die Ohnmächtige später in den Wald transportierten. Dort trennten sie ihr den Kopf vom Rumpf. Nach dem Mord meldet die Familie die Tochter als vermisst und verlässt Deutschland. Interpol spürt die Täter in Jordanien auf, wo ihnen der Prozess gemacht wird. Urteil: Freispruch.

1999
Tatzeit: 17. Juni 1999 – Stuttgart
Tat/Hintergrund: Auf dem Weg zum Kindergarten wird die 22-jährige Fatima vor den Augen ihrer Kinder von ihrem Ehemann mit mehr als zehn Messerstichen getötet. Nach dem Mord richtet sich der Mann selbst. Die Frau war vor sechs Wochen in ein Frauenhaus geflüchtet.

Tatzeit: August 1999 – Bremen
Tat/Hintergrund: Am Ufer der Weser werden Şerif (23) und seine Frau Ayşe (18) ermordet aufgefunden. Das Mädchen war im Schlamm des Flusses erstickt worden. Ihrem im Rollstuhl sitzenden Ehemann hatten die Täter mit einem Schraubenzieher den Schädel eingeschlagen und ihn danach mehrfach

mit dem Auto überfahren. Der Vater des Mädchens hatte sich durch die heimliche Eheschließung seiner Tochter gekränkt gefühlt.

Tatzeit: 9. November 1999 – Bielefeld

Tat/Hintergrund: Ein 34 Jahre alter islamischer Religionslehrer erschießt sieben Mitglieder einer türkischen Großfamilie. Der verheiratete Mann hatte sich in die 19-jährige Tochter der Familie verliebt und um ihre Hand angehalten. Er wollte sie als Zweitfrau ehelichen. Als die Familie den Antrag ablehnte, kam es zu großen Spannungen. Daraufhin brachten die Eltern das Mädchen in die Türkei, um sie dort zu verheiraten. Als Mehmet davon erfuhr, klingelte er mit bereits gezogener Pistole bei der Großfamilie seiner Angebeteten und tötete sieben Menschen und sich selbst. Er galt als frommer, strenggläubiger Mann.

Tatzeit: 13. November 1999 – Diyarbakır (Südostanatolien)

Tat/Hintergrund: Die 13-jährige Nejla wird auf offener Straße mit zwei Kopfschüssen getötet. Das Mädchen war von ihrem 40-jährigen Cousin vergewaltigt und geschwängert worden. Aus Angst vor der Reaktion der Familie verschwieg das Mädchen den sexuellen Missbrauch und die Schwangerschaft. Diese kam erst ans Tageslicht, als sie im siebten Monat das Kind – tot – zur Welt brachte. Daraufhin versammelte sich der Familienrat und wählte Nejlas Mörder aus. Sie wurde schließlich von ihren beiden Vettern erschossen. Die Leiche des kleinen Mädchens wollte die Familie nicht haben, Nejlas wurde in einem namenlosen Grab verscharrt.

2000

Tatzeit: Februar 2000 – Saarbrücken-Niederlosheim

Tat/Hintergrund: Die 40-jährige Nurten wird von ihrem Noch-Ehemann in ihrer Wohnung überrascht und mit mehreren Messerstichen getötet. Die Mutter von acht Kindern hatte sich gerade von ihrem Mann getrennt. Der Täter stellte sich der Polizei und begründete seine Tat mit der Wiederherstellung seiner Ehre.

Tatzeit: 20. Februar 2000 – München
Tat/Hintergrund: Seher (29) wird zuerst krankenhausreif geschlagen, gewürgt und schließlich mit einem Seil erhängt. Die Mutter von vier Kindern lebte seit drei Jahren vom Ehemann getrennt und hatte sich gerade frisch verliebt. Der Täter wurde bis heute nicht gefasst.

Tatzeit: Februar 2000 – Batman (Südostanatolien)
Tat/Hintergrund: Die 15-jährige Muhbets war nach einer Vergewaltigung schwanger geworden, hatte aber aus Angst vor der sittenstrengen Familie die Schwangerschaft verheimlicht. Nur ihre ältere Schwester zog das Mädchen ins Vertrauen und brachte mit deren Hilfe eine Tochter zur Welt. Doch Muhbets hatte Todesangst und setzte ihr Baby auf einem einsamen Acker aus. Am nächsten Tag verscharrte sie den Leichnam des Säuglings. Trotz aller Geheimhaltungsversuche verbreiteten sich schnell Gerüchte. Schließlich beschloss der Familienrat Muhbets' Tod. Als bei einem der Brüder das Gewehr klemmte, vollstreckte ein anderer Bruder den Mordauftrag am nächsten Tag.

Tatzeit: 5. März 2000 – Berlin-Treptow
Tat/Hintergrund: Der 19-jährige Ahmet tötete seine Schwester mit fünf Messerstichen. Hülya (26) war in Berlin geboren und Mutter einer elfjährigen Tochter. Seit kurzem lebte sie von ihrem Mann und Vater des Kindes getrennt. Die selbstbewusste junge Frau hatte schon einmal die Familienehre besudelt, sich einer Zwangsehe entzogen und gegen den Willen der Familie einen Mann ihrer Wahl geheiratet. Als sie sich in einen Kollegen verliebte und ein Verhältnis mit ihm anfing, sah ihr jünge-

rer Bruder rot. Er stürmte in ihre Wohnung und verhörte sie. Als sie schließlich zugab, dass sie mit ihrem Freund geschlafen hatte, stach er heftig auf sie ein. Die junge Frau verblutete.

Tatzeit: 7. April 2000 – Mannheim

Tat/Hintergrund: Aytekin (18) ermordet seine Ex-Verlobte Nurcan mit drei Messerstichen. Das Mädchen hatte sich von Aytekin getrennt, weil sie sich im Gegensatz zu ihrer streng muslimischen Familie und dem traditionell eingestellten Verlobten eher zur westlichen Lebensweise hingezogen fühlte. Am Tattag besuchte Nurcan ein Internet-Café in Mannheim – eine Tabu-Zone für »anständige Türkinnen« – und traf dort auf Kollegen aus der Berufsschule. Bald war auch Aytekin zur Stelle und beschimpfte sie. Als Nurcan das Lokal verließ, folgte er ihr, drängte sie in eine Ecke und stach auf sie ein.

Tatzeit: April 2000 – Reutlingen-Eningen

Tat/Hintergrund: Eine 25-jährige Türkin wird im Lokal ihres Ex-Ehemannes erstochen. Gülcan war mit 19 Jahren nach Deutschland zwangsverheiratet worden. Die Ehe mit dem älteren Mann verläuft unglücklich. Mit 24 Jahren schließlich verlässt sie gegen den Willen ihrer Mutter den ungeliebten Mann. Die eigene Mutter lockt sie in das Lokal ihres Ex-Ehemannes Ibrahim, 41, der die junge Frau mit mehreren Messerstichen ermordet.

Tatzeit: Juni 2000 – Istanbul

Tat/Hintergrund: Eine 15-Jährige wird von ihren Brüdern von einem Viadukt gestoßen. Mit 13 hatte man Nayime mit einem älteren Mann zwangsverheiratet. Sie bricht fünfmal aus und verletzt ihre Pflichten als Ehefrau. Daraufhin beschließt der Familienrat: Nayime muss sterben. Der Sturz von dem Viadukt ist einer von vielen als Selbstmord getarnten Ehrenmorden.

Tatzeit: 20. September 2000 – Berlin-Neukölln

Tat/Hintergrund: Seher (32) hatte Ibrahim (37) vor drei Monaten verlassen und war zu ihren Eltern geflüchtet. Nun tobte und brüllte Ibrahim, dann stach er zu – immer wieder, bis seine Ex-Freundin Seher und ihr Schwager Cuma (31) tot waren. Sie starben vor den Augen von Sehers Töchtern.

Tatzeit: 10. Oktober 2000 – Şanlıurfa (Südostanatolien)

Tat/Hintergrund: Ein junger Türke erschießt seine Schwester im Stadtzentrum. Fatma (20) hatte ihren Ehemann verlassen, aber ihr Bruder brachte sie in die eheliche Wohnung zurück. Als Fatma erneut flüchtet, beschließt der Familienrat Fatmas Todesurteil, das der Bruder vollstreckt, »um unsere Ehre zu retten«.

Tatzeit: 3. November 2000 – Celle

Tat/Hintergrund: Eine 21-jährige Türkin wird auf offener Straße niedergestochen. Die Studentin hatte einen deutschen Freund und wollte keinen Mann aus ihrer Gemeinschaft heiraten. Dadurch war die Familienehre in Gefahr. Der jüngere Bruder richtete das Mädchen.

2001

Tatzeit: Januar 2001 – Berlin-Neukölln

Tat/Hintergrund: Die Afghanin Nezara (32) wird in der Silvesternacht in ihrer Wohnung vor den Augen ihrer Kinder mit Schüssen und Messerstichen niedergemetzelt. Ebenfalls zu Tode kommen ihr Bruder und ihr Cousin. Die junge Afghanin hatte sich nach dem Tod ihres Mannes geweigert, entsprechend den Gebräuchen des Stammesverbandes ihren Schwager zu heiraten.

Tatzeit: 16. Juli 2001 – Rottenburg/Laaber

Tat/Hintergrund: Die Polizei fand in einem Waldstück nahe der B 15 die Leiche einer 18-jährigen Türkin. Um den Hals der

Toten war ein Kabel geschlungen, und sie wies mehrere Stichverletzungen im Brust- und Bauchbereich auf. Funda war seit einigen Jahren mit einem in Ankara lebenden Türken verlobt, aber die lebensfrohe junge Frau hatte heimlich ihre große Liebe, einen 20-jährigen, bereits verheirateten Landsmann, in einer Münchner Moschee geheiratet. Die Schande war für den 41-jährigen Vater unerträglich, und er beschloss, seine Tochter zu töten.

Tatzeit: 20. August 2001 – Kahramanmaraş (südöstlicher Mittelmeerraum)

Tat/Hintergrund: Eine 28-jährige alleinerziehende Mutter von zwei Kindern wird tot aufgefunden. Da sie von ihrem Mann verlassen worden war, vermutete man Selbstmord. Aber intensive Ermittlungen förderten die Wahrheit zu Tage. Die junge Frau hatte eine Affäre mit einem Mann aus dem Dorf gehabt und somit Schande über die Familie gebracht. Der eigene Vater und ihr Bruder töteten sie und täuschten einen Selbstmord vor.

Tatzeit: 24. Dezember 2001 – Eigelstein

Tat/Hintergrund: Eine 34-jährige Türkin wird auf offener Straße angeschossen und verblutet im Krankenhaus. Sie wollte endlich auf eigenen Füßen stehen, also zog sie aus der ehelichen Wohnung aus und reichte die Scheidung ein. Als sie einen neuen Partner gefunden hatte, drehte der Noch-Ehemann durch und schoss auf seine Frau.

2002
Tatzeit: 26. April 2002 – Konya (Zentralanatolien)

Tat/Hintergrund: Die 23-jährige Studentin Türkan wird erdrosselt aufgefunden. Der zunächst vermutete Selbstmord stellt sich als lang geplanter Mord heraus. Denn Türkan hatte ihre Familie vor Jahren verlassen und heimlich einen Landsmann geheiratet. Als die Beziehung zu Ende war und sie verzweifelt ins Elternhaus zurückkehrte, stand ihr Todesurteil schon lange fest. Sie hatte vor Jahren die Familienehre beschmutzt und musste jetzt sterben.

Tatzeit: September 2002 – Berlin-Moabit

Tat/Hintergrund: Der Hilfsarbeiter Murat tötet seine Schwester und ihren deutschen Freund. Mit einem Messer geht er auf seine Schwester los und sticht 19-mal auf sie ein, den Deutschen trifft er achtmal. Bei der Polizei gibt er zu Protokoll: »Ich glaubte, Gott hätte durchs Fernsehen zu mir gesprochen, mir den Auftrag erteilt, den Krieg zwischen Gläubigen und Ungläubigen zu verhindern.« Er war davon überzeugt, dass seine Schwester und ihr Freund vom Glauben abgefallen waren.

Tatzeit: 17. September 2002 – Marxloh

Tat/Hintergrund: Dreimal feuert Hakkı (60) am Morgen des 17. September 2002 mit einer halbautomatischen Selbstladepistole auf seine Frau. Fatma tat das, was sie, aus Sicht ihres Gatten niemals hätte tun dürfen: Sie trennte sich von ihm. Diesmal sollte es für immer sein, die Scheidung war bereits in die Wege geleitet. Ein folgenschwerer Fehler, den die 55-Jährige am Ende mit ihrem Leben bezahlte.

Tatzeit: Oktober 2002 – Friedrichsdorf im Taunus

Tat/ Hintergrund: Eine Ehefrau wird mit 48 Messerstichen getötet. Der Mann (24) hatte seine in Deutschland geborene Ehefrau (22) getötet, weil sie ihm den Gehorsam verweigerte und ihm nach einer Scheidung die Rückkehr in die Türkei bevorstand. Der in einem anatolischen Dorf aufgewachsene Täter verbot der Frau, sich mit anderen Frauen zu treffen, beaufsichtigte sie bei jeder Gelegenheit und schrieb ihr die Bekleidung vor. Als sie sich scheiden lassen wollte, drohte der Ehemann mehrmals, er werde »eine Leiche in die Türkei mitnehmen«.

2003

Tatzeit: Januar 2003 – Sason (Batman-Südostanatolien)

Tat/Hintergrund: Sabiha (24) wird mit einer Kalaschnikow erschossen und ihr Baby erwürgt. Sabiha ist eine »Zweitfrau« und lebt bei ihren Schwiegereltern. Während der Ehemann wegen Schmuggels im Gefängnis sitzt, bringt sie ein (außereheliches) Kind zur Welt. Drei Tage später sind sie und das Baby tot.

Tatzeit: 27. Januar 2003 – Diyarbakır (Südostanatolien)

Tat/Hintergrund: Die 19-jährige Gülseren wird mit einem Elektrokabel erwürgt. Danach verbrennt man ihr Gesicht mit dem erwärmten Kunststoff. Die Verbrennungen sollen das Opfer unkenntlich machen. Sie hatte es gewagt, sich nach zwei Jahren Ehe von ihrem Mann zu trennen, und war in ihr Elternhaus zurückgegangen. Als Gerüchte aufkommen, dass sie sich mit fremden Männern trifft, fällt die Familie ihr Todesurteil.

Tatzeit: 24. Februar 2003 – Eppstein-Niederjosbach

Tat/Hintergrund: Ex-Freundin mit 41 Messerstichen am Bahnhof getötet. Der 25-jährige Türke hatte seine 14 Jahre ältere Freundin getötet, weil sie sich von ihm getrennt hatte. Offensichtlich hatte sie ihm nicht gehorchen und sich auch nicht als sein Besitz betrachten lassen wollen. Ihr Nein akzeptierte der junge Mann nicht, er lauerte ihr auf und brachte sie um.

Tatzeit: 27. Februar 2003 – Kahramanmaraş (südöstlicher Mittelmeerraum)

Tat/Hintergrund: Die 14-jährige Elife wird erhängt im elterlichen Haus gefunden. Das Mädchen war von einem Cousin vergewaltigt und schwanger geworden. Als der junge Mann das ihm zur Last gelegte Verbrechen abstreitet, fällt die Familie das Urteil über Elife, die inzwischen im siebten Monat schwanger ist. Auf Befehl der Mutter führt der ältere Bruder seine Schwester in ein Zimmer und befiehlt ihr, auf einen Stuhl zu steigen. Doch sie ist zu klein, um das Seil, das von der Decke hängt, zu ergreifen. Da hilft der Bruder mit einem Kissen nach. Er legt es auf den Stuhl, so dass Elife besser an das Seil herankommt, um sich selbst zu erhängen.

Tatzeit: 14. März 2003 – Tübingen
Tat/Hintergrund: Ein 42-jähriger Vater erdrosselt seine 16-jährige Tochter, Ulerika Gashi, im Keller seines Hauses, weil sie seinen traditionellen Vorstellungen von einem sittlichen und gehorsamen Mädchen nicht entspricht.

Tatzeit: 3. April 2003 – Billstedt
Tat/Hintergrund: Ein 19-Jähriger sticht mit einem Fleischermesser mehrfach auf den Oberkörper seiner Schwägerin ein, danach schießt er ihr mit einer Pistole in Kopf, Hals und Hüfte. Der Grund: Die dreifache Mutter hatte sich vor Monaten von ihrem Mann Ahmet (28) getrennt. Der Schwager wollte mit dem Mord an seiner Schwägerin die »Familienehre« retten.

Tatzeit: April 2003 – Izmir
Tat/Hintergrund: Die 16-jährige Çigdem wird von ihrem älteren Bruder mit sieben Schüssen getötet. Çigdem hatte eine Beziehung ohne Trauschein und erwartete ein außereheliches Kind. Ihr Todesurteil wurde von ihrer Familie gefällt.

Tatzeit: Mai 2003 – Samsun (Schwarzmeer-Region)
Tat/Hintergrund: Zehra (25), Mutter einer 7-jährigen Tochter, wird von ihrem Mann mit mehreren Messerstichen getötet. Der Grund: Ein Freund des Ehemannes hatte die Vermutung geäußert, dass seine Frau ihn betrüge.

Tatzeit: Mai 2003 – Erzurum (Ostanatolien)
Tat/Hintergrund: Zwei 18-Jährige werden neben Bahngleisen tot aufgefunden. Sie waren erstochen worden. Gerüchten

zufolge waren die beiden Mädchen mit fremden Männern ausgegangen. Murat, der Cousin des einen Mädchens, stellte dieses zuerst zur Rede, dann tötete er sie mit 17 Messerstichen, verstaute die Leiche im Kofferraum seines Autos und fuhr zur Freundin seiner Cousine. Er bat sie mitzukommen, weil er etwas mit ihr zu besprechen hätte. Murat parkte sein Auto neben den Bahngleisen und befahl dem Mädchen auszusteigen. Bevor er sie mit mehreren Messerstichen tötete, zeigte er ihr die Leiche ihrer Freundin und sagte: »Wegen euch habe ich mich nicht auf die Straße getraut.«

Tatzeit: 6. Mai. 2003 – Übach-Palenberg

Tat/Hintergrund: Eine junge Kosovo-Albanerin wird durch 30 bis 35 Messerstiche in den Oberkörper getötet, danach wird ihr Kopf vom Rumpf abgetrennt. Nach der Tat lief der 24-jährige Schwager der jungen Frau mit dem blutigen Kopf über den Marktplatz. In der Wohnung fand die Polizei den Torso der jungen Frau in einer Blutlache. Offensichtlich hatte der Mörder seit Monaten ein Verhältnis mit seiner Schwägerin. Sie trafen sich heimlich, wenn sein Bruder arbeitete. Als die Frau die Affäre beenden wollte, drohte er ihr: »Du wirst mich niemals verlassen!« Dann griff er zur Machete.

Tatzeit: 7. Juni. 2003 – Yalımköy (Südostanatolien)

Tat/Hintergrund: Im November 2002 findet eine Armeepatrouille eine schwangere junge Frau schwer verletzt am Rande eines Dorfes. Die unverheiratete Şemse (35) war mit Steinen und Messern so malträtiert worden, dass sie ins Koma fiel. Am 07. Juni 2003 starb sie, ohne das Bewusstsein wiedererlangt zu haben. Ihr Baby war im Mutterleib gestorben. Wie war es zu dieser schrecklichen Tat gekommen? Ein Nachbar hatte Şemse vergewaltigt und geschwängert. Um sie zu schützen, nahm er sie zur Zweitfrau. Doch das reichte ihren Brüdern nicht, Şemse hatte die Familienehre befleckt und musste sterben.

Tatzeit: 19. Juni 2003 – Ankara

Tat/Hintergrund: Eine 24-jährige schwangere Frau wird tot in ihrer Wohnung aufgefunden, ihr 17-jähriger Bruder verhaftet. »Als ich erfuhr, dass meine unverheiratete Schwester zahlreiche Männerbekanntschaften hat und schwanger ist, bin ich ausgerastet. Ja, ich habe meine Schwester getötet, weil sie unsere Familienehre befleckt hat.«

Tatzeit: 5. Juli 2003 – Kesselbrink-Bielefeld

Tat/Hintergrund: Ein 44-jähriger Kurde tötet seine 22-jährige Ehefrau mit fünf Pistolenschüssen auf dem Wochenmarkt. Der Täter ist Kurde yezidischen Glaubens und hatte im Oktober 2002 seine aus Syrien stammende Frau geheiratet. Das spätere Opfer, das im April 2003 illegal in die Bundesrepublik eingereist war, flüchtete bald vor seiner krankhaften Eifersucht und den Misshandlungen in ein Frauenhaus. Weil sie ihn damit der Lächerlichkeit preisgegeben und in seiner Ehre verletzt hatte, erschoss der Mann seine Ehefrau.

Tatzeit: August 2003 – Adana (Mittelmeer-Region)

Tat/Hintergrund: Die 16-jährige Suna wird mit acht Messerstichen von ihrem Bruder umgebracht. Mit 13 Jahren war sie zwangsverheiratet worden, kehrte aber nach vielen Demütigungen, Misshandlungen und Vergewaltigungen in ihr Elternhaus zurück. Der Vater lehnte aber die Trennung ab und befahl ihr, zu ihrem Mann zurückzukehren. Mit 14 wurde Suna Mutter, mit 15 Jahren verließ sie der Ehemann. Fortan lebte sie allein mit ihrem Kind, aber die Verwandten stichelten fortwährend. Eine alleinerziehende Mutter könne sich bestimmt nicht ernähren, wahrscheinlich würde sie sich prostituieren. Da beschloss die Familie, die Ehre wiederherzustellen. Nach einem Vollstrecker musste nicht lange gesucht werden – der 18-jährige Bruder vollzog das Urteil.

Tatzeit: September 2003 – Kayseri (Mittelanatolien)

Tat/Hintergrund: Ein 15-jähriger Ehemann ersticht seine gleichaltrige Ehefrau auf der Straße. Sie hatte mit einem fremden Mann gesprochen. Er fühlte sich daraufhin in seiner Ehre verletzt und tötete seine Frau an Ort und Stelle.

Tatzeit: 12. September 2003 – Mersin (Mittelmeer-Region)

Tat/Hintergrund: Ein 16-jähriges Mädchen wird vergiftet. Ayşegüls Eltern hatten ihr ein seltsames Gewürz, das sich später als Rattengift entpuppte, auf das Brot gestreut. Die 16-Jährige war von einem 36-Jährigen geschwängert worden. Daraufhin hatte der Familienclan sie zum Tode verurteilt. Die Eltern vollstreckten das Urteil. Bei seiner Vernehmung sagte der Vater aus: »Ich habe nichts Böses getan. Eine verletzte Familienehre kann nach dem traditionellen Ehrenkodex nur durch Tötung der Frau wiederhergestellt werden. Ich habe nur meine Pflicht getan. Ich bereue nichts!«

Tatzeit: Oktober 2003 – Seyhan (Adana – Mittelmeer-Region)

Tat/Hintergrund: Die 23-jährige Islin wird von ihrem Bruder erschossen, danach schneidet er ihr die Kehle durch. Ihr Vergehen: Islin hatte sich nach einer siebenjährigen unglücklichen Ehe in einen Cousin verliebt. Als sie auch unter Folter den Namen des Geliebten nicht preisgab, tötete der Bruder seine Schwester. Zehn Tage nach der Ehrentötung seiner geliebten Islin beging der Cousin an ihrem Grab Selbstmord.

Tatzeit: 17. November 2003 – Diyarbakır (Südostanatolien)

Tat/Hintergrund: Die im fünften Monat schwangere Kadriye wird von ihrem 16-jährigen Bruder Ali auf offener Straße mit Steinen und einem Schwert erschlagen. Die Wucht der Hiebe ist so gewaltig, dass der Schaft des langen Messers bricht. Alis jüngerer Bruder und sein Cousin hatten den Jungen angefeuert. Kadriyes Vergehen: Sie war von ihrem Cousin vergewaltigt worden, und der hatte sich geweigert, die »Geschändete« zu heiraten.

2004

Tatzeit: Februar 2004 – Çorum (Schwarzmeer-Region)

Tat/Hintergrund: Ein Vater schneidet seiner 16-jährigen Tochter die Kehle durch. Esra war vergewaltigt worden. Danach wollte der Vater Gewissheit und zwang sie zum Jungfräulichkeitstest. Als die »Schande« seiner Tochter amtlich war, stand das Urteil des Vaters fest – Esra musste sterben.

Tatzeit: Februar 2004 – Istanbul

Tat/Hintergrund: Die junge Güldünya wird auf offener Straße angeschossen. Doch sie überlebt. Im Krankenhaus bittet sie um Polizeischutz – ohne Erfolg. Noch in der gleichen Nacht dringt der Täter in das unbewachte Krankenhaus ein und tötet Güldünya mit einem Kopfschuss. Angefangen hatte alles mit einer Vergewaltigung. Sie war vom Mann ihrer Cousine vergewaltigt und geschwängert worden. Als ihre Schwangerschaft bekannt wurde, fällte der Stammesrat das Urteil: Güldünya sollte ihren Vergewaltiger heiraten oder musste für die Ehre sterben. Alle waren einverstanden, auch Güldünya, doch der Vergewaltiger wollte sie nicht zur Zweitfrau nehmen. Daraufhin gab ihr Ferit, ihr 17-jährige Bruder, ein Seil und verlangte von ihr, sich damit zu erhängen. Aber Güldünya gelang die Flucht, und sie bat um Polizeischutz. Doch die Beamten waren davon überzeugt, dass die männlichen Familienmitglieder keine weiteren Mordabsichten hegten. Knapp drei Monate nach der Geburt ihres Kindes war ihr Leben zu Ende.

Tatzeit: März 2004 – Mersin (Mittelmeer-Region)

Tat/Hintergrund: Gülşah wird vor den Augen ihres Kindes bestialisch ermordet. Ihr Bruder hatte ihr die Kehle durchgeschnitten, weil sie ihrem Ex-Ehemann eine zweite Chance ge-

geben hatte und mit ihm in einer nichtehelichen Lebensgemein-
schaft zusammenlebte. Eine solche Gemeinschaft verstoße aber
gegen das Ehrverständnis, so der Bruder, deshalb tötete er seine
jüngere Schwester.

Tatzeit: März 2004 – Istanbul
    Tat/Hintergrund: Emines Tochter Aleyna ist erst zweieinhalb
Monate alt, als ihre Mutter mit acht Messerstichen bestialisch
ermordet wird. Sie war von ihrem Stiefonkel (29) missbraucht,
vergewaltigt und geschwängert worden. Also hatte der Familienrat beschlossen, Emine nach der Entbindung zu töten.
Emines Vater hatte seinem Bruder (Emines Vergewaltiger) den
Befehl gegeben, zur Rettung der Ehre zuerst das Mädchen zu
töten und anschließend sich selbst zu richten. Aber der Bruder
hat nur den einen Teil seines Auftrags erfüllt. Er selbst ist noch
am Leben.

Tatzeit: März 2004 – Tarsus (Mittelmeer-Region)
    Tat/Hintergrund: Die 19-jährige Aysel wird auf offener
Straße erstochen. Ihre Häscher hatten sich mit der Vollstre-
ckung des Urteils Zeit gelassen. Die junge Frau, die mit 13 Jahren verheiratet wurde und bald ein Kind zur Welt brachte, lebte
während der Militärzeit ihres Mannes wieder im Haus der Eltern. Doch dort kursierten bald böse Gerüchte; Aysel wurde
beschuldigt, ihren Ehemann zu betrügen und Schande über die
Familie gebracht zu haben. Das Urteil der Familie ihres Mannes: Aysel müsse getötet und die Ehre wiederhergestellt werden. Der Tod kam sechs Jahre später durch einen Cousin des
Ehemannes.

Tatzeit: 16. März 2004 – Antalya
    Tat/Hintergrund: Die 30-jährige Telya erschießt sich mit ei-
ner Schrotflinte. Ihr Vergehen: Sie hatte sich verliebt und war
aus der Enge ihrer Ehe ausgebrochen. Ihre eigene Familie ver-

achtet sie als »Ehebrecherin und Hure« und lässt ihr zahlreiche Morddrohungen zukommen, die sie schließlich in den Selbstmord getrieben haben sollen. Ob sie sich wirklich selbst getötet hat oder ob hier ein Mord als Selbstmord ausgegeben wurde, ist ungeklärt.

Tatzeit: 22. März 2004 – Augsburg

Tat/Hintergrund: In Augsburg hat man fünf Menschen tot aufgefunden. Den Rettern bot sich ein Bild des Grauens. Sie fanden die Leichen vom Keller bis zum Dachboden. Sie seien mit mehreren Messerstichen getötet worden und blutüberströmt gewesen. Der Ehemann der 29-jährigen Aylin hatte zunächst die siebenjährige Tochter seiner Frau aus erster Ehe, seine Schwiegermutter, seinen Schwager und einen Freund getötet. Dann hatte er seine Frau Aylin gefoltert und ihr mit einem Fleischermesser die Kehle durchgeschnitten. Der Grund: Sie hatte sich von ihm trennen wollen. Danach hätte ihm die Ausweisung aus Deutschland gedroht. Der Täter floh nach der Bluttat in die Türkei, dort wurde er von der Polizei gestellt. Er erhängte sich in der Untersuchungshaft.

Tatzeit: April 2004 – Malatya (Ostanatolien)

Tat/Hintergrund: Şinasi (19) erschießt seine Schwester mit dem Jagdgewehr. Angeblich hatte die 18-jährige Ayşe ein außereheliches Verhältnis mit einem 52-jährigen Mann gehabt. Das Urteil des Bruders und ihres Vaters: Mädchen, die ihre Jungfräulichkeit vor der Ehe verloren haben, sind nicht mehr rein. Laut Autopsiebericht war Ayşe allerdings noch Jungfrau.

Tatzeit: April 2004 – Istanbul

Tat/Hintergrund: Die Leiche einer 14-Jährigen wird am Bosporus-Ufer gefunden. Nurans Unglück hatte mit einer Entführung begonnen. Sie war auf dem Weg zum Markt von dem 21-jährigen Mevlüt entführt worden. Vier Tage lang hielt er

sie in seiner Wohnung gefangen, vergewaltigte und misshandelte sie, bis sie schließlich aus dem Fenster sprang. Zurück im
Kreis der Familie hatte man kein Mitleid. Dass sie vergewaltigt
worden war, war der Familie gleichgültig. Unrein ist unrein, so
sieht es das ungeschriebene Gesetz der Ehre. Mehr als 30 An-
gehörige des Clans fällten das Todesurteil: Nach dem Abend-
essen legte der Vater Mehmet seiner Tochter Nuran ein Kabel
um den Hals und zog zu, bis das Mädchen tot war. Die Leiche
verscharrten die Angehörigen zunächst provisorisch im Hüh-
nerstall, um sie zwei Tage später aufs andere Bosporusufer zu
fahren und dort im Wald zu vergraben.

Tatzeit: Mai 2004 – Brandenburg/Havel

Tat/Hintergrund: Das junge Paar hat sich in der Wohnung
verbarrikadiert, als die Mörder kommen. Sie feuern zehn
Schüsse ab, im Kugelhagel stirbt der junge Mann, seine hoch-
schwangere Freundin überlebt. Sie hatte es gewagt, sich einer
arrangierten Ehe zu widersetzen, und sich dann in ihren Schwager verliebt. Die Familie sah sich ihrer Ehre beraubt, und das
Paar war aus Angst vor Vergeltung nach Brandenburg geflüchtet. Dort geschah das Verbrechen. Die mutmaßlichen Täter
sind der Bruder der jungen Türkin und zwei ihrer Cousins. Zur
Tatzeit sind sie 15, 18 und 25 Jahre alt. Die Tatwaffe wird im
Hosenbund des zur Tatzeit jüngsten Türken (15) gefunden. Die
junge Frau hat einen Tag nach dem Anschlag ihr Kind bekommen und lebt heute anonym unter Polizeischutz.

Tatzeit: August 2004 – Düsseldorf

Tat/Hintergrund: Am Düsseldorfer Hauptbahnhof hatte
Hamza laut Ermittlungen sechsmal auf seinen Schwager geschossen, der mit seiner Ehefrau ein Verhältnis gehabt haben
soll. Hamzas Sohn hat danach auf das Opfer eingeschlagen
und eingetreten. Auch die Ehefrau und Mutter wurde schwer
verletzt.

Tatzeit: 6. September 2004 – Gaziantep (Südostanatolien)

Tat/Hintergrund: Die 45-jährige Selma wird von ihrem Bruder Adem mit einem Jagdgewehr erschossen. Nach ihrer Scheidung hatte Selma mit ihrem Bruder im selben Haus gelebt. Als Gerüchte kursierten, dass seine Schwester eine geheime Liebschaft habe, stellt Abdurrahman seine Schwester zur Rede. Es kommt zum Streit, und der Bruder erschießt seine Schwester. Selma stirbt noch am Tatort.

Tatzeit: 11. Oktober 2004 – Esslingen

Tat/Hintergrund: Ein in Deutschland geborener 19-jähriger Türke tötet den 27-jährigen Freund seiner in Scheidung lebenden Schwester. Der 19-Jährige hatte seinen Landsmann über den Markt gejagt und immer wieder zugestochen. Er tötete ihn mit 40 Messerstichen. Die Schwester des Täters und ihr Ehemann wollten sich einvernehmlich scheiden lassen, und sie hatte bereits einen neuen türkischen Lebenspartner gefunden. Doch damit verstieß sie gegen die traditionellen Vorstellungen der Familie. Als verheiratete Ehefrau und Mutter von zwei Kindern habe sie nach der Scheidung kein Recht auf andere Männer. Es folgte ein monatelanges Martyrium. Der älteste Bruder schlug sie, nannte sie eine »Schlampe«, nahm ihr Autoschlüssel, Pass und Führerschein ab und sperrte sie ein. Auch den neuen Lebenspartner stellte der Bruder zur Rede: Die Beziehung habe »keine Zukunft«, da er »keine Genehmigung von der Familie erhalte«. Schließlich beschließt der 19-jährige Bruder, die Familienehre wiederherzustellen. Im späteren Prozess erheben sich zwanzig seiner Landsleute in dem vollbesetzten Saal des Stuttgarter Landgerichts und winken dem 19-Jährigen bestätigend zu.

Tatzeit: 18. Oktober 2004 – Berlin-Prenzlauer Berg

Tat/Hintergrund: Die Mutter von zwei Kindern wird vor den Augen ihrer dreijährigen Tochter mit mehreren Messerstichen von ihrem Ehemann kaltblütig erstochen. Vor sechs Jahren hatten der 28-jährige Türke und die Deutsche geheiratet. Stefanie brachte eine Tochter mit in die Ehe, drei Jahren später kommt ihr gemeinsames Kind zur Welt. Immer wieder gibt es Streit zwischen den Eheleuten, und Mahmut wird handgreiflich. Aus Angst vor ihrem Mann geht Stefanie schließlich zur Polizei und zum Familiengericht. Daraufhin wird Mahmut Zutrittsverbot zur gemeinsamen Wohnung erteilt. Nach Mahmuts Rauswurf zieht seine Noch-Ehefrau mit den beiden Kindern ein Haus weiter in eine Zwei-Zimmer-Wohnung – sie wollte ein neues Leben anfangen. Aber Mahmut kann sich damit nicht abfinden. Er beschließt, seine Frau zu töten.

Tatzeit: 17. November 2004 – Kirchheim/Teck

Tat/Hintergrund: Ein 21-jähriger Afghane prügelt seine 18-jährige Schwester zu Tode. Die Leidenszeit der jungen Frau hatte 1995 begonnen, als die Familie nach Deutschland kam. Fortan stand das lebensfrohe, intelligente Mädchen unter der strengen Kontrolle ihres Vaters und ihres ältesten Bruders. Die Situation eskalierte, als das Mädchen eine Ausbildung zur Erzieherin begann. Jedes angebliche Fehlverhalten wurde mit rücksichtsloser Gewalt geahndet. So auch am 17. November. Über 40 Mal schlägt der Bruder mit einem Billardstock auf seine Schwester ein, bis sie sich nicht mehr bewegt und einen grauenhaften Tod stirbt. In dem anschließenden Verfahren rücken die Richter vom Vorwurf des Totschlags ab, und der inzwischen in Deutschland eingebürgerte Afghane wird wegen Körperverletzung mit Todesfolge verurteilt.

Tatzeit: 25. November 2004 – Berlin-Reinickendorf

Tat/Hintergrund: Der 26-jährige Cengiz sticht seine geschiedene Ehefrau und Cousine Semra (21) vor den Augen ihrer dreijährigen Tochter auf offener Straße mit über 30 Messerstichen nieder. Auch als das Opfer schon auf dem Boden liegt, sticht er weiter auf sie ein. Der Bluttat war eine Zwangsehe vorausgegangen. Die in Berlin aufgewachsene Semra war mit zwölf verlobt und mit 16 verheiratet worden. Nach der Hochzeit zog der Ehemann nach Berlin. Die junge Türkin, eine traditionell-religiöse Frau, die nie ohne Kopftuch aus dem Haus ging, ertrug die Gewalt in der Ehe lautlos. Bis eines Tages ein anderer Cousin aus der Türkei kam: Es war der Mann, den Semra immer schon geliebt hatte. Gegen den Willen ihrer Familie nahm sie das Kind und verließ ihren Mann. Mit ihrem neuen Partner bekam sie einen Sohn. Zwei Monate nach der Scheidung wurde die 21-jährige Semra von ihrem geschiedenen Ehemann getötet.

Tatzeit: 29. November 2004 – Berlin-Neukölln
Tat/Hintergrund: Auf offener Straße wird die 35-jährige Melek niedergestochen. Wenige Stunden nach der Tat erliegt sie ihren Verletzungen. Die Tatwaffe stammt aus ihrer Wohnung. Kurz vor der Tat war es zum Streit zwischen dem 21-jährigen Selahattin und der 35-jährigen Melek gekommen. Der junge Mann hatte seine Partnerin zunächst ins Krankenhaus gebracht und angegeben, sie habe sich umbringen wollen. Doch die Polizei fand Spuren, die auf Fremdverschulden deuteten.

2005
Tatzeit: 4. Januar 2005 – Berlin-Neukölln
Tat/Hintergrund: Eine 32-Jährige wird vom Vater ihrer fünf Kinder erwürgt. Meryems Martyrium dauerte schon viele Jahre. Sie wurde geprügelt und gedemütigt, hatte versucht, sich zu wehren, war zu Verwandten geflohen, hatte den Ehemann angezeigt und ihm später per Anwalt das Betreten der gemeinsamen Wohnung untersagt. Gehalten hat er sich daran nicht. Er hatte Meryem erwürgt, weil sie ihn verlassen hatte.

Tatzeit: 9. Januar 2005 – Batman (Südostanatolien)

Tat/Hintergrund: Zunächst schießt Kamil auf seine 18-jährige Schwester, anschließend schleppt er die Sterbende aufs Dach, lässt sie hinunterstürzen und bringt sie dann ins Krankenhaus. Seine Schwester habe sich das Leben nehmen wollen, erzählt der junge Mann den Ärzten. Doch die Mediziner finden im Körper der jungen Frau die tödliche Kugel. Der Grund: Die 18-jährige Halime hatte die Hochzeitsfeier eines Vetters in einer roten Hose besucht, das war eine Provokation. Bei der Feier war Halime durch ihre ausgelassene Freude aufgefallen. Aber die rote Hose war Halimes Todesurteil. Als sie nach der Hochzeitsfeier nach Hause kam, wurde Halime von ihrem Bruder zur Rede gestellt. Was dann geschah, war nach den Ermittlungen der Polizei kaltblütiger Mord.

Tatzeit: 28. Januar 2005 – Adana (Mittelmeer-Region)

Tat/Hintergrund: Die Schwägerin auf offener Straße mit 26 Messerstichen hingerichtet. Mit der Tatwaffe in der Hand versucht der Täter zu flüchten. Als die Polizei ihn festnimmt, gesteht er, das Verbrechen im Namen der Ehre begangen zu haben. Der Schwager hatte Cennet beschuldigt, in ihrem Wohnviertel mit fremden Männern zusammen zu sein und seinen Bruder zu betrügen.

Tatzeit: 7. Februar 2005 – Berlin-Tempelhof

Tat/Hintergrund: Hatun Sürücü wird an einer Bushaltestelle in Berlin regelrecht hingerichtet. Die 23-jährige Frau war aus einer Zwangsehe zurück nach Berlin geflohen. Dort brachte sie ihren Sohn Can zur Welt. Im Oktober 1999 zog Hatun aus der Wohnung ihrer Eltern aus, legte das Kopftuch ab und fand in einem Wohnheim für minderjährige Mütter Zuflucht. Dort holte sie ihren Hauptschulabschluss nach und begann eine Lehre als Elektroinstallateurin. Später bezog Hatun eine eigene Wohnung in Berlin-Tempelhof. Hatuns Verbrechen: Sie hatte ihren Ehemann und ihre Familie verlassen, hatte einen deutschen Freund und sich entschlossen, ein selbständiges Leben zu führen.

Tatzeit: 13. Juni. 2005 – Wiesbaden-Dotzheim

Tat/Hintergrund: Die 20-jährige Gönül wird mit sechs Schüssen hingerichtet. Der Mörder, ihr älterer Bruder, hatte noch auf sie gefeuert, als sie schon am Boden lag. Gönül hatte den Fehler begangen, sich in einen Deutschen zu verlieben, den sie dann auch gegen den Willen der Eltern heiraten wollte. Das war für den in der Türkei aufgewachsenen Bruder zu viel. Mit dem Mord an seiner Schwester stellte er die Ehre der Familie wieder her.

Tatzeit: 15. Juli 2005 – Adana (Mittelmeer-Region)

Tat/Hintergrund: Die 28-jährige Hilal wird von ihrem Bruder zuerst mit einem Stock geschlagen und danach mit mehreren Messerstichen getötet. Hilals Vergehen: Sie hatte Kleider mit tiefem Dekolleté getragen, telefonierte ständig und traf sich (angeblich) mit Männern.

2006

Tatzeit: März 2006 – Gaziantep (Südostanatolien)

Tat/Hintergrund: Ein junges Paar wird mit acht Schüssen niedergestreckt. Ihr Vergehen: Yıldız (18) und Mehmet (30) waren verliebt und wollten heiraten. Aber Yıldız' Familie war gegen diese Ehe. Daraufhin flüchtete die junge Frau zur Familie ihres Geliebten. Aber das junge Paar wollte die Versöhnung und vereinbarte einen Besuchstermin bei der Familie der jungen Frau. Als das Paar im Elternhaus eintrifft, eröffnet der große Bruder Yıldız' das Feuer. Beide sind sofort tot.

Tatzeit: 11. Juni 2006 – Ankara

Tat/Hintergrund: Die 18-jährige Yasemin wird vom eigenen Bruder durch einen Kopfschuss hingerichtet. Die junge Frau war bei einem Besuch ihrer Schwester vom Schwager vergewaltigt worden. Der dabei entstandene »Schaden« wurde schnell behoben. Das durch die Vergewaltigung entstandene Kind wurde abgetrieben, die Jungfräulichkeit wiederhergestellt. Danach wurde Yasemin verheiratet. Als in der Hochzeitsnacht kein Blut floss, gab der Bräutigam die junge Braut zurück, weil sie keine Jungfrau mehr sei. Zwei Tage nach der Hochzeit wurde Yasemin vom eigenen Bruder erschossen.

Tatzeit: 5. Juli 2006 – Gaziantep (Südostanatolien)
Tat/Hintergrund: Eine 16-Jährige wird im Bett erschossen. Meryem war ein unverheiratetes Mädchen, als sie schwanger wurde. Sie wusste, dass sie damit die Ehre ihrer Familie beschmutzt hatte, und belog deshalb ihren großen Bruder. Auf seine Frage, warum sie so dick geworden sei, antwortete sie, sie habe in letzter Zeit etwas zugenommen. Doch der Bruder glaubte seiner Schwester nicht und weckte das im siebten Monat schwangere Mädchen am frühen Morgen. Dann richtete er sie mit zwei Schüssen aus einem Jagdgewehr hin. Mit Meryem starb ihr ungeborenes Kind.

Tatzeit: 22. Juli 2006 – Diyarbakır (Südostanatolien)
Tat/Hintergrund: Die 26-jährige Gülistan wird in ihrer Aussteuertruhe erschossen. Sie hatte sich darin versteckt, in der Hoffnung, nicht von ihrem Ex-Mann entdeckt zu werden. Doch der durchsiebte die hölzerne Truhe mit einer Kalaschnikow. Die 13-jährige Tochter des Opfers wurde Zeugin des Ehrenmords. Gülistan war bereits als 12-Jährige zwangsverheiratet worden, ein Jahr später brachte sie ihre Tochter zur Welt. Aber der Ehemann wollte unbedingt Söhne, und als sich seine Frau verweigerte, misshandelte er sie – jahrelang. Bis sie ihren Mann schließlich verließ. Sie ging nach Istanbul, um dort zu arbeiten. Aber im Dorf kursierten die Gerüchte. Gülistan hätte Männerbekanntschaften und beginge Ehebruch. Daraufhin

forderte der Vater sie auf zurückzukehren und versicherte ihr, dass ihr niemand etwas antun würde. Das stimmte zwar für ihre Familie, aber nicht für die ihres Ex-Mannes.

Tatzeit: Juli 2006 – Bursa (Marmara-Region)

Tat/Hintergrund: Die 28-jährige Huri wird vor den Augen der Familie hingerichtet. Der Grund: Sie war nach 12-jähriger Ehehölle mit ihren beiden Kindern ins Elternhaus zurückgekehrt und wollte die Scheidung beantragen. Als sie eines Morgens das Haus verlässt, wird behauptet, sie sei mit ihrem Geliebten nach Ankara geflüchtet. Daraufhin machen sich der Vater und ihre beiden Brüder auf die Suche und bringen sie gegen ihren Willen ins Elternhaus zurück. Im Wohnzimmer sitzen Huris Kinder, ihr (Ex-)Ehemann, ihre Geschwister und ihre Mutter, als der Vater seine Tochter mit sechs Schüssen hinrichtet. Nach dem Mord sagte er: »Sie hat mich in meinem Stolz und meiner Ehre verletzt. Ich traute mich nicht mehr auf die Straße. Jetzt fühle ich mich wohler, bin erleichtert.«

Tatzeit: 25. Oktober 2006 – München-Garching

Tat/Hintergrund: Die 24-jährige Sazan wird von ihrem Ex-Ehemann Kazim niedergestochen und angezündet. Sazan war 17, als sie den elf Jahre älteren Iraker heiraten musste. Nach der Hochzeit holte er seine Braut nach München. Die junge Frau lernte schnell Deutsch und wurde selbstbewusster. 2005 verließ sie ihren Mann mit ihrem fünfjährigen Sohn. Der 25. Oktober 2006, der Tag ihrer Scheidung, sollte ein glücklicher Tag werden. Aber wenige Stunden nach dem Gerichtstermin wartete Kazim auf seine Ex-Frau. Das Kind sah seine Mutter qualvoll sterben. Seine »Kultur und Religion« hätten ihn dazu verpflichtet, »das zu tun, was ich tun wollte.« Auch sein Schwiegervater habe die Tat gebilligt, was dieser später bestritt.

2007

Tatzeit: 9. März 2007 – Mönchengladbach

Tat/Hintergrund: Ein Türke tötet seine 38-jährige Frau und seine 19-jährige Tochter auf offener Straße. Zwei weitere Kinder im Alter von neun und 13 Jahren müssen mit ansehen, wie ihre Mutter und ihre Schwester erschossen werden, bleiben aber unverletzt. Die Ehefrau hatte sich nach langem Martyrium von ihrem gewalttätigen Ehemann getrennt, nachdem er sie immer wieder geschlagen und bedroht hatte. Einmal soll er sogar versucht haben, die damals 15-jährige Tochter umzubringen. Nachdem seine Frau die gemeinsame Wohnung verlassen hatte, verfolgte er sie – drei Jahre lang, manchmal rund um die Uhr. Er fing sie ab, bedrängte sie, schlug auf sie ein. Immer wieder suchte die 38-Jährige Schutz in Frauenhäusern. Nach dem Scheidungstermin lauerte ihr der Ehemann vor der Wohnung auf. Er stieg aus dem Auto und eröffnete das Feuer. Die 19-Jährige hatte noch über ihr Handy versucht, die 110 zu wählen – vergeblich.

Tatzeit: 31. März 2007 – Stuttgart

Tat/Hintergrund: Eine 25-jährige Frau wird am Stuttgarter Flughafen beim Check-in erschossen. Nach der Tat sagt der Ehemann: »Ich habe so lange geschossen, bis keine Kugel mehr da war.« Das Paar aus dem Kosovo hatte eine schreckliche Geschichte hinter sich. Im Jahr 2002 war Suzana ihrem Mann ins fränkische Elsenfeld gefolgt, wo sie ihre beiden Kinder bekam. Im Haus der Schwiegereltern wurde sie wie eine Sklavin gehalten. Jahrelang wurde sie vom Ehemann brutal misshandelt, vergewaltigt und bedroht. Im Mai 2006 schließlich floh Suzana ins Frauenhaus nach Aschaffenburg und später zu ihren Eltern in das Kosovo. Obwohl sie von ihrer Familie auch keine Unterstützung erfuhr, setzte sie im Oktober 2006 die Scheidung durch. Danach begann der Kampf um die Kinder. Sie zeigte ihren Ex-Mann an und beantragte, die Pässe der Kinder einzuziehen. Suzana wusste, warum. Denn als die 25-Jährige das Sorgerecht beantragt hatte, schaffte der Ex-Mann die Kinder sofort zu seiner Familie in das Kosovo. Als Suzana das Umgangsrecht zugesprochen wurde, beschloss der Kosovo-Albaner, seine Ex-Frau zu töten.

Tatzeit: Mai 2007 – München

Tat/Hintergrund: Ein Tunesier ersticht mit einem 20 Zentimeter langen Küchenmesser seine von ihm getrennt lebende Ehefrau im Treppenhaus ihres Wohnhauses. Mit 17 Jahren hatte die Münchnerin ihren Mann in Tunesien geheiratet. Er folgte ihr nach München, und das Paar wohnte bei ihren Eltern. Doch schon bald engte der 24-Jährige seine Frau ein. Er war gegen ihre Freundinnen und Freunde, gegen die Art, wie sie sich kleidete, und gegen ihre Disco-Besuche. Kurz vor dem Ende ihrer Abiturprüfungen flüchtete die junge Frau in eine betreute Wohngemeinschaft. Im Treppenhaus traf sie ihren Mörder.

Tatzeit: 8. Juni 2007 – Zündorf

Tat/Hintergrund: Eine 23-Jährige wird erstochen im Badezimmer entdeckt. Die junge, in Köln geborene Türkin war 2003 mit ihrem Cousin aus der Türkei verheiratet worden. Obwohl die junge Frau mit dieser Ehe nicht einverstanden war, hatte man sie dazu gezwungen. Nach der Tat war der Ehemann tagelang flüchtig und wurde mit internationalem Haftbefehl gesucht. Der mutmaßliche Mörder von Zündorf wurde schließlich von der türkischen Polizei in Istanbul gefasst.

Tatzeit: Juli 2007 – Bursa (Marmara-Region)

Tat/Hintergrund: Die 20-jährige Ayşe wird von ihrem 15-jährigen Bruder aus nächster Nähe hingerichtet. Die junge Frau war erst ein paar Tage davor mit ihrem kleinen Sohn ins Elternhaus zurückgekehrt, sie hatte ihre Ehehölle nicht mehr ertragen. Schnell kamen Gerüchte auf, dass Ayşe einen Liebhaber habe. Als der Bruder seine Schwester richtet, sind die Eltern anwesend. Nach der Tat sagte der 15-Jährige aus: »Meine Mutter und mein Vater haben mich beauftragt, unsere Ehre wiederherzustellen. Wenn ich es nicht getan hätte, hätte es mein Vater getan.«

Tatzeit: 11. September 2007 – Antalya

Tat/Hintergrund: Ein Mann jagt seine 31-jährige Frau Özge durch eine belebte Straße Antalyas. Als sie Passanten um Hilfe bittet, schreit er: »Es geht euch nichts an, mischt euch nicht ein. Es geht um die Ehre.« Dann tötet er sie mit 20 Messerstichen. Ihr Vergehen: Sie hatte die Scheidung beantragt und das Haus ihres Mannes verlassen. Angeblich, um zu einem anderen Mann zu gehen. Außerdem sei Özge zu aufreizend angezogen gewesen. Der Ehemann habe das als Verrat an seiner Ehre empfunden.

2008
Tatzeit: 16. Mai 2008 – Hamburg

Tat/Hintergrund: Die 16-jährige Afghanin Morsal wird von ihrem 23-jährigen Bruder auf offener Straße niedergestochen. Er hatte sich schon länger am westlichen Lebensstil seiner kleinen Schwester gestört und sie ständig kontrolliert. Aber die junge Frau will ihr eigenes Leben führen. Aus Angst vor dem Bruder, der bei der Polizei als Intensivtäter bekannt ist, zieht sie in eine Zufluchtsstätte. Doch der Bruder lässt nicht locker. Mit Hilfe eines Cousins gelingt es ihm schließlich, die Schwester zu einem Treffen zu überreden. Auf einem Parkplatz sticht er dann 20 Mal auf die junge Frau ein. Morsal stirbt noch am Tatort.

NACHWORT

Serap Çileli –
eine ungewöhnlich mutige Frau

»Zwangsheirat ist Vergewaltigung auf Lebensdauer.« Mit diesen Worten klagt Serap Çileli einen barbarischen Brauch an. Denn in vielen Ländern und Kulturen werden Mädchen und Frauen gegen ihren Willen verheiratet. Im Norden Nigerias etwa liegt das durchschnittliche Heiratsalter bei elf Jahren. Im indischen Rajasthan waren 1993 über die Hälfte der Mädchen verheiratet, bevor sie 15 Jahre alt waren.

Wie Serap Çileli werden auch in der Bundesrepublik Mädchen und Frauen in Zwangsehen gepresst. Jeden Tag, in jeder Stadt. Trotzdem gibt es über das Ausmaß bisher kaum Zahlen. Nach einer Umfrage bei etwa 200 Einrichtungen aus dem Jugendhilfe- und Migrationsbereich in Berlin suchten im Jahr 2004 allein 300 Mädchen oder junge Frauen wegen einer drohenden oder schon erfolgten Zwangsheirat eine Beratung.

Wie kann das sein? Sowohl Indien, Nigeria als auch Deutschland, aber auch die Türkei haben die *Allgemeine Erklärung der Menschenrechte* (1948), den *Internationalen Pakt über bürgerliche und politische Rechte* (1976) und das *Internationale Übereinkommen zur Beseitigung jeder Form von Diskriminierung der Frau* (1981) unterzeichnet. Die internationalen Vereinbarungen verbieten Zwangsverheiratung und »Ehrenmord« als schwere Menschenrechtsverletzungen. Doch oft fehlt es am politischen Willen, die Verträge umzusetzen. Oder die Menschen schauen verschämt beiseite, weil sie glauben, eine zu respektierende »Kultur« vor sich zu haben.

Zwangsheirat ist keine »Kultur«! Sie ist ein grausames Verbrechen. Das hat Serap Çileli in dem vorliegenden Buch ein-drucksvoll gezeigt. Um andere Frauen vor einem ähnlichen Schicksal zu bewahren, ist die Autorin zur prominenten An-klägerin geworden. Durch ihre Bücher, ihre Vortragsreisen und ihre Internet-Seite macht die gebürtige Türkin immer wieder klar: Wir dürfen diese schreckliche Menschenrechtsverletzung nicht länger dulden! Nicht in unserem demokratischen Rechts-staat! Nirgends auf der Welt!

Serap Çileli war eine der ersten Migrantinnen, die öffentlich ihre Stimme erhoben. Im Fernsehen, bei Zeitungsinterviews oder bei Lesungen fordert sie die Menschen auf, nicht länger wegzu-sehen. Insbesondere an die türkischstämmige Community rich-tet sich ihre Botschaft. Immer wieder melden sich bei ihr von Zwangsehen bedrohte Frauen und Mädchen. Sie hilft ihnen in Konflikt- und Notsituationen. Ende 2007 hat Çileli den Verein »peri e.V.« in Weinheim gegründet.

Serap Çilelis Arbeit ist vielfach gewürdigt worden. 2005 er-hielt sie das Bundesverdienstkreuz. Im März 2008 wurde die Hessin türkischer Herkunft mit dem Barbara-Künkelin-Preis der baden-württembergischen Stadt Schorndorf ausgezeichnet sowie mit dem Olympe-de-Gouges-Preis der SPD Hessen-Süd. Serap Çileli ist Ordensträgerin 2007 des »Bul de Mérite« vom Bund Deutscher Kriminalbeamter. Und ihr wurde der Ludwig-Beck-Preis für Zivilcourage der Stadt Wiesbaden (2006) verlie-hen. Die couragierte Menschenrechtlerin macht vielen Frauen und Mädchen Mut.

Seit mehr als sieben Jahren steht TERRE DES FEMMES mit Serap Çileli im ständigen und regen Austausch. Sie ist für uns als Fachautorin zum Thema Zwangsheirat tätig und un-terstützte uns bei Kampagnen wie »STOPPT Zwangsheirat« (2002/2003) und »Verbrechen im Namen der Ehre« (2004–2006).

»Frauen sind frei und gleich an Rechten geboren!«

Wir von TERRE DES FEMMES wünschen uns, dass uns die

mutigen Worte von Serap Çileli diesem Ziel näher bringen. Wir und Sie – liebe Leserinnen und Leser – müssen nicht tatenlos zusehen, wie Frauen und Mädchen zwangsverheiratet werden oder gar einem Ehrverbrechen zum Opfer fallen. Wir rufen Sie alle auf, sich gegen frauenfeindliche Traditionen zu wehren. Unsere Vision ist es, dass alle Frauen und Mädchen selbstbestimmt und frei leben können – egal, aus welcher Kultur und welchem Land sie kommen.

Christa Stolle, Geschäftsführerin von TERRE DES FEMMES

Wenn Sie mehr über die Arbeit von TERRE DES FEMMES erfahren möchten, wenden Sie sich bitte an:

TERRE DES FEMMES e.V.

Postfach 2565

72015 Tübingen

Telefon : 07071/7973-0

http://www.frauenrechte.de

info@frauenrechte.de

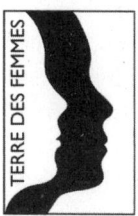

240

Falls Sie Serap Çilelis Arbeit unterstützen wollen, hier die Kontaktdaten und die Spendenadresse ihres Vereins peri e. V.:

Peri e. V. (dt. »Die gute Fee«) Verein für Menschenrechte und Integration wurde gegründet, um Menschen, die unter den Auswirkungen eines traditionellen patriarchalischen Rollenverständnisses leiden, unbürokratisch zu helfen.

Der Verein bietet vor allem Frauen mit Migrationshintergrund individuelle Beratung und eine damit verbundene konkrete Unterstützung in Konflikt- und Notsituationen, z.B. bei familiärer Gewalt, Zwangsverheiratung, Demütigung oder Verletzung ihrer Würde.

peri
Verein für Menschenrechte und Integration e.V.

Email: **kontakt@peri-ev.de**
Internet: **www.peri-ev.de**

Spendenkonto:
Ktn.: 39 82 807
Blz.: 508 635 13
Volksbank Odenwald eG

>> Verein für
Menschenrechte und Integration